SOFÍA DE ESPAÑA

UNA MUJER

MARÍA EUGENIA RINCÓN

SOFÍA DE ESPAÑA
UNA MUJER

editorial safeliz

Dirección	**José Rodríguez Bernal**
Jefe de Redacción	**Jorge D. Pamplona Roger**
Coordinador general	**Francesc X. Gelabert**
Diseño	**José Mª Weindl**
Autoedición	**Benjamín I. Galindo**
	Elisabeth Sangüesa
Control de impresión	**Martín González**

Asesor de maquetación **Epifanio Tierno**

Editorial Safeliz, s.l.
Aravaca, 8 / 28040 Madrid (España)
tel.: 935 33 42 38 / fax: 935 33 16 85
e-mail: libros@safeliz.es

1ª edición: abril 1998

A Vos, Señora,
con el testimonio de mi afecto
y lealtad

María Eugenia

Don Nicolás Contoner y Contoner,
Marqués de Mondéjar.

La Reina Doña Sofía es un personaje querido por los españoles. Esta afirmación, reconocimiento de un sentimiento general espontáneo y vivo, refleja un hecho contrastable y renacido en el permanente contacto de Sus Majestades con el pueblo. Hecho subrayado por los medios de comunicación, por investigaciones sociológicas, por las encuestas que arrojan unos altísimos índices de popularidad. Doña Sofía es ya, y para siempre entre nosotros, "La Reina". Hay un estilo de la Reina, una proyección de su carácter, de su saber estar humano e institucional, que forma parte de la cultura de nuestra convivencia.

SOFÍA DE ESPAÑA, UNA MUJER es un libro que quiere contribuir a explicar las claves que han convertido a Doña Sofía en una protagonista muy querida por los españoles de hoy. Escrito con minuciosidad, con datos personales vividos, revela los rasgos vocacionales de Su Majestad y, sobre todo, su españolidad, edificada sobre el amor y el conocimiento de nuestra Patria.

La autora ha desempeñado un papel en la configuración de esta trayectoria, pues fue profesora de Doña Sofía y contribuyó a guiar sus primeros pasos en el entendimiento de la cultura y el carácter nacionales. Anécdotas, reflexiones, comentarios sobre las realidades y paisajes físicos y morales de España, y sobre las realizaciones del genio hispánico, de nuestro casticismo, de nuestra conciencia colectiva, permiten a la profesora Rincón trazar un perfil sincero, y por ende entrañable, de nuestra Reina. Ello ayudará a comprender cómo esa intuición popular, que hace admirada a la Reina, y a la que nos referíamos al principio, se asienta en unos antecedentes de amor y vocación por España y los españoles. Una vocación que es para Doña Sofía exigencia de servicio.

La profesora Rincón hace, desde la fidelidad intelectual y la lealtad personal, una aportación al conocimiento de la Reina, personaje clave de nuestro tiempo.

El Marqués de Mondéjar

9

PRÓLOGO

Sirvan estas palabras mías de introducción como ventana abierta al ancho campo y torrente caudaloso de este libro que sobre Su Majestad la Reina de España, Doña Sofía, ha escrito con amor y "santo temor" María Eugenia Rincón.

Nos encontramos ante un libro concebido hace bastantes años, al que el halago de la fortuna me permitió asomarme casi casi desde su gestación.

Elaborado primorosa y muy meditadamente, con él ha querido su autora trasladarnos el poso de la experiencia incomparable que sólo una espectadora de primera fila de la vida de Doña Sofía puede destilar con sabia mano y seguro trazo.

La dimensión humana, la inquietud universal y otras muchas facetas poco conocidas de Su Majestad, emergen en esta obra dándonos la medida de la mujer más excepcional que ha reinado en España en muchos, muchos siglos.

Además de este tesoro de experiencias compartidas desde el respeto, que abre un círculo íntimo e inalcanzable en torno a la Reina, SOFÍA DE ESPAÑA, UNA MUJER permite en sus páginas que nos aproximemos a la mujer tantas veces oculta tras la figura de Su Majestad, y que se manifiesta tan extraordinaria e irrepetible como ésta.

Hay que agradecer a María Eugenia Rincón la objetividad, el tacto y, al mismo tiempo, la nitidez del perfil que nos ofrece de Doña Sofía. Todo ello, envuelto en el preciosismo de su prosa.

Ahí quedan los lectores de este libro con la Reina de España y la mujer extraordinaria: ustedes y ella, «y todo lo demás es literatura», como escribió Verlaine con excelente literatura.

GUSTAVO VILLAPALOS
Consejero de Educación y Cultura de la Comunidad de Madrid
ex Rector de la Universidad Complutense

NOTA PREVIA

SOFÍA DE ESPAÑA, UNA MUJER nace de dos amores: del amor de nuestra Reina por la *cultura*, y del mío por la persona a la que he acompañado durante veinticinco años, el cual se traslucirá en estas páginas.

En el transcurso de este tiempo Doña Sofía ha venido manteniendo una constante atención a la cultura: recepciones a intelectuales, conferencias, conciertos, coloquios, inauguraciones... Pero además, entre las obligaciones oficiales que ineludiblemente ha tenido que cumplir, nunca ha dejado de preocuparse por su propia formación.

En la historia de España, y en su posición, no ha habido una persona comparable. Hubo, sí, reyes que fueron mecenas y enaltecieron la imagen de la Corona de España. Pero en el caso de nuestra Reina Sofía nos encontramos ante una actitud distinta: Ella no ha puesto la cultura al servicio de la Corona; más bien, ha pensado que la Reina de España había de ser un miembro más del auditorio, un aficionado, *una mujer* preocupada por su propia formación, incluso una ciudadana que desea estar a la altura de su tiempo, informada de todo lo cultural. De ahí que, una vez concluidos sus estudios regulares en la universidad, manifestase su deseo de seguir aprendiendo "cada día algo nuevo", como ella misma recuerda en ocasiones. Y así fue como surgió el Seminario Pensamiento y Ciencia Contemporáneos.

En estos años, los verdaderos protagonistas de dicho Seminario –a los que la Reina no ha faltado ni un solo día– han sido sus invitados: famosos o desconocidos, jóvenes o mayores, sencillos o brillantes..., todos han sido aceptados y escuchados por Su Majestad la Reina con interés y respeto. Porque es esto, en definitiva, algo de lo que está muy necesitado nuestro país: la auténtica valoración de la cultura.

Doña Sofía siempre ha querido tener una visión plural de los problemas, los pensadores e intelectuales, al margen de la ideología política o religiosa a la que pertenezca cada cual. Y ha querido escuchar directamente, "de primera mano", la voz de todos ellos: humanistas, científicos, teólogos, músicos, poetas, artistas. Detrás de este reconocimiento al mundo de la cultura, hay una realidad: la de que para ella el saber es algo vivo, personal y en permanente evolución. Por eso participa en los diálogos con todos los representantes del saber.

Aunque pueda parecer que la modestia de un rey que sólo quiere escuchar y aprender, resulta menos eficaz que el espléndido gesto de levantar palacios, la realidad es que en nuestro tiempo la promoción de la cultura ha de hacerse de otra manera. Vale más el ejemplo que todos podemos seguir, que el acto del hombre excepcional. "Vale más" en tanto que tiene mucha más repercusión lo mismo para los que componemos el inmenso auditorio de las manifestaciones culturales, que para el creador o intelectual que se sabe querido y escuchado. Y es la cultura la que ayuda a que una sociedad dé lo mejor de sí misma. *Esta mujer*, Reina de España, así ha sabido comprenderlo.

Por todo ello, este trabajo es también una muestra de gratitud y, a su vez, este libro implica un reconocimiento.

No estaba sola: quiero recordar con emoción que mi proyecto nace de una especial relación con aquel gran español, D. Nicolás Cotoner y Cotoner, Marqués de Mondéjar, el cual me distinguió con su amistad y su confianza. Él me ayudó en mi propósito apoyándose en tres premisas: «Eres profesora universitaria. Eres escritora. Eres una de las personas que conocen mejor a Su Majestad la Reina. No sólo me parece bien que escribas el libro, sino que creo que debes hacerlo. El pueblo español debe conocer a su Reina.»

LA AUTORA

He estructurado SOFÍA DE ESPAÑA, UNA MUJER en dos planos superpuestos, como se puede apreciar en el gráfico de la página contigua:

– *"Imágenes de una vida"*, que se compone de estampas biográficas de la Reina que abarcan toda su etapa como estudiante en las sesiones del citado Seminario Pensamiento y Ciencia Contemporáneos. Mi objetivo en este primer plano consiste en aproximar a la Reina a su pueblo en los pequeños hechos y detalles humanos que configuran una vida.

– *"Desde el espejo de la historia"* es el plano en el que me apoyo de forma intermitente. Lo he concebido como un círculo que se inicia a partir del exilio de Grecia, cuando la niña Sofía contaba dos años, y se cierra volviendo al principio, al día de su nacimiento. Dentro de este círculo, las fases más significativas de su primera y segunda infancia, de su adolescencia y de su juventud, hasta llegar al día de su boda con Juan Carlos. Los 12 capítulos de este segundo plano se intercalan esporádicamente entre los correspondientes al primer plano (*"Imágenes de una vida"*).

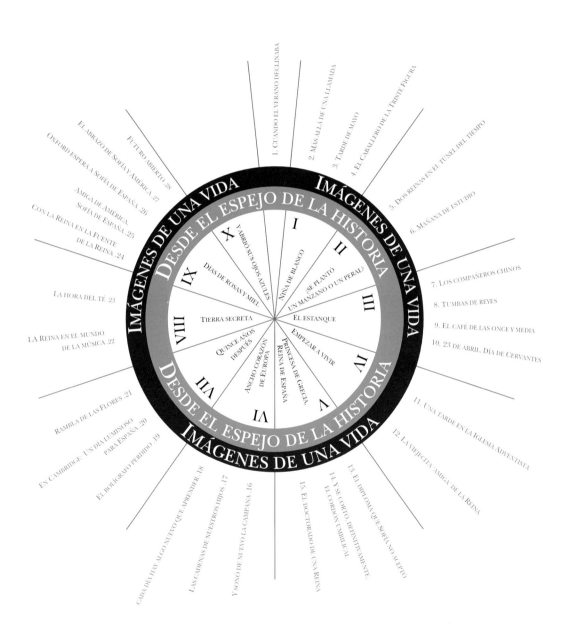

Cᴏᴍᴏ ᴀᴜᴛᴏʀᴀ, ᴅᴇsᴇᴏ ᴇxᴘʀᴇsᴀʀ ᴍɪ ᴀɢʀᴀᴅᴇᴄɪᴍɪᴇɴᴛᴏ:

– Al Marqués de Mondéjar (q.e.p.d.), que desde su cargo de Jefe de la Casa de Su Majestad el Rey me animó a emprender esta obra, y me dejó escrita su presentación.

– Al Consejero de Educación y Cultura de la Comunidad de Madrid, Gustavo Villapalos, que como Rector de la Universidad Complutense fue entusiasta impulsor de este proyecto editorial.

– Al Marqués de Marañón, que tanto me ha animado y valorado este trabajo.

– Al Profesor Antonio Fontán, que me estimuló en mi tarea.

– Al Profesor Jaime de Salas Ortueta, por su constante apoyo.

– Al Doctor Carlos Puyol, por su ayuda en la publicación de este libro.

– A Epifanio Tierno, periodista y profesor de la EOP, tan eficaz colaborador.

– A la Embajada de la República Federal de Alemania, al Patrimonio Nacional, al Consejo Superior de Investigaciones Científicas, al Instituto de España, a la Universidad Complutense y a la Universidad Autónoma de Madrid, por sus diversas aportaciones.

– A Prensa Española, editora de *ABC*, por su generosa aportación de abundante material gráfico.

– A las Agencias Efe y Europa Press, que nos abrieron sus archivos.

– A los fotógrafos Dalda, Pablo Lozano, Richard Battiscombe, Tony Martin, Cristina Matilla y Constantino Juri.

– Al equipo de profesionales de Editorial Safeliz, que tanto interés y dedicación han puesto en la producción de este libro.

– A todas aquellas personas que de alguna manera han apoyado o facilitado mi labor.

– Y a usted, por la atención que con su lectura está prestando a Sᴏꜰíᴀ ᴅᴇ Esᴘᴀñᴀ, ᴜɴᴀ ᴍᴜᴊᴇʀ.

ÍNDICE

-1-
Cuando el verano declinaba

SEPTIEMBRE 1976

*Poder disfrutar
de los recuerdos de la vida,
es vivir dos veces*

Marcial

*Vistas las cosas
en la cámara oscura del recuerdo,
toman un relieve singular.*

Gautier

*Es feliz,
porque sabe gozar de los recuerdos.*

Anatole France

Y A HAN EMPEZADO A DORARSE LAS HO-
jas de los abedules. Son los últimos días de septiembre que traen en sus atardeceres los coloridos más trascendentes.

Se filtra tímidamente la luz por los amplios ventanales del gabinete de la Reina, en donde la espero. La dulzura del incipiente otoño parece adelantarse desde este silencioso lugar mientras la ciudad, a pocos kilómetros, continúa sumergida en su incesante vaivén. Es hora para la confidencia, para la conversación íntima y relajada, para sumirse en la más honda de las reflexiones.

Los amplios ventanales que abarcan la pared lateral del estudio de la Reina, se hallan todavía sin cortinajes ni visillos. Puedo ver cómo alcanzan esta altura los abetos del jardín.

En la estancia todo es provisional. Un par de banquetas tapizadas de piel blanca. Una claridad deslumbrante en la moqueta, en las paredes. A esta hora del atardecer de septiembre la actividad en Palacio está dormida, aunque hasta aquí no nos llegaría su agitación. El movimiento de los coches oficiales es más escaso en esta época del año. Sólo me alcanza la paradisíaca paz de los árboles y de los pájaros.

Aquí la Reina ha logrado erigirse su pequeño e imprescindible reducto donde aislarse, separando algunas de sus actividades del resto de las de La Zarzuela.

Hacía dos meses que no nos veíamos. Prácticamente todo el verano. Largo tiempo sin poder hablar de temas que nos apasionan y nos aúnan en el curso, y de los compañeros, de las actividades de cada cual.

Penetramos en el despacho contiguo a la sala. La Reina me explica:

–Está todavía sin montar. Casi no tenemos dónde sentarnos. Pero aquí estaremos más tranquilas y nadie nos molestará.

Ciertamente muebles, cortinas y cuadros se encuentran sin colocar aún, como el televisor, apoyado en la moqueta gris perla, en espera de ser instalado. Es blanco, de moderno diseño, en consonancia con el conjunto de la decoración. También faltan los detalles que le darán personalidad y calor al ambiente. Junto a nosotras, la mesa de despacho repleta ya de actividad. Papeles amontonados dentro de un orden y libros aislados o agrupados en espera de encontrar su definitivo lugar.

Nuestra conversación ha ido adentrándose en tantos y tantos problemas cuantos nos alcanzan en nuestro tiempo y nuestra circunstancia. Acabamos de estrenar democracia y todo es nuevo para nosotros. Y, no obstante, la Reina parece ya tan introducida en ella, quizá porque desde su infancia la ha compartido con sus compatriotas griegos y de joven ha continuado esa convivencia. No ha sido para Sofía más que repetir el ayer.

Es tal el aplomo, la seguridad de Doña Sofía al referirse a la situación política, tan claras y precisas sus opiniones, que llegan a sorprenderme mientras reflexionamos sobre estas cuestiones trascendentales para España. Porque sólo hace dos meses que el Rey Juan Carlos ha nombrado presidente del gobierno a Adolfo Suárez y, lógicamente, la Reina y yo comentamos estos trascendentales sucesos políticos, muy especialmente los de este mes de septiembre de 1976: la reunión del presidente con los altos mandos militares del país, las observaciones al Proyecto de Reforma Constitucional del día 17, la reunión de representantes de grupos parlamentarios anteayer, 18 de este mes de septiembre... Y pienso cuál sería la impresión de tantos españoles, ya fueren del más diverso sector –político, intelectual, financiero, laboral, empresarial– si conocieran las observaciones de la Reina de España, su comprensión y respeto hacia la opinión de los demás, exponente de su auténtico espíritu de convivencia.

Nuestra conversación, que se había iniciado tres horas antes en función de un cambio de impresiones sobre temas exclusivamente universitarios, ha derivado imperceptiblemente hacia el, por otra parte, inevitable tema que vibra en la calle: las distintas opiniones que se recogen en la prensa sobre la situación política. Sofía, discreta siempre, paradigma una vez más de ecuanimidad.

Se ha quebrado *el cristal del tiempo,* en el atardecer sin que nos percatásemos. Porque el tiempo ha estado encerrado en una caja de cristal.

La vuelta a la realidad fue brusca. Las manecillas de nuestros relojes marcaban las nueve menos cinco de la noche. Y la sorpresa se reflejó en el rostro de la Reina:

–¿Será posible? ¡Pero si no debe de haber ya nadie por aquí! ¡Nos han dejado solas!

Así es, en efecto. Al levantarnos de la silla intentamos llegar al vestíbulo de la parte superior de Palacio desde donde se abre la ancha escalera. Las grandes estancias, los salones, todo permanece en una oscuridad total. ¡Qué impresión más extraña esta sensación de abandono que la carencia de luz hace más misteriosa!

–¡Cuidado, que puedes caerte! Bajo delante de ti para ir encendiendo las luces.

Quien esmeraba su cuidado como cualquier amiga en cualquier momento, en cualquier hogar, para que mis pies no tropezasen en los escalones, ¿era la Reina de España?

Descendíamos por la ancha escalinata que conduce al vestíbulo de entrada a Palacio. Sofía, buena conocedora de la dimensión de cada peldaño, alargaba su brazo de vez en cuando hasta el interruptor de la luz e iba iluminando los escalones por donde bajábamos.

En la planta baja el silencio era todavía más impresionante. Encendió una de las luces y descolgó el teléfono: la Reina personalmente llamaba al cuarto de conductores para requerir la presencia del que me había llevado hasta allí horas antes. Imagino la confusión entre ellos, dado que era la propia voz de la Soberana la que pedía un automóvil.

La espera fue uno de los recuerdos más hermosos de aquella noche cuando tantos y tan hermosos podría describir. Noche límpida y ligeramente fresca. Llevábamos vestidos de verano y resultaba todavía grato percibir el viento en los brazos o en el rostro.

Salimos al jardín. Fuimos paseando por la estrecha acera. Un paseo corto, ya que volvíamos sobre nuestros propios pasos en una dimensión relativamente limitada: poco más de la que abarca la puerta de la entrada a La Zarzuela.

¿Cuántas veces deshicimos el corto camino, absortas en nuestras reflexiones, cruzados los brazos, mirando sin mirar a parte alguna, inmersas en el sosiego de la noche de mediados de septiembre?

En ocasiones he recordado aquel momento que pudo resultar prolongado o breve: nunca lo he sabido con certeza. De lo que sí estuve segura fue de que me encontraba natural, espontánea y gratamente vaciando mi alma en un alma próxima y entrañable, sin más testigos que los abedules, los abetos gigantes, las estrellas de la noche de septiembre.

Si la vida merece ser vivida, si la historia merece ser contada, será en estos pequeños detalles de que consta la existencia donde podamos hallarnos más cerca de la verdad de los seres humanos. La suma de estos detalles nos irá acercando a esta **mujer llamada Sofía,** con perfecciones, a las que la Reina quiere siempre restar importancia; con imperfecciones, como ella misma desea señalar.

Quizá para disculparse inconscientemente de ser lo que el azar le hubo dejado escrito.

I
NIÑA
DE BLANCO

El tiempo es un niño
que juega con los dados;
el tiempo es de un niño.

HERÁCLITO

Our honor has been written
in blood and circumscribed
by sacrifice and heroism.

REY JORGE II DE GRECIA

¿No se acercó a mí un niño
que llevaba un espejo?
¡Oh Zaratustra! —me dijo el niño—,
mírate en el espejo!
*Y al mirar yo al **espejo** lancé un grito*
y mi corazón quedó aterrado;
pues no era a mí a quien veía en él...

NIETSZCHE

Es UN ESPEJO MODERNO, CON ANCHO marco plateado; lo suficientemente grande para iluminar el pequeño vestíbulo que abre el camino del estudio de la Reina. Sobre una sencilla consola de cristal destaca un centro de flores frescas, renovadas cada día. Hoy son rosas. Cualquier otro día serán claveles. Están ahí, como una salutación primera. Todo el conjunto es armónico, como el espíritu de la persona que lo habita y que con su propio estilo lo ha decorado.

Me detengo ante *el espejo.* Escasean en el Palacio de La Zarzuela. Pero esta parcela del ala derecha parece segregarse de la totalidad del conjunto de la casa de los Reyes. Es una especie de pequeño apartamento aislado, de tres piezas –despacho, saloncito y salón–, muy acogedor, que irradia sosiego, bienestar. Lugar en donde puede olvidarse fácilmente el paso de las horas. Incluso la luz queda tamizada, y me atrevería a decir que adormecida.

¿Qué me ha impulsado hoy a detenerme ante *el espejo* de la entrada?

Y esta mujer llamada Sofía, a la que ahora aguardo para proseguir nuestro cambio de impresiones sobre la programación de temas de nuestro curso de Humanidades, ¿cuántas veces se habrá parado frente a este mismo *espejo,* como cualquier mujer lo haría en cualquier hogar, para comprobar que sus cabellos o el pañuelo del bolsillo de su chaqueta estaban en orden?

Sofía a los cuatro años.

Sofía con sus padres, en el día del bautizo de su hermano Constantino (1940).

Me atrae la energía del *espejo* hasta paralizarme ante él. Su atracción resulta extraña. Es como si el *cristal* me devolviera el recuerdo de Sofía. Porque no es mi imagen la que veo reflejada en la luminosidad del *cristal*. Yo no existo.

Esta luz me la acerca a ella. Es la luz que, ineludiblemente, quedará estampada un día en lujoso papel o edición de bolsillo, facsímil o rústica, hojeada por anónimas gentes, ya en el silencio de una biblioteca, ya en la fastuosidad de un palacio. ¿Qué importa el lugar? La historia quedará impresa, fatalmente incluso.

Ya no es un rostro, un poco nuestro, el que diariamente aparece en prensa o televisión con misiones diferentes, siempre rindiendo ante las cámaras

María Eugenia Rincón

El pintor Hans Libska interpretó así los ataques de la aviación alemana sobre Atenas.

el tributo de sus deberes o desvelos. No es el rostro de una reina, la nuestra, llamada Sofía: lo que mis ojos contemplan, sorprendidos, es la efigie dulcísima y tierna de una niña pálida, no sé si bella, mas expresiva y alegre a cualquier mirada. ¿Qué sucede? ¿Cuál es este milagro o esta alucinación? ¿No es la belleza «la eternidad contemplándose en un *espejo*»?[1]

La niña mira hacia el *cristal* una fracción de segundo. En seguida emprende la huida a ninguna parte. Se detiene. Inicia de nuevo la insegura carrera sobre la yerba del jardín. Es dócil al viento que mueve con la misma suavidad, casi armónica, las hojas de los árboles y las guedejas de sus cabellos.

Sonríe. Al girar la niña, puedo captar una vez y otra la expresión de su rostro. Su boca, abierta y franca, muestra los dientes estrenados hace escasamente dos años. Es una pequeña feliz. «La alegría de la casa», dirá su madre. Alegría que contagia.

¿Podrá entender la pequeña que un poco más allá de su jardín las bombas destruyen otros jardines, otras casas, otras ciudades, otros pueblos, otros parques con niñas que también giraban ayer y reían?

(«El jueves todos los miembros de la Familia Real comulgaron llorando» porque en el día de la Pascua griega ya puede contar su madre Federica cuatro alarmas aéreas. ¿Cuántas horas le esperan todavía para contar los bombardeos que deben sufrir por el intento demoníaco de Hitler por destruir *su* Atenas? ¿Y el barco en que hubiesen podido llegar a lugar seguro y que quedó destrozado en las aguas del Egeo?). El destino está marcado: la guerra cubriría casi toda Europa. Y muy pronto Grecia.

Sigue la niña su juego solitario. Ignora que su madre tan sólo anhelaba «una casita con jardín donde pudiera vivir en paz con su familia» sin oír ni ver nada durante algún tiempo. Una madre con dos hijos –medio año, dos años–, Constantino y Sofía. Y con un esposo que va a cumplir su misión en la guerra para ayudar a salvar su patria de la devastadora presencia de los invasores. La libertad de un pueblo no puede aplastarse. La defensa de Grecia puso de manifiesto la heroicidad del pueblo de Sofía. De nada disponían los griegos. Más tarde ni los británicos ni los australianos ni los neozelandeses, podrían frenar con su ayuda la invasión alemana en Creta. Pero «los hombres del pueblo acudieron con azadas, hachas y antiguos rifles a recibir» a los intrusos.[2] Todavía era pronto. No eran los paracaidistas alemanes. Se acercaba su Rey.

¿Podía advertir Sofía lo que sucedía en Grecia? ¿Sofía, la niña que de súbito deja de girar *desde el espejo de la historia*? Ahora se introduce lejos, en una casa. A través de las ventanas se entrevé un salón. Apenas puede precisarse otro detalle. Sólo permanece ante mis ojos, en único y primer término, el jardín.

El jardín de Tatoi está abandonado

«El hombre cuando niño», no tiene, en efecto, «la vivencia de la muerte».[3] Forzosamente, sin embargo, la irá adquiriendo Sofía al ver a su alrededor, en su éxodo, hombres que mueren, niños que mueren; y alguien un día le dirá que ella morirá también.

«El olor a vid, a olivos, a brisa marina, se impregnó de ceniza y de muerte». Porque es ahora el tiempo en que el jardín de Tatoi está abandonado. ¿Transcurrieron meses o años? El *cristal* sigue reflejando mientras tanto una extensión de tierra, sin color, sin vida. La guerra provocada por los alemanes e italianos no respetó edades, el bullicio de niños con sus naricillas pegadas a los escaparates llenos de golosinas o subidos al tiovivo en su viaje circular de una fracción de dracma. La guerra ya había hollado con velocidad increíble cualquier signo de vida: aquel bellísimo y verde jardín; el sencillo salón y entrañable; el calor de la chimenea encendida; los juegos irrepetiblemente felices, con los padres, en el atardecer. Si bien, además de la defensa de Creta, el Rey Jorge II, tío de Sofía, sentía que como jefe de los helenos debía avivar la llama del fervor nacional. Importante era que les inculcara coraje. Y no sólo a los griegos de Creta, sino también a los griegos del continente: «Estad seguras, gentes de Grecia, que pronto amanecerá un brillante nuevo día para mayor gloria de la patria.»[4] Escindida la familia de Sofía, ¿hasta siempre? ¿Hay todavía lugar para la esperanza? ¿Cuántos años de su

Grecia en manos de Hitler. Máquinas de guerra a los pies del Partenón.

infancia le robaron a Sofía como a tantos niños de su misma edad? ¿Cómo podérselos devolver?

Esa voz de la niña que no encuentra respuesta, da a los vientos un nombre: «¡Tino!» Es compañero de sus juegos además de hermano y amigo único. Pero esa voz ya no resonará en el jardín reconocido diariamente, sino en una casa prestada o en un refugio en donde los dos pequeños –cuatro años ya, tres años escasos– juegan sin acabar de entender por qué quedó olvidado su bosque y su casa de Tatoi, sus juguetes del palacio de Psijikó; por qué han triturado el césped de su jardín como se trituran los sueños y las libertades de los pueblos de Europa.

¡Qué lejos ya Sofía de su patria! Creta, El Cairo, Ciudad de El Cabo, Pretoria, Alejandría, son las ciudades donde ha vivido. Los pequeños ignoran cuánto significa la palabra que aún no pueden entender: patria. Reducen su amor a los símbolos que guardan en su mente infantil: pollito, muñeca, ciervo, chimenea... Presienten, sin embargo, que este suelo que hoy pisan, que la yerba sobre la que corretean, no es suya. Largo ha sido el largo peregrinar junto a su madre Federica que se desdobla en dos –padre y madre– e intenta decirles que papá está trabajando muy lejos, en una isla llamada Gran Bretaña. ¿Pero saben los niños lo que son las distancias? ¿Cómo explicarles que en el otro continente 'muerte' es la única palabra posible donde se aniquila diariamente a niños que también un día supieron jugar a la puerta de su casa, más humilde, pero suya?

Churchill había enviado ayuda al país de Sofía. Mussolini, el dictador italiano, «cayó sobre los pacíficos griegos [...] sin razón ni aviso».[5] Pero «la nación griega, digna de su antigua fama, había rechazado» la invasión, consumada, pese a todo, por Hitler.

«Los griegos se volvieron a nosotros para pedir socorro», dijo Churchill al pueblo inglés, en su alocución radiofónica de la noche del 27 de abril de 1941, comprometiéndose a ayudar a la nación griega «por el honor del Imperio Británico, sin el cual no podremos esperar ni merecer ganar esta dura guerra».[6]

El tiempo va creciendo con Sofía

Vivir es nacer; pero no sólo eso. Además, día a día, vivir es ir naciendo y acabar de nacer. Y vivir es ir despertando. Y vivir es hacerse consciente.

Pasan los años. Sofía va creciendo. A través de las palabras escritas de la madre deducimos que la niña de alguna manera comprende que la vida en paz ya no se puede repetir como en los tiempos de Tatoi y Psijikó. Que habrán de pasar muchos, muchos días –días que no podrá contar con sus pequeños dedos– antes de que papá pueda jugar de nuevo con ella. Pero que alguna noche sí, llegará hasta Sofía, aunque sólo sea por un instante, en sueños, para darle un beso.

En su mente infantil, ¿pueden ordenarse los acontecimientos para dejar aislados la esperanza de ese día por llegar, el recuerdo de ese día ya cumplido? Antes y después de ese día Sofía contará las veinticuatro horas por noches dormidas, por juegos monótonos o distintos, pero manteniendo viva, casi tangible, la alegría de saber que tiene un padre.

¿Cuántas casas, nómada siempre en países extranjeros, hubo de conocer Sofía? La culpa, ¿de quién? ¿En nombre de qué razón podrá tener nadie el derecho de apoderarse de la sonrisa de un niño, de su sueño tranquilo en su cuna? A nuestro entender, el exilio –aparentemente no sangrante si consideramos en su conjunto la crueldad y el sadismo con que en la Europa de

Hitler se castigaba y mataba a los seres humanos seccionándolos por razas–fue un hecho trascendente que marcó ya de por vida la sensibilidad de Sofía: «*Todavía hoy puedo volver a ver perfectamente los bombardeos, el cambio continuo de una casa a otra, más de veinte casas distintas... es algo que tengo muy grabado*»,[7] recordará Sofía decenios más tarde.

Misiones diferentes tienen los padres y por ello ambos son necesarios, cada uno en su parcela, complementarios siempre, para que los traumas no hagan mella en el espíritu de los hijos. La madre de Sofía trató de desempeñar el doble papel ayudada por las cartas de su marido que llegaban de Inglaterra. ¿Las comprendían los pequeños? Algo les quedaba indeleblemente fijado en la memoria: la seguridad de que en aquellas letras había besos, muchos besos. Y quien los besaba era papá.

A medida que un año se acumulaba sobre otro año, Sofía aprendió a aceptar más fácilmente aquella ausencia y asumió, por ser la mayor, la responsabilidad de un deber que el exilio exigía. ¿Absurdas conjeturas? Las intuiciones cuentan. Las corazonadas también. El realismo o la idealidad que proyecta una mirada puede ser premisa incuestionable. Pero ante todo, y sobre todo, los hechos escritos por una madre evocando aquel peregrinar. Y, si bien no trazará con detalle los sucesos, dejará irradiar entre líneas algo más profundo que el detalle o la anécdota. Describirá sin palabras lo más decisivo de aquel exilio de seis años. Sólo esporádicamente, con leve pincelada, alertará, incluso inconscientemente, al lector. Es suficiente.

En esas palabras no acuñadas está todo grabado. Ésa es la clave. Causan mayor impacto porque nos conectan directamente con los ojos de una niña de cuatro años, Sofía.

¡Qué azul su mirada a través del *cristal*!

---

1. Jalil Gibran, *El profeta*, "De la belleza", pág. 77.

2. Kiriakopoulos, G. C., *Ten Days to Destiny*, pág. 199.

3. Zubiri, X., *Sobre el hombre*, pág. 668.

4. Kiriakopoulos, *op cit.*, cap. 9, págs. 103-104.

5. *La II Guerra Mundial*, "Grecia en manos de Hitler. La esvástica en el Partenón", suplemento dominical de *ABC*, nº 17.

6. Churchill, W., *ABC, La II Guerra Mundial*, nº 18.

7. Reina Sofía, entrevista de Pilar Cernuda, *La Vanguardia*, 1 de noviembre de 1988.

-2-
Más allá
de una llamada

Entre encinas y pinos, el Palacio de La Zarzuela, hogar de los Reyes

María Eugenia Rincón

¿QUIÉN HUBIESE DICHO QUE EL TELÉfono tejería una parte de la existencia? Y, no obstante, los cables de pronto cobraron vida. Sofisticados resortes cronométricamente medidos parecían estrenarse. Y a partir de ahí, ¡qué derrumbamiento de cualquier pared edificada interiormente, ladrillo a ladrillo!

El teléfono, una vez más, sonó. Y, levantado el auricular:

–¿Quién es?

La impresión fue primero sorpresa, de alegría después: la llamada era del Palacio de la Zarzuela.

El coche de Palacio había traspasado la valla de control a través del monte que en aquella primavera tardía veían por primera vez mis ojos. Unos cuantos kilómetros poblados de encinares –las encinas que daban oráculos a los griegos–, salpicados de abetos, de pinos, de álamos, a través del estrecho camino, en una dimensión suficiente como para hacernos olvidar que unos minutos antes nos hallábamos en plena vorágine de la gran urbe.

A ambos lados, en la larga extensión que abarcaba la mirada, familias de ciervos, de gamos de distintos tamaños, agrupados, apenas móviles, contemplaban impávidas nuestra carrera, familiarizadas ya con el ruido del motor de los coches que durante el día circulan por el camino que conduce a La Zarzuela. Alguna ardilla asomaba veloz por nuestra vía. Los zorros no aparecen, pero existen. Los conductores están ya acostumbrados a esta convivencia pacífica con los beatíficos animales que embellecen y dan vida al monte que rodea la casa de Su Majestad el Rey. Más cerca de nosotros, aves de distintas especies familiares.

Luce la tarde en todo su esplendor mientras nos siguen acompañando sobre los campos abiertos los pinos y los chopos, los álamos negros y los abetos, y las incontables encinas que pueblan los cinco kilómetros del trayecto que hemos emprendido esta tarde.

Finaliza la ruta con unas curvas bruscamente ascendentes. Remontadas éstas, lejos, Madrid a nuestros pies, casi irreconocible desde la diafanidad de este lugar, desdibujado en la nube contaminada con la que nos hemos familiarizado cada mañana al salir hacia nuestro trabajo.

Este campo, este jardín, esta pequeña ermita, me serán familiares también pasado el tiempo, pero hoy todavía la Reina no se ha hecho edificar su estudio. Habrán de transcurrir unos años antes de que este proyecto sea una realidad.

*La sala de estar
de la Familia Real
en el Palacete
de La Zarzuela.*

Muros de ladrillo rojo, tejados de pizarra, ante nosotros el Palacio –antiguo pabellón de caza de la época de Felipe IV–, más tarde reconstruido como palacete neoclásico de dos plantas.

Entro en el hogar de los Reyes. Todo resulta conocido y natural. Ningún detalle desacorde. Atravieso el vestíbulo. Sería fácil describir el salón: el piano y el biombo chino que Sofía y Juan Carlos compraron en su viaje de novios; los sofás tapizados de seda adamascada blanca que serán sustituidos con los años por unos juegos de tresillos clásicos ingleses vestidos con tapicería de estampaciones al estilo persa; algunos de los óleos que penden de las paredes hoy, y que dejarán paso dentro de una década a otros tres óleos, retratos de los hijos de los Reyes alcanzada su etapa de juventud: el del Príncipe Felipe, a la derecha del salón, y los de las Infantas Elena y Cristina, uno a cada lado de la gran puerta de cristal que da acceso al jardín.

Inmarchitables, como esta tarde, nos parecerán dentro de veinte años los búcaros de rosas recién cortadas. Pero intocable permanecerá el

retrato, bellísimo, de la Reina Victoria-Eugenia al lado izquierdo del gran salón, presidiendo en su silencio la estancia.

Las luces comenzarán pronto a encenderse: luces indirectas para que el ambiente resulte más acogedor. Un servidor, al percibir nuestra presencia, enciende las pantallas más próximas. En soledad podemos aprehender el bienestar familiar que se respira en el entorno. «Todo sucede natural y sencillamente... como suceden todas las cosas grandes», escribía yo misma un día. Encaja perfectamente esta frase con los minutos que estamos viviendo en un hogar, el primero de España.

Puedo acercarme hasta la chimenea y hojear en la mesa del centro –donde posiblemente se conversará después de la cena–, perfectamente ordenados, los periódicos mundiales del día: *The Observer, The Times, Le Monde, La Vanguardia, La Nación, Die Zeit, El País, ABC* y otros.

Destacan las figuritas de jade o de marfil, o de turquesa, que añaden personalidad a los estantes de las hornacinas situadas a ambos lados de la chimenea. Todo es sencillo y mágico a la vez. Cuando los ojos, tanto como los dedos, se acercan a algún objeto para observarlo más detenidamente, tanto más se me asemeja un objeto irrepetible.

La imagen clara, radiante, de la Reina, tan joven, se dibuja en el umbral de la puerta.

–Siento haberte hecho esperar. ¿Qué tal estás? Vamos a sentarnos.

Años más tarde –¿diez, doce, dieciséis?– irrumpirán en el salón, bulliciosos, tres de los siete perros que alegrarán la casa de los Reyes. Sofía aparecerá rodeada de ellos; de Bobby –un *Yorkshire terrier*, traído de Washington en 1986–; de Wispy, precioso y diminuto, de raza original del Tíbet, un *Lhasa apso*; de Georgette, de Inca, a los que la Reina abrazará en su regazo. En vísperas de su boda viajó desde Grecia con Kenkko, tan fiel, a fin de tenerlo cerca de ella en España junto a su gato preferido.

Este amor por los animales permanecerá en la Soberana de por vida. ¿Quién no recuerda la bella fotografía con el koala, en su viaje oficial a Australia y Nueva Zelanda? La expresión de cariño de Sofía hacia el lindo marsupial, tan significativo de aquellas tierras, no precisa de comentarios. De aquí que nos resulte totalmente creíble su afirmación:

–Quiero a los animales.

Recordamos al efecto la antigua leyenda recogida por Konrad Lorenz en su libro *El anillo del rey Salomón*. Este «poseía un anillo mágico que le permitía entender el lenguaje de los animales. Con él en su dedo podía descubrir el significado de cualquier ladrido, gruñido o gorjeo». La Reina, aun sin el mágico anillo, entiende el lenguaje de sus siete perros sencillamente porque los adora.

Muchos años después de esta noche, le escucharíamos hacer la pregunta a un grupo de teólogos y filósofos:

–¿Los animales tienen alma?

Pregunta tan antigua como la historia misma, y que se han hecho a lo largo de los tiempos muchos teólogos. ¿No dijo Juan Pablo II que todos «los seres vivientes han recibido de las manos de Dios un hálito o soplo vital»,[1] coincidiendo en su afirmación con el libro del Eclesiastés y con las numerosas afirmaciones de otros teólogos? Citemos de entre los actuales a algunos como Canciani, Bruno Forte, Bernardo Przewozny, Sergio Quincio, Tom Regan y Peter Singer.[2]

Nuestra conversación se encauza, esta tarde de febrero de 1976, hacia los temas culturales: los que me unían a la Reina desde años antes de aquella mi

*Los Reyes
y sus hijas
en los
jardines
de La
Zarzuela*

primera presencia en su casa. Tiempo atrás la Princesa Sofía se había interesado por los estudios de Humanidades Contemporáneas –que después cursó– y que se impartían en la Universidad Autónoma de Madrid, donde yo era ya profesora. Pero, además, se dio la coyuntura de que también seguí con nuestra Soberana aquellas disciplinas, por lo que me han vinculado a ella lazos espirituales y culturales que, afortunadamente, y por su misma esencia, son los que han permanecido a lo largo del tiempo.

Quizá por eso, la llamada desde Zarzuela tenía una significación.

Aquella noche la hora de la cena se demoró en Palacio un poco más que de costumbre.

---

1. Palabras del Papa el día 10 de enero de 1990, en su tradicional audiencia de los miércoles, recogidas por ALBERT ESCALA en *Revista* de *La Vanguardia,* 18 de febrero de 1991.

2. Véase PRIEUR, JEAN, *Los animales tienen un alma* y *El Arca de Noé,* de MARIO CANCIANI, párroco de la Iglesia de San Juan de los Florentinos, de Roma. Son nombres recogidos por ESCALA en el artículo citado.

La Reina con sus hijos, el Príncipe Felipe y la Infanta Cristina.

-3-

Tarde de mayo

Dios bendixo la casa
do el buen ome cría.

JUAN RUIZ,
ARCIPRESTE DE HITA

Dein Heim kan dir die Welt ersetzen,
doch nie die Welt dein Heim.
[Tu casa puede sustituir al mundo;
el mundo jamás sustituirá a tu casa.]

PROVERBIO ALEMÁN

A house full of books and
a garden full of flowers.

ANDREW LANG

ERAN LAS CINCO Y DIEZ DE LA TARDE
cuando crucé el umbral del estudio de la Reina. ¿El tiempo tiene un
elevado precio?

Cuadros de Duchamp, Sunyer, Dalí –dedicado en 1957 al Príncipe Juan Carlos–, Miró –dedicado a la Reina– o de Muceda, destacan en las paredes muy
claras. Y tres medallones de bronce de considerable tamaño, incrustados en
cristal opaco, con las efigies del Rey, de la Reina, del Príncipe de Asturias, fir-
mados por Cavero en el año 1977. Sobre la consola un búcaro de claveles.

Cumplidos uno a uno los años, hasta dieciséis, lucirán figuras de jade, de
China, de Tailandia, alguna vasija etrusca, ocupando los estantes de cristal de
las hornacinas situadas a ambos lados de la pared frontal de la pequeña ante-
sala, donde espero a Sofía de España.

Grises con franja blanca, las alfombras de adecuados tamaños para cada salón.
Gris la seda de las paredes enteladas. Y persa la alfombra sobre la que se apoya
la sencilla mesa central, a juego con las mesitas laterales de idéntico formato
y calidad: cuadradas, de cristal y metal plateado. Adecuadamente colocados
y tapizados como todos los que visten estos dos salones, los sofás y sillones de
otomán blanco. Algunos libros sobre la mesa: de la pintura de Dalí, de Berro-
cal, de Miró, de Juan Morales...

Transcurre la tarde paralela a nuestra conversación. Casi recién estrenado,
el estudio de la Reina por donde todavía se filtra mansamente la luz. El tiempo se ha dormido y fluyen las ideas traduciéndose en palabras. Si hubiera de
definirla, yo diría que es ésta una tarde sosegada en la que el alma se abandona a esta conjunción de ideales.

¿Me estoy percatando de que cada momento es un momento irrepetible?

Un ayudante de la Casa Real pide permiso para entrar. Solicita de la Reina
algo que la obliga a entrar en su despacho, contiguo al salón donde nos
hallamos. Dejo perder la mirada en disyunción con mi pensamiento. Mis ojos
lo recorren todo, ajenos a mi veloz carrera.

El salón de la Reina es muy acogedor. Tiene la justa medida para la misión
que ha de cumplir: cálida, humana. La nota de color la añaden las cortinas
que cierran los grandes ventanales: tonalidades verdes de distinta intensidad
en diseño de hojas entrelazadas. La luz del sol, perdida ya su viveza y tamizada por los tenues visillos blancos. ¿De dónde proviene esta sensación de bienestar? ¿Qué insoslayable secreto logra aquí encontrar el equilibrio, la armonía que se expande por el alma?

Me pierdo en esta paz sumergiéndome y anclándome en ella. ¿Cuánto tiempo? Navegan, no obstante, hacia otra vertiente mis ideas. Han tomado cami-

nos distintos subconsciente y realidad. Sólo vuelven a conectarse cuando la Reina regresa de su despacho. La conversación se reanuda instantáneamente mientras se sienta de nuevo a mi lado:

–Perdona, te he hecho esperar.

Es su voz, disculpándose siempre de su condición de reina.

Intercambiamos nuestras opiniones. Sofía da con claridad su juicio de valor. No utiliza palabras innecesarias.

De pronto:

–¡Huy! Me parece que asoma una "ratita".

La Reina está sentada en la esquina del sofá próxima a la del mío; por su situación puede percatarse de lo que ocurre tras la puerta de su despacho, que tiene justamente enfrente.

Se ha escuchado un levísimo ruido. Es el sonido que hacen tecleando suavemente sobre la madera unos dedos infantiles. Cuando se entreabre la puerta, una cabeza rubia asoma tímidamente: la del Príncipe Felipe.

Le dice de lejos a su madre:

–¿Cuándo bajas, mamá?

La Reina le indica que entre, que me salude. El Príncipe se me acerca, me da la mano, se inclina; luego va hacia su madre, la besa. Ella lo tranquiliza cuando añade:

–Pronto bajaré; estamos trabajando en cosas importantes. Tú vete haciendo los deberes.

Y brilla la sonrisa de la madre. También yo procuro tranquilizar al pequeño:

–Pronto, pronto. Terminamos en poco tiempo.

Intentamos aligerar la tarea, que ya nos ha abarcado dos horas.

Sin embargo la escena se repite. Y otra vez la sonrisa de Sofía, a la vez mezcla de satisfacción y maternal orgullo:

–¡Ay, ya tenemos otra "ratita"!

Esta vez es la Infanta Cristina. Asoma su cabeza: largos cabellos rubios sobre la espalda. Viste el uniforme del colegio. Camina aparentando un paso cansado, y con mohín de enfado interroga:

–¿Cuándo bajas, mamá? Ya hemos llegado hace tiempo.

Se repite la cariñosa salutación. Se repite la cariñosa reprimenda. Se repite mi "consoladora" palabra:

–Sí, ya terminamos pronto.

Me ha sorprendido, por la coincidencia, la expresión que ha usado la Reina para referirse a sus dos hijos. Inconscientemente evoco otras situaciones, otras coyunturas, y no puedo resistir la tentación de trazar un paralelismo.

Años atrás, al referirse la Princesa Federica a sus pequeños Sofía y Tino, utilizaba palabras similares: «Mis monitos». A ellos no les agradaba: «Bendiciones de papá y mamá», rectificaban. Y también los llamaba "ratitas"; otras veces "tesoros". Y, alejándonos mucho más en el tiempo, dejándonos perder en el paraíso mitológico de la leyenda, nos viene a la mente la palabra 'guelphs', de raíz indoeuropea, y que aproximadamente podría traducirse por 'cachorritos'. Esta palabra nos aproxima al origen de la dinastía de los *Guelphs*, que es la de la madre de la Reina. La leyenda, de por sí hermosa, justificaría el vocablo.

Una castellana –por cierto, no hemos hallado dato histórico, cita o indicio alguno respecto de este punto– se casó con un rey nórdico. No se permitía tener en el reino más que un solo hijo; las leyes vigentes así lo exigían. ¿Un hado maléfico quiso segar la felicidad de la pareja? La reina dio a luz a doce niños. Temerosa y desazonada, no halló otra solución a su grave problema que meter a los pequeños en una cesta y llevárselos al bosque con la dolorosa misión de abandonarlos. Temía que el rey, al verlos, se sintiese obligado a matarlos cumpliendo rígidamente las normas establecidas en el país.

Ya en el bosque, se cruzó con su esposo. A la pregunta de éste sobre el contenido de la cesta de mimbre, la reina no pudo dejar de mentirle:

–Son *guelphs*.

Pero abrió el rey la cesta. Se enterneció al mirar y comprobar que eran sus niños. Y regresó con sus hijos y con su feliz esposa al castillo.

Así, con ese nombre, nacieron los *Guelphs*, la dinastía austriaca.

¡Cuántas similitudes! ¿Razones vinculadas a las cadenas genéticas? "*Guelphs*", "monitos", "ratitas", "bendiciones", "tesoros".

Y no entraron más pequeños aquella tarde en el despacho de la Reina. Pero el deber es para ella sagrado:

–No te preocupes. Sigamos; tenemos el tiempo que haga falta.

Los Príncipes esperaron todavía un poco más, abajo, en el salón del hogar de los Reyes.

Y nuestras voces se fueron apagando, paralelas al declinar de la tarde.

La Reina entra en el aula de la Universidad Autónoma donde estudiaba.

-4-
El Caballero de la Triste Figura

En última instancia, las cosas
tienen que ser tal y como son,
y tal como han sido siempre:
las grandes cosas están reservadas
para los grandes…

NIETZSCHE

«*Todo cuanto enriquece la actual capacidad de las sociedades en progreso, adquiere sentido desde el servicio a los valores profundos del hombre, fuera de cuya sintonía, todo volvería a ser desconcertado y caótico*»,[1] iba a decir la Reina Sofía años después de aquella mañana.

¿Vamos escribiendo la vida, día a día, como la fueron escribiendo nuestros antepasados, hasta llegar al primer hombre? En esa inextinguible cadena cada uno de nosotros es una pequeña esquirla del eslabón. Mas si uno solo de esos hombres/mujeres dejara de caminar o de morir en el momento exacto que les fue asignado, ¿la historia se quebraría? Porque el pueblo, si anónimo siempre, también tributa a lo largo de milenios, como los reyes o los gobernantes.

Nada, pues, debe sorprendernos. Tampoco que hace pocos días –22 de noviembre de 1975– Juan Carlos I y Sofía fuesen proclamados Reyes de España. Nada sucedió por casualidad. En el Parlamento quedó marcado el acto de proclamación, e impreso en la crónica de España. Cuando hojeemos algún día esas páginas, podremos confirmar todos los detalles gráficos del acontecimiento: la figura de Juan Carlos, con uniforme de general de las Fuerzas Armadas, jurando su fidelidad a la Constitución; el color rosa fucsia que escogió la Reina para el momento crucial tanto como la emoción que traslucían sus ojos. ¿Fue para ello indispensable que el día 2 de noviembre de treinta y siete años atrás los veinte cañonazos del palacio de Atenas anunciasen al pueblo griego y a la posteridad que la primogénita de los Príncipes Pablo y Federica había nacido?

Juan Carlos I, Rey. La Reina, a su lado. También el Príncipe Felipe, pequeño y rubio junto a su madre, y las Infantas Elena y Cristina, tan niñas, con sus largos cabellos cayéndoles por la espalda. Y el pueblo, refrendando su proclamación. Desde los invitados de excepción en sus palcos, al último español en cualquier lugar de España que podía verlos en las imágenes televisivas: la corona real –flores de lis de oro sobre fondo carmesí– en primer término. Y el cetro. Y el crucifijo.

En la mañana del sábado siguiente, día 29 de noviembre, tenía lugar la clase habitual en la universidad. ¿Quién podría pensar que la Reina se reintegrase a su curso? Así fue, sin embargo. Los periodistas, siempre alerta, fueron los más puntuales. Hacía un año que Sofía asistía a la universidad y nadie había reparado en ello salvo las personas que semanalmente la esperábamos. De aquí que nos pareciese insólito un hecho que ocurrió aquella misma mañana.

Serían las diez y cuarto, hora de nuestro semanal encuentro en la Facultad de Ciencias en donde las clases tenían lugar. Los curiosos, en torno de las puertas de la Facultad, merodeaban con avidez. De entre ellos destacaba un señor de avanzada edad: delgadísima figura, afilada nariz, alto y quebradizo. Me recordó a Don Quijote, pero con unos quince o veinte años más.

Esperábamos a la Reina de España.

Del aparcamiento subterráneo subieron al campus tres personas: el entonces rector, Gratiniano Nieto; el decano de Letras, Miguel Dols; y una profesora de la universidad.

De pronto, y mientras cruzaban con paso ligero por los escasos metros del césped que separa las escaleras que dan acceso a la Facultad, mi recién bautizado Don Quijote se aproximó a ellos jadeante, inseguro y presuroso. Llegó ante las tres personas; les cortó el paso al tiempo que hincaba su rodilla derecha en el suelo y, hundiendo su cabeza sobre el pecho, besaba la mano que ya le había arrebatado a la profesora sin que ella pudiese salir de su asombro.

Inclinada permaneció la cabeza del anciano hasta límites posibles e imposibles que le hicieron zozobrar:

–¡Majestad!– fue la única palabra que supo pronunciar mientras caía sobre su rótula, rendido.

Ignoro cómo se pudo salir de aquella violenta situación. La profesora rápidamente retomó el camino mientras le retiraba la mano. Sin mediar palabra, el rector ayudó a levantarse al quebradizo anciano. De hecho evitó que fuese a dar con su esqueleto en el suelo. Se tambaleaba sobre su pierna hincada; no podía erguirse ya.

Abrumadas, contemplaban la escena docenas de personas.

¿Cuándo se rompió el hechizo de nuestro Caballero de la Triste Figura? ¿En qué momento despertó de su sueño y se percató de que su Dulcinea –Su Majestad– había sido un equívoco? Habría quizá pasado meses de su vida soñando en ese instante y, cuando ya lo supo alcanzado, suyo, la fortuna le jugó tan mala pasada como a Don Quijote: no era la Reina la que estaba junto a él.

Cuando pasado el tiempo recordé aquel equívoco, sentí ternura por el anciano español de antaño. Ni siquiera advirtió que, en su alucinamiento temporal, se le habían quedado en el suelo las gafas, destrozadas por el peso de su rodilla, hincada tan caballerosamente.

Era noviembre: el día 29 del año 1995.

El 22 de noviembre de 1975 Juan Carlos I y Sofía serían proclamados Reyes de España en un solemne acto celebrado en el Palacio de las Cortes. Los atributos de la realeza, corona y cetro, presiden simbólicamente la ceremonia del juramento.

(A partir de entonces, la actividad académica de Sofía iba a intensificarse también en el Consejo Superior de Investigaciones Científicas, siendo presidente el doctor Casas y vicepresidenta la doctora Teresa Mendizábal.)

Cuando, majestuosa en su sencillez y majestuosa en su naturalidad, veinte minutos más tarde, Sofía de España –Reina, mujer, estudiante– hacía su entrada en el aula universitaria como cualquier otro día, un ramo de flores y otro de aplausos –los de sus compañeros– la aguardaban al llegar a su asiento.

---

1. REINA SOFÍA, Discurso de investidura como doctora *honoris causa* de la Universidad de Valladolid, 17 de octubre de 1986.

Sofía, entre su hermano Constantino y su prima Tatiana, en 1942, con ocasión del bautizo de su hermana Irene, en brazos de su padrino el general Smuts. En el grupo, sus padres, su tío el Rey Jorge II y otros familiares.

II

¿SE PLANTÓ UN MANZANO O UN PERAL?

Athens,
the birthplace of democracy,
had lost its freedom
as the Greek flagon the Acropolis
was replaced by the Nazi swastika.

REY JORGE II DE GRECIA

Como gigantesco roble
cubierto de flores de manzano
es el hombre inmenso
que en vosotros existe.

JALIL GIBRAN

Sí. EL ESPÍRITU SE FORTALECE CON EL dolor. Y a pesar de ello, o quizá por ello mismo, podemos ser objetivos. Porque el dolor se nos hará tan familiar, no sería falacia pensar que lentamente nos va abriendo el camino hacia la verdad. En ella hemos de encontrar, sin duda, también la esperanza. Y en ese mismo dolor, el amor.

El cariño entre Pablo y Federica, inusual por lo armónico y perfecto, nos queda reflejado a través de las cartas que ambos esposos se escribieron en los momentos más cruentos de la II Guerra Mundial. Y tanto desgarro, tanta desolación, es evidente que «habrá tenido que producirse para alguna finalidad más alta, y que quizá de tanto dolor brote algo bueno; algo que contribuya a la gran causa y ayude a nuestro pobre país a alcanzar días mejores y más felices».

Día a día, Sofía va levantando un poco más su frágil esqueleto. ¿Cuántos años han transcurrido ya desde que su hogar, lejos, en Europa, quedó vacío a merced de los invasores? ¿Cuántos habrán sido los lugares por donde ha tenido que vivir Sofía, vida de ninguna parte, en paredes sin calor ni color, vecina también ella del viento y las estrellas?

Creta, El Cairo, Alejandría, Ciudad de El Cabo, Pretoria, fueron las ciudades de los distintos países adonde iría Sofía buscando cobijo con su madre Federica y su hermano Tino. A Ciudad de El Cabo acudieron desde El Cairo invitados por el general Smuts, primer ministro sudafricano y mariscal británico. (Los alemanes ya habían invadido el norte de África el día 10 de abril de 1941 al mando del Zorro del Desierto, el general Rommel).

Emigrante de veintidós paredes, Sofía. Y todo lo entrañable, perdido: desde el libro al candelabro; desde la hoja del árbol hasta el pájaro en su libre jaula del jardín; desde la oración del anochecer hasta las notas arrancadas del piano, del viento o del alma. ¿Qué se pierde, realmente, en el exilio de una familia entrañable, de un país entrañable, donde todo es demasiado entrañable y hermoso? Es algo más que la vida.

Y sin embargo, son muy pocos los años de Sofía para saber cuánto ha perdido y qué fue lo que se le quedó olvidado en alguno de los escondites que los niños inventan cada día, cautivos de una imaginación que se irá diluyendo con los años. Por los caminos del exilio se han ido abandonando queridísimos vestigios. Cuando los estallidos de las bombas los obligaban a correr para no ser exterminados, sin saber más segura la luz del cielo bajo el que continuaban su éxodo o la pestilente oquedad de un refugio, se agarraba la madre a sus hijos como a una tabla de salvación.

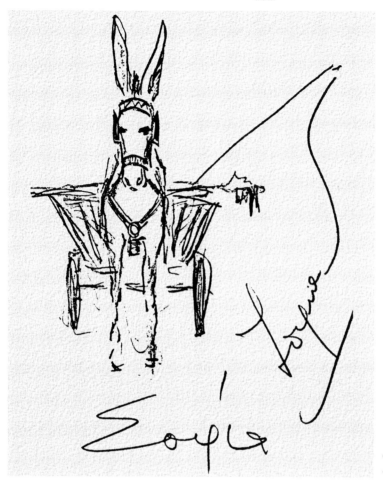

Un dibujo
de la niña
Sofía.

Quizá nunca, como entonces, esa madre, como millones de ellas, entendió en toda su profundidad la palabra 'tesoro' con la que tantas veces cualquier mujer de cualquier país de cualquier época llama a sus hijos. Sus únicos tesoros estaban a salvo. Pero el éxodo no había hecho más que empezar. En Ciudad de El Cabo, la tregua, el lugar para el sosiego momentáneo. Aunque las lágrimas, contadas una a una, no tendrían cabida posible en la memoria.

¿Cómo podría entender aquella niña de ayer, Sofía «dos años en su frente», que en la «tarde del 26 de abril todas las tropas británicas habían abandonado Atenas», y que en la mañana del 27 las primeras tropas de Hitler del mariscal de campo Wilhelm entraron en su ciudad? Desolados, los atenienses las observaron «desde las esquinas y a través de las persianas bajadas de sus ventanas. Un silencio inminente prevaleció. Todo lo que se oía era el chillido de los tanques, las duras pisadas de botas caminando al unísono sobre el pavimento». Porque desde aquel instante, «Atenas, el lugar de nacimiento de la democracia, había perdido su libertad cuando la bandera griega de la Acrópolis fue reemplazada por la esvástica nazi».[1] Con profundo dolor, el Rey, por su seguridad, había salido para Creta.

Esta tarde el *espejo* nos refleja a Sofía de tres años, de cuatro años, de cinco. Va y viene en el tiempo como si jugase el *cristal* con ella. Sofía es la «encantadora criatura» por la que su padre, Pablo, dará gracias a Dios desde sus palabras escritas en Inglaterra. Sí, «sólo es grande quien transforma la voz del viento en melodía».[2] La niña, en su pureza, transformaba su voz. A pesar de que sabe, porque los ha visto caer, que a Ciudad de El Cabo también llegan los proyectiles, que los edificios arden inesperadamente.

Intuye Sofía que el peregrinaje es una obligación inexorable a cambio de seguir respirando. No existen paredes definitivas para poder resguardarse. ¿Es hoy una antigua cuadra la que les da una mayor seguridad? Ya se habrá acostumbrado la niña a la presencia de las ratas por los tejados o por las paredes o por los lechos. Ya se habrá acostumbrado, aun con miedo no superado con los años, a convivir con parásitos repugnantes. La luz de la antorcha les serviría a ella y a los suyos para identificarlos, repetida angustia de cada noche. Summerset West, provincia de El Cabo, permanecía allí como testigo.

Aunque muy lejos, en Grecia, «una tarde, la quietud que usualmente prevalecía después de la puesta de sol a lo largo de la carretera principal de la villa de Pelikapina, fue turbada... » (Pero era el cortejo del Rey que venía de Khaniá. Se instaló en la mansión de Constantine Manos, respetable vecino de esa villa.)[3] Y fue un sencillo hombre del pueblo, Peter Lazerakis, quien reconoció al Rey. «Era alto, con apariencia regia y llevaba el uniforme de mariscal del ejército griego.» Lazerakis había visto esa cara antes, «el viejo campesino quedó boquiabierto cuando reconoció el perfil real».[4] Era el Rey Jorge II; ¡estaba en Creta! La invasión de los alemanes, sin embargo, no iba a tardar en llegar, así que el monarca tuvo que abandonar la isla. A lo lejos, paracaidistas, barcos quemados, todo era una visión espantosa.[5]

Sin embargo, esto ocurrió ayer, pues hoy, ahora, a través del *espejo,* sigue Sofía apoyada en el tronco del roble. ¿Cuántos árboles han desfilado por sus ojos, casi recién estrenados sus pies? ¡Qué cúmulo de vivencias para esos ojos que nos fascinaron desde este mismo *espejo,* blanca niña aquélla girando sobre sí misma! ¿Cómo podría, sin palabras, describirnos la pequeña el sufrimiento de meses y años?

¿Ya sabe Sofía que va a nacer una nueva hermanita? ¿Se sentirá así más feliz, más responsable? ¿Crecerá por dentro, de pronto, sin que nos lo delate su clara

Sofía, Constantino e Irene en un paseo marítimo con su padre.

mirada o su frágil apariencia? ¡Con qué indiferencia nunca aprendida saben los niños ocultar sus verdaderos sentimientos! Nunca sabremos lo que piensa Sofía: el *espejo* nos la devuelve enigmática, distante. Pero su innato encanto ha cautivado a un caballero próximo a ella que se hospeda en la misma residencia donde también comparte las deficiencias de la guerra. Él es un poeta de avanzada edad; conoció el bello país de Grecia, si bien su raíz es Irlanda. ¿Su nombre? Lord Dunsany. Y «ha escrito varios poemas acerca de Sofía».[6] Ella desconoce lo que es un poema. Pero, ¿y mañana? Mañana está por llegar. Hoy Sofía se aferra a lo que tiene más cerca. No sabrá decirnos, «aunque parece que nos clava su mirada desde lejos», a quién quiso más en ese momento dramático de su vida. ¿Al padre? ¿A la madre?

–¡Quiero ésta porque aquí mamá mira a Sofía! –dirá ante una fotografía de su madre.

¿Cómo compartir unos meses después el mismo amor con una nueva hermanita? ¿O intuye Sofía que será «la gran protectora de sus hermanos»?

María Eugenia Rincón

¿Van delineándose ya tanto «su maravilloso instinto materno» como su «férrea voluntad», según su madre señala? Voluntad fortalecida en la diáspora que no parece tener fin.

Sofía vive su tiempo. De él ninguno de nosotros podemos evadirnos. Como todo ser humano, la niña descubrirá un día que al entrar en el mundo, en efecto «nos atamos ya solidariamente a la situación con que nos encontramos», e inevitablemente, participaremos «del espíritu del tiempo, de sus problemas y anhelos»[7] tanto como de «su pecado y de su gracia». Lejanos están los campos de Grecia que la vieron nacer, «campos cubiertos con árboles frutales, olivares y una tierra alfombrada de verde que se eleva hasta la cima de las colinas y que se deja caer sobre los valles», aquel «panorama verde al lado del profundo azul del cielo del amanecer».[8]

Pero vuelve la risa a los labios de Sofía ahora, cuando el *espejo* nos la proyecta acudiendo al jardín de infancia mientras lejos, en el Pacífico, la sangrienta batalla naval de Guadalcanal entre japoneses y *marines* norteamericanos explota inexorablemente el 12 de septiembre de 1942. Y aún más cerca, en el norte del gran continente en que habita Sofía, en África, el general Montgomery y el general Eisenhower ya inician su Operación Antorcha. La guerra todavía tardaría tres años en finalizar.

¿Plantará un peral la madre de Sofía en cualquier pedazo de tierra cercana si es niña lo que lleva en su vientre? ¿Un manzano? La bella costumbre recogida en la tradición de Centroeuropa no puede desvanecerse: crecen paralelos árbol y nuevo ser. Si peral para una niña; un manzano se escogerá para el nuevo niño.

¿En el caso de Sofía, la nueva hermanita crecerá tan deprisa como el peral? ¿O quizá estas bellas, remotas costumbres heredadas de los antepasados, se borran también como la bondad, la humanidad y el consuelo, en tiempos de guerra y devastación, cuando los hombres, las mujeres, los niños, desesperados todos, no puedan anhelar más que ver amanecer un nuevo día?

1. Kiriakopoulus, G. C., *Ten Days to Destiny*, cap. 5, pág. 44.

2. Jalil Gibran, *El Profeta*, "Del trabajo", pág. 39.

3. Kiriakopoulus, *op. cit.*, cap. 7, pág. 72.

4. *Ibíd.*, cap. 7, pág. 73.

5. *Ibíd.*, cap. 16, pág. 198.

6. Reina Federica, *op. cit.*, pág. 77. Es el mismo autor, Dunsany, ya fallecido, del que en 1988 se publicaron en España e Inglaterra *Los cuentos de un soñador*.

7. Boff, L., *Teología del cautiverio y de la liberación*, págs. 201-202.

8. Kiriakopoulus, *op. cit.*, cap. 15, pág. 182.

La Reina firma en el Libro de Oro de la sinagoga de Madrid, Y años después en el reencuentro con los representantes de las distintas confesiones religiosas en el Seminario.

-5-

Dos reinas
en el túnel del tiempo

L'étroitesse d'esprit amène
presque infailliblement à l'intolérance.
H. Marion

La libertad del otro es mi libertad;
por eso nace el diálogo.
G. Marcel

Fanaticism consists
in redoubling your effort
when you have forgotten your aim.
George Santayana

*«*D*ENTRO DE NUESTRO CURSO, HEMOS VENI-*
do a este acto con el que culmina el Seminario de Judaísmo. Este Seminario ha supuesto, para todos los que hemos participado en él, una nueva y enriquecedora experiencia.*

El Concilio Ecuménico Vaticano II y la Ley de Libertad Religiosa en España nos animan al diálogo fraterno y al respeto a todas las religiones cristianas y no cristianas, entre ellas, el judaísmo, por su trascendencia en los comienzos de nuestra fe y en la grandeza espiritual, común a cristianos y judíos.

Las actividades del Departamento de Humanidades y el diálogo que en el Seminario de Judaísmo, como en otros seminarios hemos mantenido, corresponden a la España que todos queremos armónica y unida.»

Estas palabras de la Reina Sofía, las primeras que como Reina pronunciaba en público, las pudimos escuchar la noche de un día de mayo en la sinagoga de Madrid, después de la Cena de hermandad. Palabras escritas por ella, de su puño y letra, en un momento de reflexión.

La Reina Sofía en la sinagoga

Fue antes de concluir el curso 1975-76, al que asistía la Reina: La confesión hebrea, que –al igual que otras confesiones– nos había presentado diversos aspectos de su doctrina en animados coloquios semanales a lo largo de seis meses, nos invitó a un grupo de alumnos –la Reina entre ellos– a un oficio religioso en la sinagoga de Madrid.

El hecho, así descrito, no dejaría de tener importancia. Pero no era eso sólo, con ser tanto; puesto que lo significativo fue que una reina de España, Sofía, quinientos años después de que otra reina de España, Isabel la Católica, expulsara de la patria a los judíos españoles, iba a visitar por primera vez una sinagoga. Suponía compartir con los sefardíes, en paz y en armonía, las largas horas del día de la fiesta total, el *Shabbat,* en que se celebraba el oficio sagrado seguido de la Cena.

Quinientos años, cinco siglos, dos distintas maneras de enfocar la comprensión del hombre con el hombre. Diferentes y aun opuestas formas de entender la hermandad entre todos los seres de la tierra. Por esta fraternidad luchó desde siempre, y sigue luchando Sofía.

La valentía de una Reina

¿Valentía de la Reina en aquella tarde de finales de mayo de 1976, al dar el paso gigante que abarcaba de ayer a hoy la distancia de quinientos años? Por supuesto. Transcurridas más de dos décadas del acontecimiento, cuando podemos calibrar su trascendencia con la perspectiva y la imparcialidad que el tiempo nos permite, nos hallamos en condiciones de percatarnos mejor que nunca del gesto valeroso de la Reina de España; gesto que fue por algún sector criticado y censurado. No olvidemos que por aquel entonces no se conocía lo suficiente a nuestros Reyes, tan sólo meses atrás entronizados. Por añadidura, acabábamos de vivir un dilatadísimo período de régimen dictatorial. Algunos españoles no tenían muy clara la aceptación de la Monarquía.

La tarea de Sofía era, pues, difícil. Los años, imprescindibles para que «este afán de entendimiento» entre «los pueblos y sus religiones», según sus palabras, pudiesen ser realidad. Porque Sofía, que no es mujer de concesiones baldías, razona detenidamente cuanto debe hacer y asume su responsabilidad.

Épocas, circunstancias, mentalidad, ambiente tan ajenos, alejan inexorablemente a las dos reinas. Si Sofía de España penetró en la sinagoga de los judíos de Madrid una tarde de 1976, Isabel I de Castilla había condenado cinco siglos antes «a pena de muerte e confiscación de todos sus bienes para nuestra Cámara e Fisco a todos los judíos e judías que moraren en el reino tres meses».[1] Y así se cumplió, poco después de haber sido promulgado, el decreto de expulsión.

Los hispanistas extranjeros, algunos atraídos por la cultura de Isabel I de Castilla, intentan en ocasiones trazar cierta aproximación en esta parcela con la Reina Sofía. Ian Michael, titular en Oxford de la Cátedra Alfonso XIII, me había hablado en ocasiones de esta similitud, aplicando a Sofía el epíteto ya usado por él para Isabel I: la Reina Sabia. Y escribe:

«Isabel´s education may well have been lopsided, having a greater political than literary input. She spoke Portuguese, Castilian and Catalan, and is said to have had some command of French and Italian»,[2] además, por supuesto, del latín que tanto le apasionaba y para el que sacaba tiempo, pues de «tan arduos negocios como tenía en la gobernación de sus Reynos, se dio al trabajo de aprender las letras latinas; e alcanzó, en tiempo de un año saber en ellas tanto, que entendía cualquier fabla o escriptura latina», confirmará Hernando del Pulgar aludiendo a la facilidad de Isabel I de Castilla para el estudio de las lenguas.

Nosotros apoyamos ciertas coincidencias con el profesor de Oxford, pero tan sólo las de carácter cultural. La Reina Sofía, ¿no ha investigado en el campo de la antropología, de la filosofía, de las humanidades, de las religiones? ¿No domina el inglés, el alemán, el griego antiguo, el griego moderno, y muy en especial el español? Porque Sofía ha penetrado en el alma de España y cuando decidió ser la Reina de los españoles, asumió plenamente su tarea. Fue para ella un reto estrenar monarquía.

Una «testa coronada hispánica», después de cinco siglos, había visitado un lugar de culto no católico. Por ello «en su virtud, la Paloma adquiere el derecho de ser escrita con mayúscula».[3] Por añadidura, ¿no señaló Grecia «la superioridad de la sabiduría»?

La reanudación de nuestro diálogo con Dios

Cantando el *Baruj habba* –palabras de un Salmo con el que recibían en Jerusalén a los peregrinos que llegaban al templo– se da la bienvenida a Sofía. El presidente de la comunidad judía, Philipe Halioua, en la puerta junto al rabino Benito Garzón, presidente de la comunidad israelita en España, y quien dirigió el seminario de judaísmo. Y rosas. Y la firma de la Soberana, Sofía R., en el libro de oro.

La cabeza de la Reina, cubierta por un velo según la tradición de esta religión: detalle de respeto que impresionó a los judíos y que le agradecieron profundamente. No olvidemos que sus mujeres deben llevar siempre cubierta su cabeza cuando penetran en el templo, e igualmente están obligados los hombres a usar la *kippa*. La Reina, situada en el lugar de honor, que es justamente el de la derecha del Arca Sagrada, sigue atentamente el oficio. Curiosamente este lugar de honor que ocupa es el reservado únicamente a las novias en la

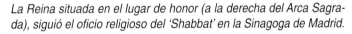

La Reina situada en el lugar de honor (a la derecha del Arca Sagrada), siguió el oficio religioso del 'Shabbat' en la Sinagoga de Madrid.

Sofía cubría su cabeza con un velo conforme a la tradición judaica.

solemne ceremonia de sus esponsales. Las demás mujeres estamos en un plano más alto: en la parte izquierda frente al altar.

Salmos, alabanzas al Creador y bendiciones a los Reyes de España y a su augusta familia se entrelazan durante esta primera parte del sagrado oficio que tiene lugar en la sinagoga. La segunda parte se desarrollará en los salones del hogar comunitario, con la Cena de hermandad.

Brilla en el fondo el Arca Sagrada. Es de madera recubierta de metal plateado y repujado en dibujos representando las distintas etapas alegóricas de los días de la creación hasta el *Shabbat*. Es muy grande: aproximadamente de 3 metros de largo, 2 metros de alto, 0,80 metros de fondo.

Este Arca o Cofre Sagrado es el símbolo por excelencia de la sinagoga. No es, pues, extraño, que se convierta –y debe ser así según la tradición– en foco de las miradas de los fieles. La situación del Arca entraña, además, otra significación muy especial: debe estar orientada siempre hacia el este, dirección de Jerusalén. Desde él se proyectan los rezos, se habla a los fieles: motivos poderosos para que sea visible a todos los asistentes. El Arca de la sinagoga de Madrid representa el cofre sagrado del Templo de Jerusalén, realizado en madera de cedro y recubierto de pan de oro, que contenía las Tablas del Testimonio o Alianza (los Diez Mandamientos).

La importancia del Arca para los judíos radica en que en su interior se custodian los rollos de pergamino del texto de la *Torah* –el Pentateuco, los cinco primeros libros de la Biblia–, envuelta en terciopelo. Algunos de los textos existentes en la sinagoga de Madrid tienen unos quinientos años de antigüedad. Uno de ellos, procedente de Vitoria, fue depositado en Bayona cuando la expulsión de los judíos y, ya recientemente, en el año 1968, pudo ser recuperado definitivamente por los rabinos de Madrid. No nos extrañe que haya todavía textos sagrados perdidos por diversos lugares del mundo: Irak o norte de África, pongamos por caso: lugares en donde los templos sefardíes –dispersados sus fieles por todo el orbe– no pudieron subsistir.

Continúa el rito con el canto del poema *Lejá Dodí*, de Salomón Leví, cabalista español de la Edad Media de la escuela de Safed. Esta recitación se enlaza con la del Salmo 92, que es el característico de la fiesta sabática. Muchos siglos atrás lo cantaban los levitas cuando llevaban las ofrendas del *Shabbat* a la Casa de Dios. Salmo 92 que, según la tradición, fue el cántico que entonó Adán en homenaje a Dios cuando la aurora de su primer día.

Todos estos Salmos que escuchamos con respeto junto a la Reina de España los compañeros de estudios que formábamos su séquito aquella tarde, constituyen –como hemos indicado– la primera fase de la primera parte del culto sefardí. La segunda fase de esta primera parte está integrada por el *Credo,* la *Meditación,* la *Despedida* y la *Bendición* con los cantos del *Yigdal.*

El Credo de los judíos, en hebreo *Shema Israel,* ratifica y ensalza la unidad de Dios: «*Oye Israel: El Eterno nuestro Dios uno es...*» (Deuteronomio 6,4). Significa el momento en que todos los fieles se integran en la Meditación. No obstante, la Meditación o *Amidá* la hace cada uno de forma individual con la mirada fija en el Arca, hacia el este; que, como ya indicamos, es el lugar donde geográficamente está situada Jerusalén. Oran en contacto espiritual y mental con Dios. Este silencio absoluto de la *Amidá* quedará pronto contrastado por el estallido de las voces al cantar el Salmo 23: «El Eterno es mi pastor...»

La Despedida a continuación, junto a la Plegaria por la paz en el mundo y por la armonía entre todos los hombres. En este preciso momento el rabino Garzón, desde la tribuna y siempre al lado del Arca Sagrada, se dirige a la Reina de España para agradecerle el alto honor de su presencia y lo que ésta supone, «pues tan importante como el restablecimiento del diálogo entre los hombres, es la reanudación de nuestro diálogo con Dios a través de la oración».

Se abre el Arca. La bendición de nuestros Reyes

Como hecho excepcional, se procede a abrir el Arca Sagrada en honor de nuestra Soberana. Porque el cofre sagrado únicamente se descubre en las grandes solemnidades. Dentro del Arca podemos observar los textos de los pergaminos que contienen la *Torah,* las leyes hebreas escritas en esta lengua.

Momento solemne, en el que el rabino –con el cofre abierto a los ojos de todos los fieles– lee el texto tradicional de la *Bendición al Rey*, hecho frecuente en las sinagogas judías sefardíes. Hoy, ante la Reina de España:

> *«Dios nuestro y Dios de nuestros Padres:*
> *Tú que das el triunfo a los reyes y sabiduría a los príncipes.*
> *Tú cuyo reino es eterno.*
> *Tú, que salvas a tu siervo David de la espada peligrosa.*
> *Tú, que pones camino en la mar y sendero en aguas turbulentas,*
> *Dígnate bendecir, proteger, sostener,*
> *Ayudar, exaltar, engrandecer, y elevar a*
> *lo más alto al Rey, nuestro Señor,*
> > *DON JUAN CARLOS*
> *a la Reina, nuestra Señora,*
> > *DOÑA SOFÍA*
> *y a toda la*
> > *FAMILIA REAL.*
> *¡Oh, Rey de reyes, con tu infinita bondad*
> *concédeles protección y larga vida!*
> *Escápales de toda angustia y de todo daño,*
> *¡Oh, Rey de reyes, con tu infinita bondad,*
> *enaltece y haz brillar su estrella!*
> *Que su reinado sea largo y fecundo.*
> *¡Oh, Rey de reyes, dígnate poner en su corazón*
> *y en el de sus ministros y consejeros,*
> *sabiduría y bondad!*
> *Que nos sean favorables a nosotros*
> *y a nuestros hermanos de Israel.*
> *Que vea él y veamos todos la salvación*
> *de Yehudá y a Israel vivir en paz.*
> *Extiende sobre nuestra entrañable Sefarad*
> *tu dosel de paz y concede a todos sus habitantes*
> *concordia y felicidad*
> *para la mayor grandeza del Reino*
> *y para que podamos adorarte y servirte*
> *con tranquilidad de espíritu.*
> *Que llegue el Redentor para Sión.*
> *Digamos: Amén.»*

El Arca quedó definitivamente cerrada. Era la primera vez que se abría para una Reina en cinco siglos: ¿Esperando, precisamente, a Sofía de España?

La Despedida y el canto de Profesión de Fe, el *Yigdal*, entonado por el rabino y todos los fieles, sonó. Es un canto procedente del siglo XII, época de Maimónides, y recogido en verso en el siglo XIV. Cerró con su melodía la noche en la sinagoga.

El saludo de unos niños judíos a la Reina.

Ya sólo faltaba el apretón de manos, el *Shabbat Shalom.*

La Reina de España ha seguido con la atención y el interés que la caracterizan, todos los momentos del rito. Al salir del templo nos comenta lo enriquecedor de la experiencia de esta tarde.

«Y bendijo Dios el séptimo día y lo santificó», repetíamos nosotros en nuestro interior.

La Cena: símbolo de unión entre materia y espíritu

Caminamos hacia el comedor en donde vamos a vivir la segunda parte del rito, la *Cena.* Aquí la fiesta del *Shabbat* se prolonga todavía unas horas. La Reina, acompañada de las altas jerarquías de la confesión judía y del Jefe de la Casa de Su Majestad el Rey, Marqués de Mondéjar.

La mesa, mesa del altar. Hay varias en el reducido espacio. Son alargadas y sobre ellas, ya preparados, los panes y el vino. Entre los manjares que nos tienen dispuestos no faltará el cordero, fundamental en este día feliz de fraterna comunicación. La religión judía no permite a sus fieles alimentarse más que con carne de rumiantes con la pezuña partida, y con algunas aves. Estos animales han de ser sacrificados de forma ritual y completamente desangrados, razón por la cual le añaden sal a la carne con el fin de que los restos de sangre queden absorbidos.

Podemos tomar, sin embargo, pescado, porque no olvidaron los judíos que la Reina de España no come carne y tuvieron el detalle de no excluir aquel alimento del menú. Y, ¿comen pescado los judíos?, nos preguntábamos. Nos aclaran pronto la duda:

–Sí, siempre que sean peces con aletas y escamas. Jamás crustáceos, por ejemplo, ni peces de las profundidades marinas. Algo parecido a las normas sobre la ingestión de las aves, las cuales forzosamente han de ser aves de grano, que no de rapiña.

Los judíos respetan profundamente las indicaciones que al respecto se dan en el capítulo 11 del tercer libro de la Biblia, el Levítico.

La Cena da comienzo con lo más significativo de ella, que es la bendición del pan y del vino. Es la cena del comienzo del sábado, continuación del oficio religioso sabático salmodiado en hebreo, impresiona a todos y, en primerísimo lugar, a la Reina, que la preside. Porque esta cena no es jamás una reunión, rito u oficio de individuos más o menos aislados, sino que se congrega alrededor de la mesa una comunidad de personas para compartir el pan y el vino de Dios.

Los comensales hebreos continúan con su cabeza cubierta por la *kippa*, que usan casi habitualmente a lo largo de su jornada. Se hallan todos rebosantes de felicidad al vivir estas horas con la Reina a su lado.

Con Sofía de España las heridas de siglos se han restañado.

La Reina asiste, en mayo de 1976, a una conferencia del rabino Garzón en un seminario sobre judaísmo en el Consejo Superior de Investigaciones Científicas de Madrid.

María Eugenia Rincón

El recuerdo de la Reina de España

Llegó aquel recuerdo con tal intensidad a los hogares judíos del mundo, que quince años después de aquel día nos decía el rabino Garzón evocando el evento:

–¿Sabe usted? Acabo de llegar de Los Ángeles después de permanecer meses allí. He dirigido una convención de jóvenes universitarios. ¡Y cuál no sería mi sorpresa al oír recordar a aquellos muchachos de 18 a 20 años el momento entrañable que aún permanecía en la memoria de sus padres! Lo sabían los chicos todo sin haberlo presenciado: «¡La visita de la Reina de España a la sinagoga de Madrid! ¡Qué inolvidable acontecimiento!», decían.

Se comentaba en sus casas como uno de los hechos más importantes de su historia: Toronto, Montreal, Miami, Nueva York, Boston... ¿Qué quedará exento de este hermosísimo recuerdo?

–Aquel acontecimiento rebasó todos los anhelos –concluyó el rabino.

La prensa norteamericana dedicó sus primeras páginas al acontecimiento. Los periódicos que recogían con más entusiasmo la noticia fueron *New York Post, The Jewish Week, The New York Times, Newsday, The American Examiner, La Nación.*

Fue aquella tarde del *Shabbat,* la tarde en «la que con una sonrisa y, por qué no decirlo, con valor, Su Majestad la Reina» escribió «una gran página de nuestra historia».[4]

Sin embargo, la Soberana tuvo el buen sentido de aislar el hecho cultural de todo matiz político. Y es importante reseñarlo porque la política quedó siempre al margen de nuestras actividades académicas, así entonces como ahora; es ésta una cuestión que la Reina tenía y tiene bien clara. Sí le importa a Sofía, por el contrario, que en nuestras tardes de trabajo, los profesores expongan sus temas, sea cual fuere su ideología, sin discriminación alguna. Pero la política permanece siempre al margen de la ciencia.

La actitud de Sofía, Reina, fue un canto a la concordia, a la libertad, a la vida.

1. HERNADO DEL PULGAR, "Crónica de los señores Reyes Católicos don Fernando y doña Isabel de Castilla y de Aragón", en *Crónicas de los Reyes de Castilla,* ed. Cayetano Rosell, Madrid, Rivadeneira, 1978, II, 4, págs. 256-257.
2. MICHAEL, IAN, "Isabel of Castile and Chivalrich Romance" en *The Age of the Catholic Monarchs, 1474-1516,* ed. Deyermond-Macpherson, Liverpool, 1989, pág. 109.
3. *La Nación,* Buenos Aires, 13 de junio de 1976
4. PÉREZ PELLÓN, *Gaceta Ilustrada,* 6 de junio de 1976.

La Reina en su estudio de La Zarzuela.

-6-

Mañana de estudio

Intelijencia,
¡dame el nombre exacto de las cosas!

JUAN RAMÓN JIMÉNEZ

El hombre instruido
tiene siempre la riqueza en sí mismo.

FEDRO

*«E*L HOMBRE ES SU TRABAJO ALIMENTADO

por sus sueños, iluminado por la inteligencia y realizado por su voluntad. Estos valores son constantes cualesquiera que sean las marchas episódicas de las sociedades; y las unas se distinguen de las otras, precisamente, en orden a esta inefable relación de la cultura dinámica. Ensoñación, inteligencia y voluntad que van llenando el orbe con espléndidas realizaciones. Pero, con todo, todavía no ha aparecido en este cuadro, en la singladura asombrosa de la humanidad, la solidaridad como tal.»

Evoco estas palabras de la Reina Sofía mientras la esperamos.

La mañana es gris aunque el calendario señale un 8 de mayo. Dentro de Palacio, encendidas las bombillas en todas las dependencias que no se abren al jardín; es un día típico de invierno.

La tarea de hoy junto a la Reina es ardua; debemos hilvanar la programación del curso próximo en función de los temas que más hayan interesado a la mayoría de la clase.

Durante unos minutos aguardo en la biblioteca. Me detengo a mirar los libros, encerrados en los armarios acristalados. Llama nuestra atención la edición de *Les trobes en lahors de la Verge Maria,* que se entremezcla con los tres tomos del *Cancionero Gallego* y con ejemplares de *Electrónica y Física,* con los *Anales de la Corona de Aragón.* Cerca, El *Llibre del Consolat de Mar, The Throne of Saturns,* de Allen Drury; la Biblia o la *Historia de los tribunales.* Y *Obras de Dalí* (1914-1983), *Goya y la Constitución de 1812* se barajan con *La deficiencia, Síndrome de Down, Diario de un refugiado republicano, Liber floridus.* Muy de manifiesto, la afición por la cultura hispanoamericana: los ejemplares de *Colombia, Arte precolombino, Ecuador, México, Historia del Perú...* En el centro del salón-biblioteca destaca, soberbio, un atril antiguo sobre el que luce un muy bello ejemplar del año 1882: *El Ejército y la Armada,* de Manuel Jiménez González. Entre los numerosos volúmenes, años después veremos la Teja Tipográfica de la Primera Planta del *Diario de Pekín* del día 16 de junio de 1978, *Renmin Ribao* que, con una tirada de seis millones y medio de ejemplares, reflejará la noticia de la llegada de nuestros Reyes a China con la fotografía de los Soberanos.

La Reina me espera en un pequeño salón: allí un sofá de reducidas dimensiones, dos sillones, una mesa de trabajo.

Siempre es insuficiente el tiempo que va pisándonos las ideas; éstas se nos amontonan antes de que nuestras voces puedan transmitirlas. Sofía va enumerando los problemas que observa más acuciantes en el hombre. En opinión de Sofía, mujer y hombre son seres humanos que por igual luchan, trabajan o sufren; merecedores ambos de las mismas atenciones, de idénticos derechos. Si en ocasiones, contadísimas, alguno de los profesores ha

resaltado las características de la mujer enalteciendo, quizá desmesura-
damente, la condición femenina de ésta, Sofía, con un levísimo, casi imper-
ceptible mohín, insinúa su desacuerdo. La Reina, que está constantemente
atenta al progreso humano, transcurrido un decenio podrá subrayar con-
vincentemente sus propias palabras:

> «*La revolución, con sus resplandores, alimenta las máquinas del progreso y
> en esa revolución está el mejor hombre de la gran dinastía de los triunfadores:
> aquel que abraza a los otros como hermanos, el que consagra con la fraternidad
> universal el irrenunciable principio de la solidaridad.*»[1]

Las horas han ido deslizándose, amontonándose y desapareciendo, mientras cabría preguntarse por qué el azar me ha escogido, sin saberlo, como la
más próxima compañera de la Reina. Y aludo al azar porque la Soberana, lle-

*La Reina
con la profesora
María Eugenia
Rincón,
participando
en un coloquio
en el Consejo
Superior
de Investigaciones
Científicas.*

vada por su casi exagerado deseo de ser imparcial, de presentarse en los ambientes más diversos como Reina de todos los españoles, intenta evitar las excepciones. Y, si en un momento de debilidad, inconscientemente, las hiciera, Sofía trataría de justificar su actitud apoyándose en una razón objetiva. Tal es su preocupación por que nadie pueda sentirse marginado.

Con nuestras carpetas apoyadas sobre las rodillas, y a medida que van surgiendo las ideas, anotamos en el papel las conclusiones una vez contrastadas y discutidas. Y de vez en cuando, la pregunta: «¿Qué hora será ya?»

En efecto, perdemos la noción del tiempo. No podríamos asegurar si han transcurrido horas o minutos. Este hecho se repite constantemente lo mismo en clases o seminarios que en privado, y cabe significar que apenas tratamos con la Reina de otros asuntos que no sean los del estudio que nos une a todos.

Inesperadamente se abre la puerta del fondo de par en par. ¿Quién entra por ella? Llevo mis gafas de leer puestas y no alcanzo a distinguir con claridad el rostro de la persona, pero es la figura de un hombre. Nos olvidamos pronto de él, continuamos con nuestra tarea. Transcurren unos segundos; instintivamente levanto de nuevo los ojos. La figura del hombre ya está casi junto a nosotras. La Reina sonríe y una voz, a escasos metros, nos dice familiarmente:

—¡Hola! ¿Qué estáis haciendo?

–Trabajando. ¿Es muy tarde? –contesta Sofía

–Muy tarde. Vengo a sentarme un poco. Estoy rendido.

¿Será posible? ¡Pero si es el Rey! Me levanto de un brinco sin decir palabra.

Son las dos y media de la tarde y el Rey de España ha permanecido durante casi cinco horas de pie, cumplimentando las numerosas audiencias que ha previsto para esta mañana. Horas antes habrá despachado los asuntos oficiales. Después del almuerzo reanudará de nuevo su trabajo, al que le obliga su deseo de servir a España tanto o más que su deber para con ella.

Don Juan Carlos me da la mano mientras le aclara la Reina:

–Ya sabes. Es mi compañera, la doctora Rincón. Ya te dije que estamos planificando los temas previstos para este curso.

¡Qué hubo dicho la Soberana! El Rey intenta alcanzar rápidamente la puerta de nuevo:

–¡Huy!, si eres doctora no quiero saber nada de ti. ¡No me gustan los doctores! –arguye en tono jocoso.

Y la Reina:

–Pero ven. Es un doctor que no pincha.

Esta aclaración debió de tranquilizar al Rey, porque regresó hacia nosotras rápidamente, tomó asiento de nuevo en el sillón y, ya confiado, conversó en el tono distendido y simpático al que nos ha ido acostumbrando a todos a lo largo de los años.

–¡Ah!, bueno; si eres un "doctor" que no pincha, ya me caes bien.

Recordé la anécdota durante mucho tiempo.

Lo que no aclaré al empezar a relatarla fue que al Rey, por aquellos días y a causa de una leve dolencia, tenían que "pincharle" varias veces durante la jornada. Que la Infanta Elena –doce años– conduciendo su cochecito en el jardín de Palacio, había sufrido un accidente al enrollársele sus largos cabellos en una de las ruedas. Que el Príncipe Felipe –ocho años–, a consecuencia de una caída se había dañado seriamente una pierna...

Como en cualquier familia española, europea, universal. Los pequeños contratiempos que en ocasiones se nos acumulan y nos obligan a decir, acaso para quitarle dramatismo al asunto:

–¿Me habrá echado alguien "mal de ojo"?

Aclaradas por la Reina tantas coincidencias en una misma semana, yo misma le dije sonriendo:

–¡Con razón el Rey echará a correr en cuanto vea a un médico! ¿Habré de sugerirle que toque madera?

Cuando nos despedimos en el jardín, sonaban las tres de la tarde.

---

1. REINA SOFÍA, discurso de investidura como doctora *honoris causa*, Universidad de Valladolid, 17 de octubre de 1986.

Constantino fotografía a su madre y sus hermanas.

III

EL ESTANQUE

La soledad de nuestro corazón
es el último abismo
que ningún espejo simbólico
puede nunca colmar plenamente.

JOSÉ JIMÉNEZ

El fuego vive de la muerte del aire,
y el aire de la muerte del fuego;
el agua vive de la muerte de la tierra,
y la tierra de la muerte del agua.

HERÁCLITO

L AS AGUAS ESTÁN TODAVÍA TURBIAS.
Flotan en ellas las hojas desprendidas de los árboles. Es otoño tardío. Las aguas,
¿reflejan acontecimientos pasados, victorias o derrotas?

Crecidos de pronto los años, *el espejo de la historia* nos devuelve la misma
mirada de Sofía. Ojos que han vuelto al principio y han visto desfilar la
cruedad con que la gue-
rra marcó a sus víctimas.
Cuando regrese a sus raíces
Sofía ya no se reconocerá
en ellas. Estará buscando
seis años de vida que se le
perdieron muy lejos de sus
verdes bosques de Tatoi.

Distante de los arbustos
de Grecia está Sofía; arbustos que, según creencia
popular, tienen "espíritu".
Dicen que las almas de los
mortales quedan de algún
modo unidas a ellos; de tal
manera que podríamos
arriesgarnos a creer que
perennizan la vida de sus
gentes en una extraña vinculación energética que
emana de esos "espíritus
arbóreos". ¿Reside el alma
en la sombra o «en la imagen reflejada en el agua o
en un *espejo*»?[1]

Sofía y Constantino.

La respuesta está junto
al estanque, pero Sofía no
se inclina hacia sus aguas. ¿Intuye que es un mal augurio en la mitología
de su tierra helena? No puede temer nada. Acaba de cumplir seis años.
Hoy su casa está en Alejandría. Ya acude al colegio, al *English Girls College*, al
cual recordará con cierta nostalgia cuarenta y cinco años más tarde, y habla-
rá con cariño de los «maravillosos años» de su niñez cuando, ya Reina de

El palacio de Tatoi, residencia
de la Familia Real griega, en las afueras de Atenas.

España, inaugure en el Colegio de su infancia la biblioteca que llevará su nombre.

Y el día D amaneció en un 3 de junio de 1944. Día D, hora H: la Muralla del Atlántico será asaltada por los aliados.[2] Pero en este día, cualquier día, 1945, Sofía aún desconoce su futuro tanto como que en su tierra pinos, robles, en las laderas de las montañas de la Arcadia, adornan la garganta por donde el Ladon corre a unirse con el sagrado Alfeo, y donde se reflejaban los bosques en las aguas oscuras del lago Fenco, como Frazer describe.[3]

Y *el espejo de la historia,* deslumbrándome los ojos.

Ya no reconozco a esta niña. ¿Tanto ha cambiado? Son largos sus cabellos. Los dientes que al sonreír muestra, los definitivos para la vida que le toque cumplir. Sólo contempla. ¿Cómo es esta niña que nos regresa al *cristal* después de conocer de cerca las privaciones de cuatro largos años, niña como tantas otras, carente del amor paterno al que se había colgado como rama de olmo en potente tronco? ¿Cómo borrar ese tiempo?

Sería inútil. La vida es como es y así hay que aceptarla. Sin embargo, ¿no inventa la risa de los niños cada día las cosas? La risa de Sofía no se ha perdido. Sabrá remontarse y empezará de nuevo en este indescifrable universo que todavía no puede comprender, y juega en el colegio con sus amiguitas.

Muy lejos de Sofía, en Grecia, esos cuatro años de ausencia han sido muchos años. Algunos árboles centenarios permanecen allí, sin embargo, enhiestos, para dar testimonio de que la vida todavía es recuperable. Si «la guerra hace tristes los pueblos», las voces de los niños estrenan cada día las cosas. Y la lejana casa pronto volverá a ser hogar para Sofía y para sus hermanos –hoy de cinco y de dos años ya– porque el tiempo no puede detenerse. ¿Qué precio habrá de pagar la niña para llegar a «una humanidad justa, feliz, creativa, armoniosa»? Enmarcada la patria de Sofía en la solidaridad de los

María Eugenia Rincón

hombres, la solidaridad «universal y ontológica» en la que «se sitúa Jesucristo y su acción liberadora»,[4] Grecia captó el mensaje desde años atrás, como otros pueblos, como la propia Iglesia.

La verdad tal vez no sepamos entenderla, mas en Tatoi el camino está lleno de hojarasca, centenarios arbustos mutilados. Pero las mismas piedras de la casa, allí. El tiempo ha escrito su paso. Nadie sabe leer esas letras. Tampoco la niña de ocho años si regresa mañana del exilio y se enfrenta a la realidad. Ni nosotros, por más que decenios después nos aproximemos a los troncos cercenados.

En la Grecia de Sofía la patria pagó un precio muy alto con la invasión hitleriana. Además de ser confiscado su oro fue obligada a contribuir, como todos los países dominados, a «las llamadas cargas de la ocupación».[5] «Cargas de millones en marcos del Reich que pagó el pueblo griego hasta fines de febrero de 1944.»

Mientras tanto ya había comenzado para Sofía la segunda etapa de su infancia, lo que suponía la iniciación de la propia construcción lógica en su inteligencia. Y no sólo eso: respecto de la afectividad en esta fase, ¿no se coordinan la individualidad y el sentido de sociabilidad que la conducen a «una moral de cooperación y de autonomía personal», como nos recuerdan algunos psicólogos, en contraste con la primera etapa, ya superada, de su niñez?

Sofía despliega, por añadidura, una voluntad que es en otros niños de aparición tardía. Se le perfila con antela-

El Parlamento griego y la zona deportiva de El Pireo.

Dos 'euzon', centinelas y guardias de honor,
al pie del Parlamento ateniense.

ción, aunque sujeta a la articulación de los sentimientos morales independientes, como es habitual en este momento de la vida. Su personalidad estará suficientemente modelada años antes de que llegue al ancho corazón de Europa.

Irene sabía caminar. La guerra alcanzaba a todos los continentes. Pero en Ciudad de El Cabo la pequeña crecía sana y feliz, y su padrino, el general Smuts, jugaba con ella. ¿Y el peral? ¿Habría crecido también sano y hermoso como la criatura?

No cabía más que esperar. El primer ataque aéreo aliado había tenido lugar en enero de 1943. Y el día de Navidad, un año más tarde, había sido, a pesar del exilio y de los expolios, una fiesta grata para Sofía, Tino e Irene. Aunque su padre, Pablo, vivía de cerca el horror de la contienda y otros niños, otros hombres conocían un infierno en Stalingrado. Hombres y niños que a mucha distancia de la vida de Sofía se preguntaban «por qué Dios permitía que volviese la Navidad cuando los hombres, dominando su voz con su tumulto, se mataban unos a otros».

Transcurrirán los años. Y un día reencontraremos, ya adolescente o adulta, a la muchacha que relumbra en el *espejo*. Mañana, en su hogar, ¿podrá leer la enigmática caligrafía de las paredes? Para entonces la vida habrá seguido su curso. La inexorable esclavitud de la majestad habrá señalado ya su frente. Está llamada a sostener una corona. ¿Y el precio? No le importará.

Sofía asumirá que la vida es sacrificio y servicio al país aun más allá de lo que éste pueda exigirla. En la casa-hogar de Tatoi comenzará su andadura de Princesa de Grecia. Porque Sofía nació para reinar.

Kilómetros más allá del estanque donde ahora permanece la niña, el hogar, pronto recuperado y definitivo. En él irá aprendiendo la tarea de darse a los demás antes que a sí misma. Maestros insustituibles la aguardan: sus padres, Pablo y Federica, que conocen el sistema mejor de docencia: su ejemplo diario de disciplina, de voluntad, de amor.

Transcurrido un año Hitler se suicidará junto a Eva Braun. El calendario marcará el día 29 de abril de 1945; horas antes el Führer habrá dado orden de matar a Blondi, su perra. El fuego convertirá en cenizas los cuerpos.[6] Y a esa hora, en ese día, en ese año y en ese mes, contemplaremos a Sofía acudir, como en cualquier jornada, al colegio. El *cristal* del tiempo nos permitirá verla con su hermana Irene y otras niñas. A esa hora, en ese día, en ese año y en ese mes, habrá cesado la destrucción de los países víctimas de la barbarie del dictador alemán.

El *cristal* no nos transmite esa alegría. Pero los ojos azules de Sofía, aquí.

Así quedamos sin intentar una palabra inútil al otro lado del *espejo.* Sin saber qué está pensando. Si duele hoy más que ayer la ausencia del padre que no acude a su llamada. ¿Surgió de esta idealidad con que la distancia perfila los recuerdos la admirable admiración de Sofía por su progenitor?

Su beso, mujer madura ya, sobre la cruz de la tumba del padre, le habrá desvelado, quizá hoy, el secreto. Nosotros no lo sabremos jamás. (Los niños, en ocasiones, pueden llegar al fondo del destino como si pudiesen ver en él, como nosotros, a través del *cristal.*)

1. FRAZER, *La rama dorada*, "El alma como sombra y reflejo", pág. 233.
2. Suplemento dominical *ABC, La II Guerra Mundial,* "Día D, Hora H", nº 62.
3. FRAZER, *op. cit.*, "Espíritus arbóreos", pág. 143.
4. BOFF, L., *Teología del cautiverio y de la liberación*, pág. 202.
5. Suplemento dominical *ABC, La II Guerra Mundial*, "La Europa de Hitler", nº 18.
6. Suplemento dominical *ABC, La II Guerra Mundial*, "Agonía y muerte del III Reich", nº 87.

Espectacular recibimiento a los Reyes de España en el aeropuerto de Shangai (1978).

-7-

Los compañeros chinos

En la segunda luna,
el río Siang se llena
de aguas primaverales.

YUAN KIE (723-772)

Gigantescas flores de colores

danzaban obedeciendo el ritmo de ocho mil brazos infantiles, ágiles, de una habilidad inusitada, logrando la difícil, puntual geometría. Eran crisantemos amarillos y hojas de diversas tonalidades verdes. A pesar de que tres mil años antes de nuestra era las orquídeas venían descritas por el Emperador Cheng Young, no eligieron los escolares chinos la caprichosa flor, bien fuese ésta legendaria y divina.

Para la bienvenida que se daba a los Reyes de España aquel día de junio de 1978, en su primera visita a la República Popular China, en el aeropuerto de Shangai, la explosión de música y de movimiento fue de una belleza indescriptible. Después de los respectivos himnos nacionales sonaron las notas de la *Marcha de Bienvenida* interpretada por la banda militar. Hua Kuo Feng, el presidente de la República, sucesor de Mao Tse Tung, recibió a Juan Carlos y a Sofía.

Iban los miles de escolares vestidos con túnicas rojas sobre las que destacaban con mayor impacto el amarillo de los crisantemos y el verde de las hojas, tanto como los multicolores caballitos con cola de palo sobre los que se montaban, danzando, otros cientos de muchachos. La vasta explanada del aeropuerto se hallaba cuajada de color y de vida.

Los españoles habíamos seguido desde el primer momento, paso a paso, el acontecimiento de la visita de nuestros Reyes a través de la pequeña pantalla. Sorprendió a algunas personas observar que Sofía estaba acompañada desde el pie del avión por un intérprete chino al que trataba con cierta simpatía, como si lo conociera de tiempo. Entre otros temas abordados, el corresponsal destacaba este detalle ante las cámaras. Por eso no evitó preguntar lo que había despertado su curiosidad y la de todos.

–Este joven ha sido compañero mío en la Universidad de Madrid; lo conozco porque durante un curso estuvo estudiando con cuatro compatriotas suyos la misma materia que yo estudié, Humanidades –contestó la Reina.

¡Con cuánta ilusión se había logrado el aparente hecho fortuito! Semanas antes, encontrándose con unos cuantos compañeros del "Grupo de Diálogo" –formado para profundizar en los temas base de los seminarios humanísticos– la Reina, con gran interés, preguntó:

–¿Sabéis dónde están los compañeros chinos? Me gustaría poder localizarlos porque vamos dentro de un mes a visitar China y quisiera saludarlos.

Los estudiantes asiáticos vinieron a España para estudiar nuestra lengua y nuestras costumbres. Era éste un privilegio hace unas décadas; la excepción hecha a cinco alumnos muy destacados se cursó a través de las

*Sofía,
con algunos
de quienes
habían sido
sus compañeros
chinos
en el curso
de Humanidades
de la Universidad
Autónoma
de Madrid.*

respectivas embajadas. Se canjeaban cinco estudiantes de aquel país por cinco españoles, de forma que éstos fueran a China para perfeccionar aquella lengua y su historia.

Los estudiantes chinos residían en Madrid en un colegio mayor, cursaban Humanidades y perfeccionaban a la vez su español; conocieron España realizando constantes excursiones a ciudades, a pueblos. Nuestra capital les resultaba acogedora. Y ellos eran discretos y educados, y jamás comentaban nada acerca de política.

Cuando la Reina nos expuso aquella tarde de fines de abril su deseo de encontrar a los compañeros chinos, estábamos varios compañeros presentes; de ellos, Victoria, una estudiante que había hecho amistad con dos de los chinos, y pronunciaba sus nombres con admirable corrección. Todavía recuerdo que, a base de repetírnoslos semana tras semana, llegamos a identificarlos. Eran estos cinco: Yen Chin Yu, Yen Chan Chi, Mao Fu Yu, Chi Ciao Tun y Shi Tien Chu.

Nos aprestamos, pues, a la búsqueda.

Supimos que tres de ellos regresaron a su país y probablemente ejercieron la docencia o se ocuparon en otras actividades de tipo intelectual. Sin embargo, encontramos a los otros dos: uno estaba en España, en su embajada. El segundo, en Pekín. Aquél saludó en Madrid a la Reina. El otro, Yen Chin Yu, una vez que nuestros Monarcas hubieron tomado tierra asiática, esperó a la Soberana al pie del avión y la acompañó el primer día sirviéndole de intérprete. La charla era animada, cordial, propia de conocidos que coinciden al cabo de los años. Y fue en China aún más que en España, donde este hecho impresionó, tanto a los propios nativos como a los enviados especiales.

–Fue compañero mío en la Universidad Autónoma de Madrid.

En la sencilla anécdota se refleja la siempre entrañable actitud de Sofía hacia sus compañeros de estudios.

Con interés seguimos desde nuestro país dicha exclusiva. Nos satisfizo comprobar con el tiempo que, en efecto, nuestros alumnos de la República Popular China se habían llevado a su país un buen recuerdo de España: Yen Chi Yu escribió un libro sobre Madrid, su casticismo, su idiosincrasia. En él no podía faltar el capítulo concerniente a los toros ni a la pintura de nuestros museos, o al tipismo de las antiguas calles matritenses. Ellos promovieron lo español en su país de manera directa y viva.

A poco de regresar la Reina de su viaje nos comentó cuánto le había impresionado China, con qué esplendor habían sido recibidos. Todavía llevaba sus ojos repletos del colorido de abanicos y de flores. La prensa ya había destacado que aquél había sido el más espectacular de los viajes de nuestros Reyes. En la apoteósica llegada a Pekín, tanto como en Shangai o en Hangchow, el entusiasmo de las gentes resultaba inenarrable.

Sofía y Juan Carlos, en la Ciudad Prohibida de la capital china.

A su regreso de China, en un descanso de la clase, mientras en la cafetería apurábamos la taza de café, nuestra compañera Sofía nos describía el recorrido por la Gran Muralla China, impresionante en su magnitud a tan sólo setenta kilómetros de Pekín, en el sector de Pataling. La Muralla está catalogada como una de las maravillas de nuestro planeta: tiene muchos kilómetros de longitud, abarcando la distancia que separa el Mar Amarillo de las estepas del centro de Asia. Se supone que su construcción, que se remonta a tres siglos antes de nuestra era, fue ordenada por el emperador Zheng, si bien fue posteriormente reconstruida durante la dinastía de los Ming. Reconstrucción que duró cerca de dos siglos, entre el XIV y el XVI.

Algunos compañeros de curso habían visitado también la Gran Muralla y la conversación se centró sobre el objetivo que se perseguía con ella. ¿No sería lo más lógico pensar que, como todas las murallas, aun las más reducidas como las de nuestros castillos medievales, buscan un fin concreto, la defensa del país? Aludíamos a las torres que, distribuidas cada cien metros en la Gran Muralla, eran y son puntos estratégicos, sin duda, para el rechazo de cualquier peligro de invasión.

Todavía dispusimos de unos minutos, iniciado ya el camino de regreso, que a Sofía la impresión que le causó la visita a las tumbas de los emperadores de las dinastías Ming y Ching en el Palacio Imperial, y la hermosura de Hang-Cheu a orillas del río Chientango o el banquete en el Gran Palacio del Pueblo. Y la visita inolvidable a la Ciudad Prohibida tanto como la curiosísima costumbre de tomar la sopa dentro de una calabaza en lugar de tazón.

Quedó destacada la uniformidad social del pueblo chino, fruto de la educación recibida a lo largo de los tiempos, si teníamos en consideración que los chinos razonan a largo plazo, como sostiene el filósofo de nuestro siglo, Zhao Fusan. ¿Quizá –nos preguntábamos– porque saben que es lenta también la historia, y que el progreso no tiene nada de irremediable?

Marco Polo se extasió siete siglos antes que nuestros Reyes frente al Gran Canal Imperial. Sofía sí hizo referencia al culto a los árboles que, como en Grecia, existe desde tiempos remotos en China, porque allí también se plantan árboles sobre las tumbas para fortalecer las almas de los que murieron y salvar sus cuerpos de la corrupción: cipreses y pinos, siempre verdes, son los preferidos.[1]

¿Y las mujeres? Hablando con Sofía nos convencimos de que, si lenta la evolución, por lo menos a partir del siglo XIX ya no se le vendaban los pies a la mujer china. La esposa de Mao, Jiang Quing, hizo mucho por mejorar su situación desde que comenzara la revolución cultural del país.

La Reina dejó patente la importancia del viaje por cuanto había servido especialmente para un mayor acercamiento a la gran nación asiáti-

Los Reyes durante su paseo por la Gran Muralla.

ca. Y destacó una vez más la eficacia del diálogo, en la que tanto insistíamos en nuestros seminarios, a fin de lograr un mayor estrechamiento de lazos entre los pueblos.

Al entrar en el aula teníamos la sensación de que nos alcanzaban, pese a los miles de kilómetros de distancia, el perfume de los tanjarinos, los crisantemos, los duraznos, los campos de té descritos por Sofía.

Como si también, desde la lejanía, nos diesen la bienvenida a sus compañeros de España.

---

1. FRAZER, *La rama dorada*, "Espíritus arbóreos", pág. 148.

Atenas 1964. Cortejo fúnebre del Rey Pablo I de Grecia. Tras el féretro, el sucesor Constantino II, la viuda Reina Federica y sus hijas Sofía e Irene, Juan Carlos de Borbón y otros miembros de la Familia Real .

-8-
Tumbas de Reyes

Hombres ilustres
tienen como tumba la tierra entera.

PERICLES

Cuando alguien ha alcanzado la Luz
sus palabras son como semillas,
llenas de vida y energía.

ANTHONY DE MELLO

De vosotros, muertos queridísimos,
llega hasta mí un dulce aroma
que desata el corazón y las lágrimas.
En verdad, ese aroma conmueve
y alivia el corazón al navegante solitario.

NIETZSCHE

En la muerte hay revelación del amor.
Sólo en la muerte
se da la mayor intensidad del amor.
Este se vuelve particularmente ardiente
y dirigido a la eternidad.

NIKOLAI BERDIAEV

LA CRIPTA ESTÁ ABANDONADA. DE
mármol verde oscuro las paredes en las que se incrusta una sencilla cruz
que preside las tumbas de los reyes Constantino de Grecia, su esposa Sofía
y Alejandro I, hijo de ambos.

El agua se desliza desde las goteras del techo a través de las columnas y pue-
bla el suelo de pequeños charcos. Penetrar en la cripta no nos ha resultado
difícil: la puerta que la franquea, de hierro forjado, permanece oxidada, des-
tartalada, inútil. ¿Nadie se ocupa de cerrarla? ¡Qué sensación de abandono,
de indiferencia! Porque allí reposan, sobre el monte, rodeados de árboles que
casi llegan a besar el hierro de la puerta, quienes fueron un día Reyes de Gre-

cia, padres del rey Pablo I y abuelos de Sofía, Reina de España. Sus nombres, escritos en griego sobre las lápidas.

El otoño tardío añade desolación al ambiente. El día es gris. El cielo gris. La madre tierra, gris. ¿Quizá sea mejor haberla conocido en un día como éste?

Rodeada de árboles de hoja perenne, colores distintos, diviso una casa de piedra. No puedo acercarme a ella. No sólo porque un centinela me lo impide. Más lamentable es el freno a la libertad de las alambradas interrumpidas por la puerta de rejas. ¿Una prisión en mitad del bosque abierto?

Las rejas, sin embargo, están deterioradas. ¿Alguien, alguna vez antes que yo, intentó vencerlas hasta lograr que no sólo los pájaros, también los

María Eugenia Rincón

hombres pudiesen acercarse a mirar el pasado? Porque en esta casa vivió Sofía la alegría de años de su existencia. Y cada pisada nos acerca a sus raíces. Los pies nos conducirán aun a pesar nuestro. Porque el corazón necesita llegar a alcanzar algo que busca desde hace tiempo.

El sendero bordeado de cipreses nos encamina hasta una pequeña plaza circundada por otros cipreses y pinos: una segunda sorpresa nos aguarda. La plaza, también redonda, algo mayor, sobrecoge porque tiene cinco tumbas en hilera a lo largo de la curva del círculo. Sencillísimo el diseño, humilde me atrevería a decir: un rectángulo de mármol blanco de una altura aproximada de medio metro y, en la cabecera de cada sepulcro, la cruz blanca, lisa.

Ni un nombre. Ni un epitafio. Ni una flor. La naturaleza toda del monte da la sensación de que alza su guardia noche y día a sus cinco silencios: tan iguales, tan próximos, siguiendo armónicamente el escueto trazado curvo. Cerca de ellos, una pequeña cripta de estilo helénico, habitual en la Iglesia Ortodoxa Griega. Permanece la puerta de madera cerrada con llave. Los cipreses la alcanzan en lo alto por ambos lados.

La intuición nos advierte que más allá del camino la muerte-vida continúa. Que cuanto buscamos, cuanto descubrimos, cuanto hemos imaginado, existe. Y los pasos buscan la vereda a ciegas.

Centinelas a ambos lados del camino, cipreses y abetos –un millar de dracmas era la multa por cortar uno de ellos en el santuario de Esculapio–. No había prisa por avanzar, pues aquella larga-corta hora suponía reencontrarse con los seres que nos precedieron: vidas escritas en el libro inacabable de los tiempos.

Captábamos con nuestra curiosidad lo ya sabido. Mas, ¡qué distinto poderlo captar con los dedos, con la retina! La historia se hace entonces vida. La vida se hace recuerdo. Vida lo desconocido. Y la vida, amor. Porque lo desconocido ya es nuestro, y lo hemos acercado tanto al amor, que nos concierne en esa millonésima parte con que atañe a otros seres que sintieron un día esta necesidad de acercarse al Monte de Tatoi.

Nuestra inquietud nos llevó al final del camino. Y allí, sí, en lo alto del bosque, resaltando del césped verde todavía, a ras de tierra, una doble lápida de mármol, también rectangular, y única cruz para Pablo y Federica.

La inscripción, griega, con estas palabras que fueron elegidas por los Reyes para que se grabasen sobre el mármol de su descanso: versículos 4, 9, 11, 13, 17 y 22 del capítulo 17 de la oración sacerdotal del Evangelio de San Juan.

17,4: «ἐγώ σε ἐδόξασα ἐπὶ τῆς γῆς,
τὸ ἔργον τελειώσας ὃ δέδωκάς μοι ἵνα ποιήσω.»

17,9: «ἐγώ περὶ αὐτῶν ἐρωτῶ. οὐ περὶ τοῦ κόσμου ἐρωτῶ,
ἀλλὰ περὶ ὧν δέδωκάς μοι.»

17,11: «καὶ οὐκέτι εἰμί ἐν τῶ κόσμῳ, καὶ αὐτοὶ ἐν τῶ κόσμῳ εἰσίν,
κἀγὼ πρὸς σὲ ἔρχομαι. πάτερ ἅγιε, τήρησον αὐτοὺς ἐν
τῶ ὀνόματί σου ὧ δέδωκάς μοι, ἵνα ὦσιν ἓν καθὼς ἡμεῖς.»

17,13: «νῦν δὲ πρὸς σὲ ἔρχομαι.»

17,17: «ἁγίασον αὐτοὺς ἐν τῆ ἀληθεία.»

17,22: «ἵνα ὦσιν ἓν καθὼς ἡμεῖς ἕν.»

(17,4: «Yo te glorifiqué sobre la tierra,
consumando la obra que tú me has encomendado hacer.»

17,9: «Por ellos yo ruego: no por el mundo ruego
sino por aquellos que me has encomendado.»

17,11: «Y desde ahora no estoy en el mundo,
y éstos quedan en el mundo y yo voy a ti.
Padre santo, guárdalos en tu nombre,
esto que tú me has dado, para que sean uno como nosotros.»

17,13: «Mas ahora voy a ti.»

17,17: «Conságralos en la verdad.»

17,22: «Para que sean uno como nosotros somos uno.»[1])*

La sepultura de Pablo y Federica.

No encontré flores. El sepulcro no estaba esperando cualquier mirada. El bosque, sí. Porque allí, en aquella pequeña parcela, la naturaleza se encargó de no tenerlo olvidado. Signos hacían de la muerte, vida: verdes agujas desprendidas de los pinos y esparcidas caprichosamente por el viento sobre la piedra; alguna hoja dorada, resto del otoño tardío; la huella del último ciervo que correteó hace escasos segundos, y, ahuyentado quizá por nuestra presencia, se desdibujó a través de los árboles; un pétalo de rosa todavía sin marchitar; el pájaro saltando sobre las letras del epitafio. Sí: allí había vida. Aunque se filtraba en nuestro cuerpo un frío de invierno, nos contagiábamos de vida.

¿Cómo y cuándo emprendí el retorno?

Sentada sobre la yerba que bordea la memoria de Pablo y Federica, el tiempo no tenía valor alguno.

María Eugenia Rincón

Y pensé si, en efecto, la patria es ese reducto geográfico que nos pertenece porque los mapas la señalan pintada de diversos colores. Si es únicamente una parcela a la que se le añaden tradición, costumbres, signos, palabras. Si no será, por el contrario, la patria, universal, sin acotamientos posibles, que sólo identifica a sus hijos por la capacidad de llegar a la verdad.

Porque de ser esto real, yo hubiese llegado a tocarla y sería evidente que aquélla era también *mi* herencia, *mi* pequeña patria.

Y pensé que si comparó Aristóteles «nuestra alma con unas tablillas aún vacías, donde hay sitio para poder escribir»,[2] cientos de años más tarde otros dos griegos, Pablo I y Federica de Grecia, llevaban sus tablas llenas de palabras escritas en vida. Que es como decir: Llevaba sus manos rebosantes. ¿La causa? «Las palabras escritas no estaban muertas y secas»[3] en sus tablas; eran palabras «llenas de energía y vida».

Deshice mi camino. Miré por última vez las tumbas de los Reyes de Grecia.

Y, jamás como en aquel momento comprendí la sentencia evangélica, porque lo que une Dios no puede, en efecto, desunirlo el hombre:

> «*Y, para general asombro,*
> *los granos tomaron vida,*
> *y retoñaron al cabo de cinco mil años.*»[4]

---

1. Versión Bover-Cantera, BAC.
2. Leibniz, *Discurso de metafísica*, pág. 90.
3. De Mello, A., *El canto del pájaro*, "Trigo de las tumbas egipcias", pág. 68.
4. *Ibíd.*

La Reina en el campus de la Universidad Autónoma de Madrid.

-9-

El café
de las once y media

*La intolerancia puede definirse,
aproximadamente,
como la indignación de los hombres
que no tienen opiniones.*

CHESTERTON

L

A CAFETERÍA DE LA FACULTAD DE CIEN-
cias está repleta de alumnos y los bollos ya se han acabado. Haciendo un gran
esfuerzo podemos abrirnos paso hasta la barra. El humo es denso, casi irres-
pirable el ambiente. Pero es la hora: las once y media. La hora de nuestro café
de la mañana.

La Reina siempre lo toma solo y muy caliente. Pero esta vez le estamos ofreciendo algo que no sabemos si existe y que inesperadamente acepta: unas pastas con el café.

Un matrimonio de Salamanca se ocupa de la cafetería. Y cada sábado, al
vernos entrar en grupo, se afana por atender al equipo de compañeros que
inevitablemente asomamos por allí.

–¿Pastas? Son duras. Sólo nos quedan un par de anteayer. No puedo ofre-
cérselas.

–A ver. Sáquelas.

Y la buena mujer, de forma natural –porque ya está habituada a estas visitas de los sábados tanto como a las sencillas conversaciones ante la barra–, con-
trariada, no obstante, por no poder ofrecernos mejores productos, dobla la
cabeza resignadamente y regresa al cabo de un minuto con un plato de huesos de San Expedito en la mano:

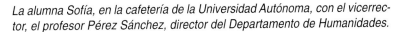

*La alumna Sofía, en la cafetería de la Universidad Autónoma, con el vicerrec-
tor, el profesor Pérez Sánchez, director del Departamento de Humanidades.*

–¿Ve usted? Están duros.

¿Están duros? Creo que nos han parecido a todos muy ricos, porque Sofía asiente, sonrisa y mirada, con nosotros. Toma el plato y nos lo ofrece uno a uno:

–¿Queréis?

Y nos saben a gloria.

Cuando terminamos los dulces recuerdo un refrán, tan sabio como la mayoría de nuestros refranes castellanos: "A buen hambre, no hay pan duro".

Ya, en el sosiego que nos rodea a medida que van dejando mayor espacio los alumnos que han ido ausentándose de la cafetería, el aire se hace más aceptable y la conversación más íntima e inteligible.

Hace tan sólo dos días que la Reina ha regresado de un viaje oficial. Justamente de Sudán. Aquí, apoyados en la barra, nos va explicando los aspectos que más le interesaron de aquélla su primera estancia en el país; estancia breve pero enriquecedora por el contraste de caracteres y costumbres.

En los jardines de la Zarzuela, la Reina con la profesora Rincón y algunos colaboradores en el curso de Humanidades contemporáneas.

La islámica fue una de las religiones en las que había profundizado Sofía en los seminarios doctrinales celebrados un par de años antes en el Consejo Superior de Investigaciones Científicas, durante 15 horas semanales. Aquellos conocimientos que le fueron tan útiles a la Reina. Sofía nos contaba una anécdota vivida en su viaje. Hubo fiesta de gala en honor de nuestros Monarcas. Sofía, con traje largo, diadema, banda, distinciones, como era de rigor, esperaba que la fuesen a recoger para la cena. El Rey ya había salido hacía tiempo. Llegada la hora, la Reina subió al coche con los familiares femeninos del Sultán: la esposa, sus hijas, sus hermanas. El coche se puso en camino hacia el Palacio. Ya cercanas a él, se cruzaron con otro vehículo que rodaba en dirección contraria, regresando. Y la sorpresa de Sofía: allí dentro del coche, el Rey Juan Carlos, quien ya volvía de la cena con el propio Sultán, sus hijos, sus allegados.

–¡Y nos saludamos tan divertidos! Nos dijimos "adiós". Íbamos al mismo sitio por etapas.

Las costumbres obligaban, en efecto, a nuestro Rey, a cenar aparte con los hombres, como es norma en el país.

–A mí me tocaba cenar con las mujeres, así que lo programaron en dos partes, y cuando yo iba el Rey volvía ya.

«Sí, sí, hay que respetar las costumbres de cada pueblo», nos repetíamos. Sin embargo, ¿por qué precisamente las mujeres hemos de cenar las últimas?

Los huesos de San Expedito menguaron considerablemente. Y la taza de café se llenaba de nuevo porque la charla se prolongaba; nos olvidábamos, como siempre, del reloj, y en ese día, bien que de primavera, resultaba apetitoso tomar algo caliente con sabor y color de verdadero café.

Reanudamos la conversación de vuelta a la clase, a lo largo del vestíbulo de entrada. Nuestra compañera Sofía hizo hincapié en lo enriquecedor que fue para ella seguir en el curso anterior los seminarios: pudo comprender así, en cada país visitado, la idiosincrasia de sus gentes, sus creencias. Así logró, con conocimiento de causa, abordar con las mujeres musulmanas los temas que se suscitaron acerca de cuestión tan delicada como la religiosa.

La prudencia, el tacto y la sensibilidad de la Reina, hicieron posible que penetrase sin fallos ni lagunas en los ritos que en cada momento de la vida de los árabes les exigen sus creencias religiosas.

La "Chocolatera"

Esta mañana la última clase se acorta considerablemente. ¿Cuál es la causa? Celebramos un acontecimiento. La Infanta Elena, que ha sido nombrada Madrina del Paso del Ecuador de la primera promoción de Ciencias biológicas, va a recibir su homenaje, realmente simpático. Porque al aceptar su madrinazgo, los estudiantes le agradecieron el gesto obsequiándola con una fiesta infantil.

Aguardaban a la niña sus ahijados, quienes le ofrecieron una locomotora de tamaño natural, reproducción logradísima de las primeras que funciona-

La infanta Elena (13 años) luce la beca de madrina del Club de Bió-logos junto a su madre la Reina, quien hace ademán de besarla.

ron en el mundo. La locomotora, reluciente en su color negro, fue bautizada con el nombre de "Chocolatera". Adornada en toda su corpulenta dimensión con globos multicolores, brillaba esplendorosamente sobre el césped del campus, entre el regocijo de todos los que nos sentíamos niños, como si realmente se tratase de la primera locomotora inventada.

Iniciamos hacia ella la marcha en larga comitiva encabezada por la Reina, el rector Gratiniano Nieto, y una Infanta Elena adolescente –no tiene más que trece años y larguísimos cabellos, chaqueta de punto blanco sobre trajecito de flores malva, y zapatos de charol contrastando con sus blancos calcetines– emocionada ante el primer acto importante de su corta vida.

Llegamos a la engalanada Chocolatera. La Infanta corta la cinta que la rodea inaugurando así, simbólicamente, el trayecto de los trenes que unirán desde hoy la Universidad Autónoma con el centro de Madrid.

Gritos, aplausos, y, muy pronto, la locomotora vestida de fiesta se siente invadida por grupos de niños que la escalan, suben a su cumbre, cogen alborozados las cintas de colores y los globos, abrazan su chimenea de azabache. Le transmiten vida mientras la Infanta toma posesión de su Chocolatera que ya no es sólo un objeto: ¿Se nos aparece como un ser entrañable, halagado por las caricias de los pequeños? Desde esta mañana, 27 de marzo de 1976, permanecerá aquí, viva como un símbolo.

Minutos después espera a la pequeña Elena la última sorpresa en el salón de actos de la Facultad de Ciencias: la imposición a la niña de la beca de la Universidad, y la entrega de la placa de plata conmemorativa del acto, además de una colección de mariposas bellísimas que, disecadas en un marco, preparó un alumno de la especialidad. Y la capa de la tuna cubriéndole los hombros. Y libros de ciencias naturales, y otros muchos obsequios para ella y para sus hermanos, la Infanta Cristina y el Príncipe Felipe, y para los niños que la acompañan. Los populares cantos de la tuna añadían más color al conjunto.

El Club de Biólogos había plantado días atrás pinos y abetos.

Sobre el césped renovado, son los mismos árboles que al cabo de veintitantos años se yerguen orgullosos, enhiestos, hermosísimos, brindando sombra en los jardines de la Universidad Autónoma donde la Chocolatera sigue desafiando al tiempo.

La "Chocolatera", vieja y simbólica locomotora, en el campus de la Universidad Autónoma de Madrid.

En el Paraninfo de la histórica Universidad de Alcalá de Henares, creada por el Cardenal Cisneros, los Reyes presiden la entrega del Premio Cervantes que se otorga cada año a destacados escritores de habla hispana. La Tuna rodea a Sus Majestades en el patio universitario coreando canciones estudiantiles.

–10–
23 de abril
Día de Cervantes

Ahora digo
—dijo a esta sazón Don Quijote—
que el que lee mucho
y anda mucho,
ve mucho y sabe mucho.

CERVANTES

Una gran empresa no quiere
un hombre sin valor.

PÍNDARO

Por donde empezó a correr
el caudaloso río, por allí prosigue,
que después es género de imposible
el mudarle la corriente.

BALTASAR GRACIÁN

Famam ostendere factis,
hoc virtutis opus

VIRGILIO

Un livre est un ami
qui no trompe jamais.

DES BARREAUX-BERNARD

«*E*N EL MUNDO ACTUAL LA MONARQUÍA *tiene el papel de estar, y apoyar a los políticos al constituir un símbolo, un punto de referencia que facilite sus actividades. La Monarquía constituye un factor de unidad como representación de la nación ante el mundo, independientemente de la gestión política cotidiana.*»[1]

Y es gratificante constatar también la importancia «*de la tradición de vinculación que desde siglos tiene la Corona de España con la institución universitaria*»,[2] realidad que subrayó la Reina Sofía, y que es extensible a todos los sectores. Evocamos sus palabras mientras nos aproximamos al Palacio Real.

Desde la Plaza de la Armería

La cita es hoy, 23 de abril, con los Reyes de España a las ocho de la tarde, día de homenaje a Cervantes, cuando la Corona reúne en su entorno a escritores e intelectuales con la doble finalidad de enaltecer la gloria del genio cervantino, de una parte, y, de otra, agasajar al escritor que cada año ha sido merecedor del premio.

La tarde es, en verdad, de primavera. El paseo, lento, atravesando la Plaza, permite detenerse en los antepechos abiertos y divisar a lo lejos la parte sur de Madrid.

Es el Palacio Real, creado por Sachetti, totalmente de piedra: columnas, balaustradas, antepechos. Piedra blanca de Colmenar en los muros lisos. Combinada en ocasiones con el granito de Guadarrama en los basamentos –sabia combinación blanca-gris–. ¿A cuántos siglos atrás habremos de proyectar nuestra imaginación para visionar el pasado desde este montículo –*Magerit* ayer– irreconocible para las gentes que convivieron tan lejos de nuestra época?

Una fecha: 1764. Un rey, Carlos III, con tantos aciertos en su esfuerzo por embellecer la capital de España. Fue entonces cuando se construyó definitivamente el Palacio tal como lo contemplamos esta tarde a medida que nos acercamos a la puerta central de las cinco que posee la fachada de la Plaza de la Armería.

Alcanzamos pronto la entrada al vestíbulo que nos lleva a la amplia escalinata, y, sin llegar a la muy próxima Puerta del Príncipe con su patio interior, ascendemos hasta el primer piso.

Subimos sin prisa, porque en esta tarde se olvida lo cotidiano, la vorágine de la ciudad tan próxima y tan distante desde este silencio de los muros. La gran escalinata, cubierta por la alfombra tejida en la Real Fábrica de Santa Bárbara como todas las de Palacio. Escalinata custodiada por la Guardia Real, de gala, que rinde honores a ambos lados de ella. Al ganar los escalones podemos deleitarnos una vez más con la belleza de la alta bóveda cubierta por el fresco pintado por Giaquinto, también del siglo XVIII.

En la Sala de Columnas esperando a los Reyes

Dejamos atrás la doble escalinata; cruzamos la puerta de entrada al Salón de Alabarderos hasta llegar al Salón de Columnas.

Los Reyes Juan Carlos y Sofía tardarán todavía algunos minutos: el reloj marca apenas las siete y veinte de la tarde. Sin embargo, el salón en poco tiempo se llena de invitados mientras nos detenemos ante las obras de arte que enriquecen este recinto: bronces de Lequi, del siglo XVI, pilastras y columnas; San Jorge, también en bronce, presidiendo al fondo el inmenso salón; el diseño y colorido de la alfombra tejida especialmente para este recinto; los tapices, inimitables, restaurados hace pocos años, todos ellos flamencos, que penden de las paredes: poseemos en España «la más valiosa y espléndida colección del mundo».[3] Especialmente, y por citar algunas, apuntemos las de las series Vertumo y Pomowa, flamencos de los siglos XVI y XVII.

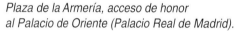

Plaza de la Armería, acceso de honor
al Palacio de Oriente (Palacio Real de Madrid).

María Eugenia Rincón

Su Majestad, saludando a la profesora María Eugenia Rincón, autora de este libro, y a su esposo, el profesor Miguel Dols

El momento de la Firma del Tratado de Adhesión de España a la Comunidad Económica Europea se nos aproxima en la Mesa de las Esfinges, donde hace pocos años se procedió a dicha firma. Mesa diseñada por Percier y fundida por Thomire hace dos siglos. Las seis esfinges, de bronce bañadas en oro, «bustos femeninos y cuerpos de leones alados, tocadas con el *kalf* egipcio y adornadas con collar y cinta decorada con jeroglíficos que sostienen sobre sus cabezas», con «los capiteles decorados con palmetas».[4] ¿Y la artística joya del tablero de mármol de Carrara, «embutido con ágatas, jaspes, malaquitas, lapislázuli» de distintas procedencias?

Nuestro pasado, en los entresijos de los tejidos de los tapices, en el mármol de las columnas, en los cientos de luces de sus arañas brillando con toda su magnificencia. Aquí la Reina Mercedes celebraba los bailes de la Corte. Con su temprana muerte la música del vals calló su voz. Todavía recuerdo –por la magia de las costumbres de nuestra tierra, tan avezada a transmitir de viva voz y de padres a hijos refranes y canciones donde se recogen trozos de nuestro pasado– la copla que cantaba mi abuela, aprendida de la suya, mientras ambas bordaban por las tardes en el bastidor o hacían puntillas de bolillos:

Era el coloquio entre el pueblo y la tristeza de su Rey:

«¿Dónde vas, Alfonso XII,
dónde vas triste de ti?»
«Voy en busca de Mercedes,
que ayer tarde no la vi...»

Así quedó para las gentes españolas escrito el drama de su Rey: con la voz. El pueblo recrea los recuerdos como recrea el lenguaje. No se le puede rectificar. Pero la música sí volvería a sonar en este Salón de Columnas: no a ritmo de pavana o de vals, sí en ciclos de conciertos de música de cámara presididos por la Reina de España, Sofía.

Otra época, otra circunstancia: la vida continúa, sin embargo, tejiendo las fibras de su guedeja hasta concluir el siglo XX. Y aquí tampoco se paraliza el devenir.

No hay escisiones ni lagunas en este incesante recorrido por los tiempos. Porque el tiempo es imparable.

Con los Reyes en el Salón Gasparini

Son las ocho en punto y los Reyes ya se encuentran en el Salón Gasparini, así llamado en honor del arte del napolitano que decoró el techo con pájaros y flores en relieve.

Magníficos espejos, motivos chinescos de verdoso colorido, enriquecen las bóvedas de la estancia. Las paredes enteladas –plata oxidada y azul apagado– en los relieves, y la presencia de los Reyes, majestuosa y cordial a la vez, en ese difícil saber estar en cada momento.

Los invitados van saludando a Juan Carlos y a Sofía. La fila se hace interminable a partir del Salón de Columnas, pues el Premio Cervantes es el máximo galardón de las Letras españolas, otorgado al mejor escritor de habla hispana, el cual es el invitado de honor durante toda la jornada: desde la mañana, cuando el Rey le entrega al premiado la distinción en el Paraninfo de la Universidad de Alcalá de Henares, hasta la tarde-noche, en que se le ofrece la recepción.

Aquí escritores, creadores en las diversas modalidades, intelectuales, periodistas, editores, partícipes todos en el diálogo total.

Los invitados van pasando desde el Salón Gasparini a la Saleta, a la Sala de Porcelana, y al Salón Amarillo, hasta llegar al Comedor de Gala donde va a tener lugar la fiesta.

PREMIOS CERVANTES (1978-1997)

1978: ALEJO CARPENTIER

1979: DÁMASO ALONSO

1981: JUAN CARLOS ONETTI

1980: GERARDO DIEGO

1982: OCTAVIO PAZ

1980: JORGE LUIS BORGES

1983: LUIS ROSALES

1984: Rafael Alberti

1988: Carlos Fuentes

1985: Ernesto Sábato

1989: María Zambrano

1986: Gonzalo Torrente Ballester

1987: Antonio Buero Vallejo

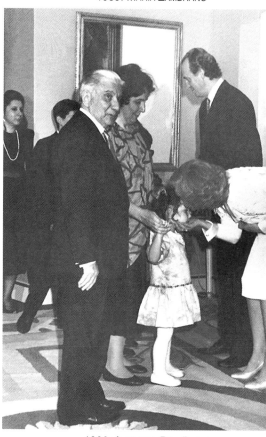

1990: Augusto Roa Bastos

1991: ADOLFO BIOY CASARES

1995: MARIO VARGAS LLOSA

1992: FRANCISCO AYALA

1996: CAMILO J. CELA

1993: DULCE MARÍA LOINAZ

1994: MIGUEL DELIBES

1997: JOSÉ GARCÍA NIETO

La luz del atardecer en el Campo de Alí Ben-Yusuf

La tarde declina y un sol debilitado entra por los balcones añadiendo tonalidades inusuales, especialmente cuando roza las gigantescas arañas arabescas de dos pisos –dieciséis en total– del siglo XVIII. De tanta riqueza como encierra Palacio, una de ellas es la de las cien lámparas –ya en forma de navío, ya de lira, ya de palmera, ya de fuente, ya de flor, ya de reloj, ya chinescas–,[5] cuajadas de bombillas, además de multitud de apliques. Cuando la tarde acabe de desvanecerse, estallarán en luz.

Nos hemos asomado con algunos escritores al gran balcón de piedra abierto en el mismo centro de la fachada norte de Palacio, frente a los jardines del Campo del Moro. A lo lejos, la Plaza de las Conchas y la de los Tritones. Infinidad de árboles de especies diversas, sabia y bellamente combinados siguiendo los amplios paseos que desembocan en ambas plazas.

Y comentamos que cuando el Palacio duerme en la noche, según la leyenda, se escucha el chasquido de las espuelas de oro de Alí Ben-Yusuf. Vicisitudes, guerras, derrotas o victorias, acumulados en el tiempo, no han logrado cambiar el nombre de este jardín en cuya área estuvo acampado el rey moro. ¿Cómo no creer en la leyenda de que el espíritu de Alí, con su espada de plata resplandeciendo en la oscuridad, aparece a media noche?

Desde nuestro Premio Nobel, Camilo José Cela, al ensayista que acaba de publicar su último libro, para todos tienen los Reyes Juan Carlos y Sofía palabras de reconocimiento, de aliento, de elogio. Pero la cita anual de los Monarcas no se circunscribe al mundo de las Letras. Otro día al año honrarán en este mismo lugar al mundo de la Música y las Artes. Y otro día, al de la Investigación.

A todos ellos, representantes de la cultura, quieren acercarse los Reyes para interesarse por su labor.

Las horas van acortándose más de lo que desearíamos, porque esta fiesta anual con que nos honran los Reyes de España nos permite reencontrarnos con muchos de aquellos colegas a los que durante el año no hemos tenido ocasión de ver.

La Reina Sofía se acerca a nuestro grupo, en el que se encuentran algunos de los profesores del Seminario Pensamiento y Ciencia Contemporáneos: entre ellos, el profesor Francisco Tomás y Valiente.

–Podríamos hacer ahora, aquí mismo, un seminario, ¿no os parece? –nos dice la Reina bromeando.

Perspectiva del Palacio de Oriente desde los jardines del Campo del Moro.

Asentimos todos, y el profesor Tomás y Valiente, señalando un ángulo del inmenso salón, añade:

–¿Y por qué no ahí, Señora? Ahí mismo tenemos un sitio.

Continuamos gratamente nuestra conversación que, inevitablemente, en algún momento hace referencia a la belleza del entorno.

–Sí, a esta hora de la tarde la panorámica es bellísima. Todo este palacio es una maravilla. No conozco otro tan precioso. ¡Pero no para vivir, no! Para vivir me gusta más La Zarzuela –nos aclara la Reina con un gesto convincente, y añade: –Este comedor, en las noches de gala, y con la mesa adornada, es una maravilla.

Asiente el profesor Tomás y Valiente:

–Cierto, Señora. Yo he tenido ocasión de estar aquí en alguna cena de gala, y es realmente magnífico.

(Fue esta leve anécdota el último recuerdo que tengo del querido profesor Francisco Tomás y Valiente. Pocas semanas antes de aquel 23 de abril, le habíamos escuchado con la Reina en una sesión de nuestro seminario y compartimos con él las cuatro horas de la tarde. Y escasas semanas después de aquel 23 de abril, caía asesinado por un pistolero de ETA, mientras estaba trabajando en su despacho de la Universidad Autónoma de Madrid.)

Palacio de Oriente: punto de atención de tantos reyes que lo habitaron –Felipe II, Felipe IV, Felipe V–. De tantos viajeros ilustres e inquietos, como Bertaut, que ya se refería a él en su *Diario de Viaje por España* en el siglo XVII, o como Silhette una centuria más tarde.

Más allá de nuestro encuentro, otros muchos salones: el del Trono –oros, rojos de los entelados carmesí y plata– duplicándose en los límpidos espejos que reflejan la bóveda pintada por Tiépolo; el Salón de los Tapices –"Los apóstoles" o "Abraham" o "Los siete pecados capitales" o "Historia de Noé"–, una «fabulosa escenografía de seda y oro». Tapices todos ellos «excepcionales en la vida artística española, elaborados sobre cartones de los más célebres pintores del arte europeo».[6] Tan célebres como los frescos de las bóvedas –algunas ya citadas– de Giaquinto, de Mengs, de Bayeu, de Tiépolo, de Vicente López...

La Reina Sofía, cada vez más española, está convencida de que con esa tarea constante de todos:

«El futuro nos traerá una mayor experiencia de nosotros mismos y un mejor dominio de las situaciones, confirmando y reforzando cuanto de positivo hemos conseguido hasta ahora. El pueblo español tiene una gran capacidad moral y espiritual de adaptación y sabrá hacer frente con éxito a las grandes mutaciones que se adivinan».[7]

Este reconocimiento de los Monarcas tanto a las letras como a la investigación, a los medios de comunicación o al arte, nos complace tanto más cuanto más vamos conociendo a la Pareja Real. Si la idea del tiempo pudiésemos aprehenderla, regresándonos y adelantándonos, ¿con qué palabras decirles, ya a Cervantes, ya a Fray Luis, ya a Santa Teresa o a Tirso, que dentro de estos muros España, un día al año, se honra en honrarlos y que son precisamente los Reyes Juan Carlos y Sofía quienes presiden el evento?

Subrayaba Hölderlin que más amamos lo vivo. Se equivocaba. Amamos la vida. Y la amamos, incluso, por los hombres que se nos anticiparon, "amigos transmortales" nuestros.

Deshacemos el camino que habíamos emprendido tres horas antes.

A través de la inmensa explanada de la Plaza de la Armería, nos alcanza el fresco viento del Guadarrama. Las multicolores luces de Madrid tintinean a lo lejos bordeando el río.

---

1. REINA SOFÍA, entrevista de GUPPY SHUSHA, "Sofia. Spain's Exemplary Queen", *Town and Country*, Nueva York, abril de 1988, pág. 254.

2. REINA SOFÍA, palabras en el Paraninfo de la Universidad de Valladolid, 17 de octubre de 1986.

3. G. DE P., "Tapices Religiosos en el Palacio de Oriente", *'Reales Sitios'*, *Revista del Patrimonio Nacional*, n.º 11, 1967, págs. 79-80.

4. FERNÁNDEZ MIRANDA, F., "La Mesa de Esfinges del Salón de Columnas del Palacio Real de Madrid", *'Reales Sitios'*, *Revista del Patrimonio Nacional*, n° 85, 1985, págs. 49-52.

5. JUNQUERA P., "Las arañas de los Palacios Reales", *'Reales Sitios'*, *Revista del Patrimonio Nacional*, n° 3, 1965, pág. 30.

6. *'Reales Sitios'*, *Revista del Patrimonio Nacional*, n° 2, 1964, pág. 76.

7. REINA SOFÍA, entrevista de JULIÁN LAGO, *Tiempo*, 16-22 de junio de 1986.

IV

EMPEZAR A VIVIR

Aunque hayan derribado sus estatuas,
y estén proscritos de sus templos,
los dioses viven siempre,
oh, tierra de Jonia,
y es a ti a quien aman,
a ti a quien añoran todavía.

KAVAFIS

Te reconozco aquí,
mar de mi infancia,
hecho a mi propia imagen inocente.

ALBERTI

«*¡DIOS MÍO! ¿QUÉ HEMOS HECHO?*», FUE EL grito del artillero de cola del bombardero norteamericano B-29 al ver la gigantesca nube de fuego que causaba el artefacto que acababan de lanzar sobre Hiroshima: la primera bomba atómica . No llegaron los estruendos hasta los siete años de Sofía que se nos aparece, atravesando *el cristal del tiempo,* en Alejandría. No hubiese podido comprender la niña el dramatismo que aquella bomba arrastraba consigo: la destrucción fulminante de casi cien mil seres humanos, muchos de ellos niños como Sofía que empezaban a asomarse también a la vida. Y cerca de cuarenta mil personas más tenían marcada desde aquel instante la fecha próxima de la muerte en su esperanza, en su esqueleto, en su carne cercenada.

Un año más tarde Sofía se deslizaba sobre la quieta mar. Quizá su madre le descifraría el significado del gesto del pescador mientras iba avanzando el destructor real hacia la patria, enarbolando la bandera azul y blanca de Grecia. ¿Cuántos años habían transcurrido desde el exilio? ¿Cuántos años contados con los dedos del dolor? Recordemos que Hitler había empezado a martirizar a Grecia muy pronto y que el éxodo se había iniciado rápidamente.

«Yo miraba al mar y vi una barquita en la que pescaba un hombre. De pronto, el pescador levantó la cabeza y al ver ondear el pabellón se arrodilló en la barca y alzó los brazos al cielo.»[1] ¿Dios había escuchado las plegarias del pueblo griego? Porque la «teología influida por la mentalidad griega ve en la encarnación de Dios el punto decisivo de la redención. Según la metafísica griega, Dios es sinónimo de vida, perfección e inmortalidad».[2]

¿Podría entender el porqué de la actitud del humilde pescador una niña que había salido de Grecia con poco más de dos años y regresaba seis años después?

Había dicho adiós a su tierra a tan tierna edad sin saber a quién decía adiós, si al pájaro que la despertaba desde lo alto de la rama de un pino de los jardines de Psijikó, o a otra niña que permanecía inmóvil, impotente sobre el suelo de Grecia, mientras Sofía iba a alcanzar un deteriorado hidroavión en brazos de su madre.

Afortunadamente los niños ignoran el peligro. Se abandonan inconscientes a todo cuanto suponga aventura. Y era, en efecto, aventura, surcar los vientos dentro de aquella vieja chatarra. ¿Hacia dónde? ¿Acaso alguien podría darle respuesta aun cuando Sofía hubiese acertado a formular su pregunta?

*Las niñas
Sofía e Irene,
con su padre
el Rey
Pablo II
de Grecia.*

Empieza a vivir Sofía a sus ocho años. El plebiscito había devuelto a la Familia Real griega a su tierra.

«Ya sabéis que el lema de mi familia es éste: "Mi fuerza es el amor de mi pueblo", pero desde hoy quiero que grabéis en vuestros corazones que vuestra fuerza es el amor de vuestro Rey», diría meses después el Rey Pablo a sus gentes que llorando lo escuchaban.[3]

Pueblo hambriento, hollado por unas u otras hordas, los hombres helenos habían subsistido a todas las humillaciones. Murieron otros defendiendo un palmo de tierra, y niños como Sofía dejaron un día de respirar porque sus madres, escuálidas y doloridas, no pudieron ya llevar ni raíz ni mendrugo a las bocas de los hijos.

Con la impasibilidad que domina al ser humano cuando se han conocido en las propias carnes todas las facetas del dolor, los ojos que ya no tenían lágrimas veían morir a sus hijos sobre el regazo.

No era, sin embargo, tiempo de lamentos ni de lágrimas. La realidad, cruel y aceptada. ¿Cuántos cientos, miles de madres dejaron morir a sus

María Eugenia Rincón

hijos con la indiferencia que sólo es posible cuando ya todo es indiferente? La posguerra era desoladora.

¿Buscamos un paraíso sobre la tierra? Sólo era posible refugiarse en el Eterno, y el pueblo heleno resistió en ese refugio todas las calamidades durante años y años. Porque terminada la Guerra Mundial sobrevino el azote de la Guerra Civil. Los comunistas de Albania y Yugoslavia dominaron las fronteras, aniquilaban, destruían. Y –lo más doloroso– robaban a niños griegos. Fue una muy dura y larga prueba para el heroico pueblo.

Para Sofía, sin embargo, la esperanza empezaba a cumplirse. ¿Qué más daba que el hogar destrozado fuese un desconocido? Se mantenían las cuatro paredes en pie. Los árboles calcinados podrían, extrayendo sus raíces, sustituirse por otros nuevos. ¿Hasta qué punto la niña podía sentir la alegría de empezar a vivir?

Ganado el espíritu por la hermosura de la vegetación, hemos traído hasta aquí nuestra ansia de recobrar ese pasado. Todo parece recién estrenado o no vivido. Porque la tierra posee el poder de hacer revivir lo que se creía definitivamente perdido. Y, sin embargo, esas huellas nos hacen detener, tanto más que en los pinos jóvenes, en los muñones torturados de los árboles de antaño, los cuales, si bien escasos, permanecen todavía para alertarnos y golpear nuestra conciencia: ¿para que no borremos jamás de ella la palabra más ansiada por todos los hombres justos de la tierra: Paz?

Constantino, Sofía e Irene.

Empezar a vivir fue regresar al sosiego, al calor familiar de la casa de Psijikó, a las vacaciones de Tatoi con el bosque por compañero. Empezar a vivir fue convivir también –¡y por fin!– con el padre en su despacho-sala de estar, donde se reunía la familia a la hora del atardecer, concluidas las tareas cotidianas de cada uno de sus miembros, a fin de comentar en la intimidad lo ocurrido a cada cual durante el día.

La música de Bach o de Haendel se extendía por toda la mansión y, a través de las ventanas, hacia el bosque. ¿Podrían los familiares entenderse? ¿Y cómo –nos preguntamos con Federica– las cinco personas? Los padres, las hijas, el hijo, eran quienes hablaban todos a la vez con el entusiasmo que la vida les había despertado nuevamente.

Sofía empieza a vivir en los ambientes tradicionales del pueblo griego.

Atrás habían quedado para siempre, olvidados antes de ser conocidos, los últimos horrores de la Guerra Mundial: Nagasaki en su isla, en meridiano distinto al que Sofía se dirigía. Si maltrecha, la casa de la niña la esperaba en la península mediterránea, Grecia, porque todos los confines de la tierra los alcanzaba el abrazo de la paz. Paz que el día 8 de septiembre de 1945 se firmó ante el general Eisenhower. Un año más tarde vimos a Sofía surcar el mar para recobrar la infancia hasta entonces apenas disfrutada.

Sí. Empezar a vivir fue todo eso y mucho más. Sofía volvió a correr libre como los cervatillos por el bosque, pisando la tierra suya: la que le había dado la vida y a la que un día iba a regresar. Como habían vuelto sus abuelos; como volverían a ella sus padres, Pablo y Federica, transcurridos muchos años, con diecisiete de diferencia.

A Grecia volvió Sofía cumplida la primera infancia –de los dos a los siete años– en el exilio. Las dos características de su primera niñez habían tenido en ella cumplimiento: la aparición del lenguaje, la afectividad paralela a la inteligencia. Fue evolucionando, pues, ordenadamente, tanto en el aspecto afectivo cuanto en el intelectual.

En Grecia esperaba a Sofía la escuela mixta, de reducido número de alumnos de todas las clases sociales, enclavada en las caballerizas de la mansión de Psijikó. Se aseguraba el aprendizaje de la lengua madre, el griego, que ya en Ciudad de El Cabo se había ido haciendo, junto al inglés, familiar para Sofía. Y la historia. Y los deportes. Y el despertar de la inquietud por lo inquietante. Todo lo empezó a vivir.

Sofía volvió al Egeo. Y rojo fue un día el color que escogió para su barca de vela con la que perderse en las aguas. Así fue forjándose el alma de la niña, descubriendo que al mirar «atentamente la creación»,[4] vería a su Creador ella, simplemente con mirarla.

Existen unos valores innatos. Otros adquiridos. La educación, el ambiente, la cultura que vamos acumulando, son los valores que sumamos a los que poseemos, enriqueciendo así nuestro espíritu en virtud de y en proporción a nuestra sensibilidad.

Sofía empieza a vivir. Lo soñado, lo presentido, lo perdido, lo recuperado, la hacen madurar muy deprisa. Será mujer de presente y de futuro. Es. El tiempo nos ha dado la razón. Su paso no se detiene. Desde sus nueve años así decide caminar. Porque se ha recuperado la esperanza, y el general Smuts podrá todavía decir: «¡Éste es un buen mundo!»

Por ello se alzaron las Naciones Unidas sobre las premisas de los Derechos Humanos elaborados por el general para que los hombres viviesen en paz y armonía. Y otros niños, en cualquier lugar de Europa, serían los primeros en conseguir verlo así, si es que lograron sobrevivir a la hecatombe. Porque ya sabemos que los niños tienen capacidad de olvido, sobre todo si conservan el núcleo vital de la familia, «un todo expansivo basado en individuos libres». Y la nación «se basa creativamente sobre sus familias».[5]

Todo el bagaje en el alma. Cuanto integra la vida. Guardado celosamente en lo más recóndito –de ahí su reserva–. Ella es una isla. No permite que nadie pueda acercársele.

Pero su velero rojo navega por la mar cuando Sofía –aún hoy– decide romper su aislamiento.

---

1. REINA FEDERICA, *Memorias*, pág. 119.
2. BOFF, L., *Teología del cautiverio y de la liberación*, pág.183.
3. REINA FEDERICA, *op. cit.*, pág.131.
4. DE MELLO, A., *El canto del pájaro*, pág.39.
5. REINA FEDERICA, *op. cit.*, pág. 90. (El general Smuts creó la denominación de *British Commonwealth of Nations* y creyó en la "gran familia de las naciones" para que los seres humanos viviesen en paz y armonía unos con otros y de acuerdo con las reglas de la naturaleza.)

Su Majestad la Reina conversa con el pastor Puyol, presidente de la Iglesia Adventista española, y con el doctor Pierre Lanarés, presidente de la Asociación Internacional para la Defensa de la Libertad Religiosa.

-11-
Una tarde en la Iglesia Adventista

No se turbe vuestro corazón.
Creéis en Dios, creed también en mí.
En la casa de mi Padre hay muchas mansiones;
si no, os lo habría dicho;
porque voy a prepararos un lugar.
Y cuando haya ido y os haya preparado un lugar,
volveré y os tomaré conmigo,
para que donde esté yo estéis también vosotros.
Y adonde yo voy ya sabéis el camino.

JESUCRISTO

Jesús en lo alto de la Montaña
enseñó por vez primera a rezar el Padrenuestro.
Es la única plegaria recomendada por Jesús.

GIOVANNI PAPINI

Cada vez que coméis este pan y bebéis esta copa,
anunciáis la muerte del Señor, hasta que venga.

SAN PABLO
(1ª CORINTIOS 11,26)

«*D*IOS ES EL TÉRMINO Y EL MODELO QUE* *impone la trayectoria de las leyes, las ciencias, las relaciones de unos sectores sociales con otros.*»

Con esta premisa en su mente entraba por primera vez la Reina de España en el templo de la Iglesia Cristiana Adventista del Séptimo Día de la calle Alenza de Madrid. Porque una de las facetas de Sofía es su apertura y comprensión. En otro capítulo ya señalé esta cualidad innata en ella; mejor diría heredada, porque la tolerancia de la Reina no ha surgido de pronto, ni siquiera con el devenir de los años: el ambiente familiar fue su herencia mejor. Tanto su padre como su madre estuvieron interesados por fomentar el diálogo entre todas las creencias.

De aquí que no pueda extrañarnos que, todavía Princesa y, por tanto, en época nada propicia en España para pronunciarse, Sofía defendiese el respeto hacia todas las confesiones. Y que, Reina de España después, manifestase su profundo deseo de conocerlas y compararlas en los seminarios. Fue este logro, sin duda alguna, el hecho más trascendente de nuestros estudios humanísticos, pues por vez primera se creaba un clima cordial y dialogante entre todos los creyentes.

Los seminarios doctrinales tenían lugar diariamente, de lunes a viernes y durante tres horas. Los lunes se exponía la doctrina hebrea; los martes, la anglicana; la cristiana adventista del séptimo día, los miércoles; los jueves, la islámica; y la católica, los viernes. En cursos posteriores continuamos profundizando en otras confesiones religiosas, tales como la bautista, la mormona, la ortodoxa griega, la hinduista. Conscientes todos nosotros, y de forma especial la Reina, de que «la historia de la salvación abraza a todos indistintamente dentro de sus propias situaciones concretas».

Si el seminario era numeroso, la Reina intervenía poco; se ayudaba de los compañeros para hacer observaciones, por lo que en ocasiones iniciábamos la disconformidad o pedíamos alguna aclaración diciendo: «Por estas latitudes nos preguntamos si... » Pero cuando el seminario lo constituían un reducido número de alumnos, entonces Sofía tomaba la palabra.

En ocasiones salía a colación, por el carácter mismo del tema doctrinal que se estaba exponiendo, alguna alusión a la Corona española. La Reina entonces sentíase incómoda.

Un día el obispo anglicano estaba haciendo un juicio de valor sobre la difícil situación de la Iglesia en la Inglaterra de Enrique VIII. De pronto, de manera espontánea y quizá inconscientemente, formuló un breve paralelismo, salvando épocas y distancias, aludiendo a nuestros Monarcas:

La Reina con el pastor Puyol y con el doctor Jean Zurcher, teólogo adventista, en el Consejo Superior de Investigaciones Científicas (1976).

–Bueno, hay que recordar que en aquel tiempo la Iglesia en Inglaterra estaba dominada por el rey. Enrique VIII dictaba leyes que alcanzaban niveles divinos y el pueblo inglés tenía que soportar todos sus caprichos, en ocasiones crueles. Y es que en otros países no tuvieron la suerte que tenemos nosotros hoy en España con nuestros Reyes, que viven por y para su pueblo.

Sofía, sentada a mi lado azarada, me dijo en voz baja:

–¡Qué apuro! No sé a dónde mirar.

–¿Corremos un tupido velo? –le dije yo, mientras que con el brazo trataba de ocultar la figura del pastor anglicano. –Sin embargo, esto ha de ser así –agregué–.

Los españoles lo creemos y en muchas ocasiones, Señora, habrá de escuchar alusiones parecidas a su persona y a la del Rey. ¡Y hay que apechugar!

–¿Apechugar?

–Hacer frente. Poner el pecho. Decir: «Aquí estoy. ¿Qué vamos a hacerle?» ¿Cómo no va a surgir de vez en cuando alguna alusión a nuestra Reina que coincida forzosamente con la alumna Sofía? Es inevitable. Nosotros estamos aquí con la persona, sea o no sea Reina.

–Me gusta lo que has dicho. Porque yo quiero ser una alumna más entre vosotros, sin distinción alguna.

El que nos une

Eran las ocho de la tarde del sábado 26 de junio de 1976. En la Iglesia Adventista de Madrid, donde nos encontrábamos con la Reina, el oficio se prolongó durante una hora y cuarenta y cinco minutos. Constaba de tres partes: la meditación de la Palabra de Dios, el rito de humildad, consistente en el lavamiento de pies que se practicaba, según la tradición, con separación de sexos –acto purificador que prepara a la persona para recibir la comunión–, y la toma de los emblemas: pan y mosto sin fermentar.

Fue una experiencia sustancial vivir junto a la Reina de España este acto que marcaba un hito en el devenir de las confesiones religiosas en nuestro país, sabida la marginación que habían sufrido éstas durante tantísimos años.

Participábamos con ella, ayudados de las hojas que nos ofrecieron a la entrada. El acto se inició por el pastor Rafael Hidalgo ante la blanca mesa cubierta por un mantel bordado: «Yo soy el Pan de Vida». La Sagrada Biblia, en el centro. Y la bienvenida a la Soberana, «a esta Casa de Dios y de todos los hombres de buena voluntad». La sencilla sala quedó impregnada de las voces de la comunidad: «Santo, Santo. ¡Hosanna, gloria a Dios!»

Y en seguida, el evangelio y la voz del pastor Puyol, presidente de las Iglesias Cristianas Adventistas del Séptimo Día de España, haciendo hincapié en el significado que este rito del Evangelio entraña: «El cenáculo fue el escenario donde Jesús pronunció un importante sermón con todo el valor de una despedida». Pero no deja de subrayar que «en aquel cenáculo estuvo también sentada la iglesia». Y, con la iglesia, todos nosotros, herederos de aquel mensaje, sentados «ante el Maestro» con nuestras virtudes, con nuestras miserias. ¿No fueron la cobardía, el orgullo o la ambición, incluso la traición, los ele-

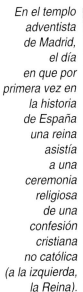

En el templo adventista de Madrid, el día en que por primera vez en la historia de España una reina asistía a una ceremonia religiosa de una confesión cristiana no católica (a la izquierda, la Reina).

La Reina, en lugar de honor, durante la Santa Cena o comunión.

mentos negativos que como hombres vemos traslucir en algunos de los actos de los apóstoles? «La Cena del Señor tiene un contenido ético» que intenta «mostrar un camino a la iglesia».

En tres premisas, invulnerables a través de los tiempos, el pastor apoya la captación de su propio mensaje; el "Yo soy" de Cristo; el "vosotros", la iglesia; y la tercera, el "tú", que preservaría aquellas vivencias de la Cena para ofrecerlas como un don a toda la humanidad. ¿No responde a estas convicciones la palabra de Cristo: «Este es mi cuerpo, haced esto en memoria mía»? ¿El perdón de Jesús hacia tantos errores de los apóstoles, quedando con la palabra divina libres del pecado? Aquí está la clave: «Un mandamiento nuevo os doy: que os améis los unos a los otros».

Llegado este pasaje, desde la Reina al último de los invitados de esta tarde, nos interrogamos: «¿Qué es, entonces, lo que nos separa? Muy poco. Cuestión de matices». Pregunta que nos hemos formulado muchas veces en los coloquios junto a Sofía, quien subrayaba la diferencia mínima:

–Distintos caminos que conducen al mismo fin: Dios.

Cristo está ahí, «el que nos une». De idéntica manera «la Cena también nos reúne hoy alrededor de esta mesa como pueblo de Dios», invitaba la voz del pastor Puyol.

Cabe inquirir desde cualquier confesión: ¿Cuál es el fin? ¿Encontrarnos más cerca unos hombres de otros? Exactamente. Pero «estrechándonos en una actitud profunda de comunión con Cristo» que nos aproxima especialmente esta tarde, mientras vivimos con la Reina de España los instantes más emotivos del acto.

Porque respecto de la religión católica, la cristiana adventista se diferencia sólo en algunos aspectos; de entre ellos destaquemos que los adventistas –de ahí su denominación– ponen mayor énfasis en la esperanza del advenimiento de Cristo. Aceptan la virginidad de María y la reconocen madre de Jesús; la respetan pero no la veneran. Tampoco admiten la confesión auricular: los adventistas se confiesan con Dios, en solitario.

Precisamente nuestros estudios tienen un fin concreto: preparar al hombre para que sepa interpretar la civilización actual partiendo del acto creacional de la propia persona. Y arrancando de esta creación, dirigirla después de haberla sabido orientar y sistematizar. ¿Se logrará, en verdad, con esta conquista, que el hombre de hoy, ya en el umbral del siglo XXI, sea dueño y responsable de la historia?

La incógnita está en el aire: es la que intentamos discernir. Por ello, como mujer de fines del siglo XX, Sofía pone todo su ahínco, todo su tesón y, por supuesto, pasión, en ayudar a este hombre contemporáneo suyo.

Hermoso acto de humildad

Algunos de los que estamos situados junto a la Reina podemos entrar en el despacho pastoral y observar el lavamiento de pies. Vemos preparadas las jofainas en el suelo. Una mujer las llena del agua que contienen unas vasijas, mientras otras mujeres –hoy son seis en total– introducen sus pies en los recipientes.

Se lavan los pies por parejas; primero una, después la otra; se arrodillan para humedecer y secar con una toalla los pies de su compañera. El rito lo repiten todas las mujeres de la congregación. Los hombres hacen lo mismo en otra estancia. Terminado el lavatorio, se dan el abrazo y el beso, una a una también: es el cierre del hermoso momento.

Este acto de humildad, tan significativo, impresiona hondamente a Sofía. Los comentarios son de contraste con nuestra religión. Y nuestras voces,

La Reina Sofía y el pastor Puyol.

intercambiando con discreción las impresiones, se apagan con la melodía "Amémonos, hermanos".

Las bandejas del pan y del vino

Simbolizando el pacto de la Nueva Alianza en Cristo, tiene lugar el descubrimiento del pan en tanto se lee el capítulo 11, versículos 23 y 24, de la primera Epístola de San Pablo a los Corintios.

Los ministros oficiantes se arrodillan para bendecir el pan, que es partido y distribuido entre los fieles: «Comamos». La música los acompaña mientras ingieren este símbolo del cuerpo de Cristo. Seguidamente presenciamos un rito paralelo con el vino puro sin fermentar. Se descubre el cáliz mientras son leídos los versículos 25 y 26 del mismo pasaje paulino: «Bebamos de él todos». Y se bebe el jugo de la uva.

Concluida esta fase, una de las más trascendentales del rito, el pastor Puyol se aproxima a la Reina para hacerle una ofrenda: una copa de plata parecida a las que utiliza el ministro para celebrar el culto de los emblemas. En la copa se han labrado uvas y espigas que son los emblemas de la Santa Cena.

El momento es, en efecto, impresionante, y emociona a la Soberana como a cuantos la acompañamos. El coro entona "Viene otra vez", y:

> *«¡Jehová os bendiga y os guarde!*
> *¡Jehová haga resplandecer su rostro sobre vosotros,*
> *y tenga de vosotros misericordia.*
> *Jehová alce sobre vosotros su rostro,*
> *y ponga en vosotros su paz!»*

Es el ruego que eleva el pastor mientras alza su brazo derecho hacia el cielo juntamente con su mirada.

María Eugenia Rincón

La bendición clausura la tarde memorable: la Reina de todos los españoles ha participado directamente en el culto religioso. La Reina, quien pone una vez más de manifiesto la esperanza de alcanzar la unidad.

Un clavel rosa en la mano de una niña de cuatro años y los aplausos entusiastas cuando Sofía salía del templo, son el último recuerdo que quedó en la mente de la Soberana.

¿Cómo poder describir su gesto maternal al recoger la flor mientras besaba a la pequeña?

Dos mesas nos han unido, ofreciéndonos su pan

Al llegar por vez primera a España, para establecer la Iglesia Cristiana Adventista del Séptimo Día, los pastores estadounidenses Frank y Walter Bond no imaginaban que una tarde como la de hoy, pasados noventa años, una mujer llamada Sofía, Reina de todos los españoles, cruzaría la puerta de su iglesia para participar como una mujer más en el culto de su confesión religiosa: ¿Con qué objeto? Simple y profundo: el deseo de conocerla más, de vivirla intensamente.

Pero el sueño no soñado se cumplió. Y se cumplió también la presencia de unos ojos de ciento tres años de trayectoria que han podido ver a la Reina: los ojos de una de las primeras mujeres bautizadas en esta Iglesia Adventista. Hoy, acompañándonos a todos cuantos hemos vivido la autenticidad de su fe.

Sí, dos mesas nos han unido. El menú con el que los adventistas nos obsequian después del oficio religioso lo componen alimentos vegetales recogidos directamente de la huerta. Algunos platos están ya dispuestos; el gazpacho al limón, la sopa de almendra cortejera, las alcachofas a la

La Reina, con el pastor Isidro Aguilar y Domingo, quien fuera primer presidente español de la Iglesia Adventista en nuestro país.

Cena de honor ofrecida por la comunidad adventista a la Reina.

griega –en honor de la Reina, auguramos– o la sección de ensaladas. Los platos calientes: arroz a la hortelana, espinacas a la crema, dolmas de repollo. ¿Y los postres? Quesos variados, pastelería, macedonias de fruta, plátanos con nata, melón. Austeros, sí, en las bebidas, como su fe lo exige: aguas minerales y espumoso de sidra sin alcohol.

«Dos mesas nos han unido ofreciéndonos su pan: la del templo», una; la otra, «la que tenemos ante nosotros», subraya el pastor Puyol. Y la alusión al gesto abierto de Sofía:

–Estad segura, Majestad, que habéis enterrado en pocas horas muchos siglos de indiferencia.

El "reencuentro" años después

Se sucedieron los años, finalizó el ciclo de estudios, pero Sofía no cesó en su búsqueda de la verdad.

–Conmigo. Sin mí. Y aun a pesar de mí –fueron las palabras de la Reina–. Continuad esta idea: que la semilla no se pierda.

María Eugenia Rincón

No olvidamos ninguno de nosotros aquellas palabras. Cumplióse el deseo de la Soberana, que era también nuestro deseo: dar vida a la simiente depositada en el surco de nuestras conversaciones universitarias de entonces.

Hoy, años después, ya podemos ratificar, con la satisfacción de un deber cumplido, que los estudios continuaron. En otro lugar, en otro ambiente y, si bien universitario en cuanto al *status,* con una estructura diferente. Y Sofía disfrutó con sus debates y sus nuevos conocimientos: antropología, filosofía, teología, ciencia, derecho...

Y llegó un buen día, el del feliz "reencuentro" con aquellos lejanos amigos de distintas religiones. Quince años de democracia habían fortalecido, reafirmado las mencionadas doctrinas. Y la tarde del "reencuentro" Sofía seguía con nosotros.

Fue como volver a empezar sin haber finalizado nunca. Y fue como saltar de una sorpresa a otra a lo largo de una polémica de casi cuatro horas en las que se debatieron dos temas cruciales para el hombre de hoy: aborto y fecundación *in vitro* bajo el prisma confesional.

La evolución que habían alcanzado algunas de las confesiones fue sorprendente, y comprobamos que en algunos aspectos, matices siquiera, nuestra Iglesia, la Católica, quizá no había caminado al ritmo que la circunstancia del hombre, en el umbral del siglo XXI, precisaba. No podíamos sostener idénticas premisas a las utilizadas una quincena de años atrás. La ciencia camina a pasos agigantados. ¿Quién se hubiese atrevido a insinuar ayer la teoría de los agujeros negros interestelares, o la realidad de la clonación genética?

Algunas confesiones religiosas, si bien con criterio sensato y comedido, ¿habían llegado más al fondo del problema humano? ¿Estaban más cerca del hombre del año 2000?

Sofía participaba en la polémica fraterna; comedida siempre, con curiosidad permanente. ¿Más fortalecidos todos desde nuestra distinta posición religiosa? Uno de los temas de nuestro curso llevaba el enunciado "Dios, hombre, mundo". Todavía, sin embargo, utilizamos la palabra 'distancia'. Un distanciamiento, sí, subconsciente, opuesto totalmente al brechtiano. Pero ahí estaba. Ahí está.

-12-
La viejecita
'amiga' de la Reina

Dadme un bastón de honor
para apoyar mi vejez,
que no un cetro
para gobernar el mundo.

SHAKESPEARE

Grande era en un tiempo
el respeto a la cabeza encanecida.

OVIDIO

El drama de la vejez
no consiste en ser viejo,
sino en haber sido joven.

WILDE

C

UANDO LA REINA DESCIENDE DEL automóvil e iniciamos el camino que conduce a la Facultad, los compañeros que la esperamos la ponemos al corriente de las novedades acaecidas a lo largo de la semana. A la Reina le interesa conocer los hechos sucedidos que hemos ido acumulando durante los siete días.

Hoy, de pronto, una voz nos interrumpe. Una voz inesperada por lo esperada: la de Apolonia Gil. Nos recibe con unos "versos" que...

–Me he inventado yo solita.

¿Quién es Apolonia Gil? ¿Quién es esta anónima anciana, humilde pero dignamente vestida, la cual, traspasando campos y montículos, acude, indefectiblemente puntual, a una cita que no existe? Se sostiene en pie con dificultad pues le fallan las fuerzas en las piernas. No obstante, el brío le aumenta cuando ve aparecer en la lejanía a la Reina.

–¡Mira, ya está ahí mi *amiga*! –nos dice Sofía, con cariño, mientras se detiene un instante a tenderle la mano a la mujer.

–Majestad, ¡pero qué guapa es nuestra Reina...! –y sigue Apolonia desgranando su retahíla de elogios, quizá aprendidos durante la noche en vela desde su cama de la Casa-Residencia de ancianos de Nuestra Señora del Carmen, lugar en donde está acogida a sus ochenta y muchos años.

Ocurre, como casi siempre, que a mayores atenciones hacia su persona, Apolonia se vuelve más insistente y prolífica en su inspiración, así que continúa amontonando frases

La Reina y su 'amiga' Apolonia, con el rector de la Universidad Autónoma de Madrid.

exaltadas y entrecortadas mientras se siente crecer, protagonista del momento.

Seguimos caminando hacia el aula. Ante el entusiasmo de Apolonia los escoltas –pocos, porque la Soberana preferiría ir sola a los actos no oficiales– se impacientan. En un momento dado, y como el paso de Sofía es largo y rapidísimo, Apolonia se nos queda distante e intenta correr hacia nosotras:

–¡Es que yo he escrito unos versos a mi Reina y se los quiero recitar! ¡Que yo escribo versos!

Y lanza de nuevo al aire su voz con toda la fuerza que los años le permiten, a fin de que le alcance a Sofía.

Ya llegamos a la puerta de la Facultad y entramos en el aula. Desde las ventanas divisamos, gesticulando, indómita como una niña, a Apolonia Gil. Su boca sigue clamando, muda.

Cuando regrese a su residencia contará inútilmente a sus también ancianos compañeros, que esta mañana le recitó sus versos a la Reina, y que le gustaron mucho, mucho, y que ella es su amiga, y muy importante. Y los mirará a todos, como diciendo: «¿Pues qué os habíais creído? ¿No sabéis a quién tenéis a vuestro lado?» «Porque todo me sale de aquí, de mi cabeza, señorita», nos habrá confesado en alguna ocasión, cuando ya el Mercedes oscuro de la Reina asciende el ligero montículo y se pierde por la autopista de Colmenar.

Lo que ignoran las incrédulas viejecitas del asilo enclavado en un terreno próximo al recinto universitario, es que la Reina, al ver a Apolonia de lejos, comenta con cariño:

–Mira, ya está ahí esperándome mi *amiga* Apolonia...

No. No lo creerían. Aquellas ancianas jamás han visto de cerca a la Reina de España. No se atreverían a vencer los obstáculos que las separan del campus después de su desayuno de las ocho. ¿Cómo cruzar el abrupto camino con la artrosis agudizando el dolor de sus ya cansadas rodillas?

Pero lo mismo en el invierno helado que en el esplendor de este día de fines de abril, Apolonia sí cruza vallas y altibajos. Porque Apolonia escribe versos. Le impulsa una fuerza interior insospechada. Ella misma, después de tantas semanas de repetir su hazaña, se considera imprescindible en este marco cuatro veces al mes.

Negro su vestido como sus zapatillas de paño, Apolonia Gil se ha erigido en figura insustituible de la mañana de los sábados. Por eso el camino es suyo. Ella misma se lo ha otorgado sin leyes. No será un lugar que le ha tocado por capricho, no. Le ha costado sacrificios: ¿quizá pasar la noche en vela meditando lo que le ha de decir a «su amiga la Reina»? ¿Quizá ensayar mucho, mucho sus versos, a todo volumen de voz durante la noche, a fin de que por la mañana «le alcancen a la Señora»?

Pero también Apolonia Gil, extremeña ella, tiene habilidades manuales: dibuja jarrones con espigas y hace labores de ganchillo. Algunos de los dibujos han sido expuestos en el Museo de Artes y Tradiciones Populares de la Universidad. Porque Apolonia, en fin, ha conseguido un "puesto de trabajo" voluntario que va a sentar precedentes. Y es que después de los versos «a mi amiga la Reina», le «están saliendo otros» dedicados al Príncipe Felipe...

–¡Madre mía!, pero si además escribe versos a mis hijos –comenta con afecto Sofía cuando traspasamos de regreso el umbral de la puerta– ¡Es una buena mujer!

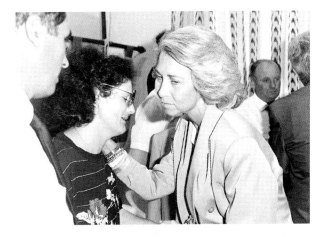

Allí, recogidas en un ángulo del vestíbulo, vistiendo sus batas verdes de trabajo, las mujeres de la limpieza que acaban de abrillantar el suelo. La Reina interrumpe su marcha y se ladea hacia las cinco muchachas. Les estrecha la mano:

–Buenos días, ¿cómo estáis? ¿Mucho trabajo?

Esta escena, ¿cuántas veces se repetirá en el tiempo, en distintos escenarios, en latitudes opuestas? La Reina, amiga de los más humildes, de los desvalidos, de los enfermos, de los anónimos, les tenderá a éstos, antes que al más poderoso, su mano. Y les dará su sonrisa, abierta siempre para transmitirles el amor que encierra para ellos desde niña. La opinión de Sofía nos confirma esta virtud que subrayamos. Meditemos sus propias palabras:

«*Es evidente el papel decisivo de la educación de la sociedad, ampliado luego a través de los medios de comunicación, en la visión de cualquier ser como hermano nuestro, como interlocutor y compañero en un diálogo que enaltece al género humano: el que se inspira en el mandato divino y se basa por tanto en el amor, se apoya en la justicia y concibe la sociedad entera como la casa de los hombres.*»

*Sofía e Ire-
ne presiden
un desfile de
'boy scouts'.*

V

PRINCESA DE GRECIA, REINA DE ESPAÑA

*Ser princesa es una realidad ajena
a nuestra voluntad.*

REINA SOFÍA

*El pueblo debe luchar por la ley
como por sus murallas.*

HERÁCLITO

*La historia es, pues, a la vez,
camino hacia lo sobrehistórico.
En la visión de lo grande
—creado, hecho, pensado—
resplandece la historia
como presente eterno.*

JASPERS

V
A PROYECTÁNDOSE LA PELÍCULA CON

demasiada rapidez. Riadas de animales salvajes se filmaron a miles de kilómetros de distancia de la patria. La mano de la Princesa Federica, manejando hábilmente su cámara, pudo captarlas en la trayectoria del exilio.[1]

Tiempo es para recordar; punto enésimo de obligada parada: Ciudad de El Cabo. ¡Aquel paisaje árido, «arenal del desierto», la tan escasa vegetación en las ciudades de peregrinaje, la silueta de la Table Mountain o el porche del Groote Schuur, tan distintos de la frondosidad que circunda el hogar reencontrado de Grecia!

El amor de los súbditos no es un sentimiento improvisado: permanece incólume. Un referéndum en la patria hizo posible el regreso de la Familia Real integrada por el Rey Jorge II, el Diadoco –su hermano el Príncipe Pablo–, la Princesa Federica, y sus hijos, Sofía, Constantino e Irene. ¿Dudan, bien sea por un instante, al escuchar las salvas de ordenanza en el destructor egipcio que los devolvería a la patria, por si el bronco estallido de las bombas se repitiese de nuevo?

Ocho años y medio tenía Sofía el primer día de abril de 1947 cuando fue proclamado Rey de Grecia su padre Pablo I.

La Familia Real griega en el año 1947 durante un acto oficial en Atenas.

Ahora la película con los leones del desierto sigue avanzando a través *del espejo de la historia;* se me acercan, amenazantes, pero el cristal les impide adelantar. Jirafas, jabalíes, tigres, cebras, ¿están en el celuloide o se han adueñado de los bosques que conocen los juegos cotidianos de los niños? ¿Podrán los pequeños recordar los distintos paisajes vividos con sus animales diversos, insustituibles en cada parcela de la geografía? ¿Es ésta la misma Sofía que ayer veíamos girar a través *del túnel del tiempo?* ¡Cuánto ha cambiado!

A esta parte de la nítida muralla, la Reina:

–Hola, ¿qué tal estás? ¿Cómo va todo? ¿Nos sentamos?

Es el año 1987. Nuestra labor se inicia sin pérdida de tiempo y se prolonga durante horas como es habitual. A la salida del estudio, inevitablemente, *el espejo* del vestíbulo atrae mi atención. A él me asomo sin oponer resistencia.

Y vuelve la niña de ocho años a mis ojos, Sofía.

Largos sus cabellos. Crecido inusitadamente su esqueleto. Invariable la sonrisa. Delgada la silueta. Sustituidos sus diminutos dientes de ayer por dos paletas, anchas como la risa en su boca todavía por ensanchar. Domina perfectamente el inglés y su afición se inclina hacia la lengua de su padre, que es la de su tierra, el griego.

María Eugenia Rincón

Si el mundo está formado de sueños, como sostenía el místico Evelyn Underhill, el sueño está intacto en la Grecia arrasada, y hay que agarrarse a esa tabla de salvación aunque Sofía no alcance a entenderlo. Nosotros lo sabemos porque a este lado del *espejo* todo es concreto y real. ¿Habremos perdido la capacidad de ensueño al alejarnos de la infancia?

Sofía irá creciendo en tanto que su padre ayuda a su hermano, el Rey Jorge II, en la difícil tarea de levantar la patria. Y, sin embargo, un acontecimiento inesperado y doloroso a la vez, aguarda un día a la niña. Empezará la mañana como una jornada cualquiera y, de pronto, al regresar del colegio, alguien le dirá:

–¡Eres Princesa de Grecia!

De improviso ha fallecido el Rey Jorge, y el padre de Sofía, como Diadoco, ha heredado la Corona de Grecia: se ve obligado urgentemente a jurar su cargo ante el primer ministro y el obispo de Atenas. Día primero de abril de 1947: ocho años y medio de Sofía.

Poco después, en el Parlamento griego, se podrá escuchar la voz de su pueblo como la oyera Sofía sin saber escucharla el día en que las veinte salvas anunciando su nacimiento hicieron estallar miles de gargantas en un solo grito: «¡Sofía!». Se confunden los estampidos de dolor por la muerte, con los unánimes: «¡Viva el Rey!» «¡Sí!, juro por Dios».

¿Qué supondría para Sofía, pasado el tiempo, aquella jornada memorable, cuando veintiocho años más tarde acaeciese un hecho paralelo en su otra patria, España, y ante otro rey, su esposo Juan Carlos I? Fecha que no olvidará Sofía: 22 de noviembre de 1975. Ni las palabras de Juan Carlos previas a su proclamación como Rey de España.

Entonces ya sabría la Reina que «la idea de una Constitución en armonía con los derechos naturales del hombre», aquella que se llama un ideal platónico –*res publica noumenon*–, «no es una vana quimera sino la norma eterna de toda Constitución política en general y que aleja todas las guerras».[2]

Dos voces distintas, dos fechas alejadas, dos hombres diferentes, dos países diversos: una misma mujer, Sofía. Mujer que desde ese instante de los correspondientes juramentos en distintos momentos de su vida, habrá sido reconocida Princesa de Grecia y Reina de España, respectivamente. Princesa, a los ocho años y medio. Reina, a los treinta y siete. Su sorpresa de niña, ¿se entrelazaría, quizá confusamente, en el hilo del tiempo, con la mujer de hoy? ¿Aquellas horas perdurarán en estas realidades?

El 27 de noviembre de 1975 los Reyes comenzaron su reinado asistiendo a una misa de Espíritu Santo en el templo de los Jerónimos, concelebrada por el cardenal arzobispo de Madrid-Alcalá, don Vicente Enrique y Tarancón, y los cardenales de Toledo y Barcelona.

Juan Carlos, Rey. Sofía, Reina. Y a los pies de la Familia Real, el símbolo de la España monárquica y libre: la Corona de oro con ocho flores de lis en un diámetro de cuarenta centímetros y florones terminados con una cruz. Y el cetro. Y el crucifijo. Y, fijos sus ojos en el símbolo, los tres Príncipes, ignoramos si conscientes de que estaban, ellos también, escribiendo desde su infancia un renglón de la crónica de España.

La blanca paloma de la paz ya vuela por el cielo de Europa y el Rey Pablo de Grecia, que había presentido días felices para poder hacer tantas cosas por su pobre país, es consciente de que el sacrificio le será necesario para cumplir su promesa. Se entregará plenamente a su pueblo recuperado. ¡Cuán ardua y dolorosa resultará, sin embargo, la tarea de lograr la normalización del país! Se carece de lo más indispensable: desde las dracmas hasta el sustento, desde el agua al cobijo de unas paredes. Sobreviven las gentes en las aldeas sobre el cúmulo de ruinas.

María Eugenia Rincón

Porque se terminaron las amarguras de la II Guerra Mundial, pero se iniciaba la Guerra Civil con los comunistas helenos. Guerra en la que no lograrían la victoria los Reyes hasta los diez años de Sofía. ¿Cerraríanse entonces las heridas abiertas en los corazones de los padres y madres griegos? En muchos de ellos, aún hoy, continuarán desgarradas: fueron secuestrados veintiocho mil niños griegos[3] y llevados por la frontera a Albania y a Yugoslavia. En Albania estaban doce mil de ellos; muy pocos centenares serían recuperados por sus doloridas familias pese al esfuerzo de los Monarcas y a la cooperación de la Cruz Roja Internacional, de la cual el general Marshall era presidente.

¿Estaba el pueblo heleno condenado al perpetuo dolor? La esperanza, sin embargo, es el sueño de una persona despierta, como auguraba Aristóteles. Y Pablo y Federica estaban muy despiertos y entregados a su dura y gratificante labor: llevar su voz de aliento hasta el último rincón de la última aldea.

Volcados en su deber permanente, los Reyes de Grecia crearon escuelas para niños y 58 hogares donde se proporcionaba comida, ropas y hogar a veinticinco mil pequeños. Fueron años de trabajo incesante. El Rey Pablo organizó la institución Luz Griega a fin de elevar también espiritualmente a sus súbditos. Y las Casas de Niños. Y junto con su esposa Federica se ocupó de crear el _Royal Welfare Fund_ (Fundación Real para el Bienestar Social).[4]

Sofía no tenía edad para viajar con su madre y añadir su esfuerzo al consuelo de su pueblo. Pero vivió de cerca su amargura, y no la ha olvidado. Con sinceridad Federica podía decir que Grecia era el país de sus amores. Y eso fue posible porque la voz del general MacArthur, había ondeado en los aires hacía dos años, el 2 de septiembre de 1945:

Con los Reyes, sus hijos el Príncipe Felipe y las Infantas Elena y Cristina.

Don Juan Carlos jura la Constitución el 7 de diciembre de 1978, en presencia de los presidentes Hernández Gil (Cortes), Álvarez de Miranda (Congreso) y Antonio Fontán (Senado).

«Hoy los cañones han callado. Una enorme tragedia ha concluido. Hemos cosechado una gran victoria. Los cielos no llevarán más muertes, los hombres, dondequiera que caminen, lo harán erguidos a la luz del sol. El mundo entero vive en paz.»

Sí. La voz de MacArthur había ondeado en los aires desde la cubierta del *Missouri*, allá en el Pacífico, donde se hallaban reunidos todos los delegados de las naciones que intervinieron en la II Guerra Mundial. Y ondeó también una oración: «Roguemos por la paz ahora restaurada en el mundo, para que Dios la preserve para siempre.»[5]

La Princesa de Grecia, sin embargo, empieza a saber el precio que se paga por esa paz. A partir del juramento de su padre el camino estuvo ya trazado y ella dispuesta a cubrirlo día tras día. No podrá detenerse. La vida le exigirá más. Y Sofía nunca quiso regatearle nada porque su lección no termina en Psijikó o Tatoi cumplida la tarea del colegio. Su lección va a durar tanto como dure su existencia.

María Eugenia Rincón

*Sofía
con sus
hermanos.*

Si, como recordábamos en otro capítulo, se mide la grandeza de un alma por su capacidad de sufrimiento, ¿cuál no habrá sido –porque nunca sabrán contárnoslo los niños– la capacidad de sufrimiento de Sofía? Ese volcarse hoy en cuerpo y alma hacia los desvalidos, los marginados, los marcados por cualquier signo de tragedia, ¿qué es, sino la ternura que le desborda el alma porque desde niña ha compartido el dolor de sus semejantes?

La Reina no dispone de tiempo para cuanto no sea reedificar, aliviar, aprender, avanzar. Jamás le pondrán falta al pasar lista allí donde la agonía de los más humildes precise de calor humano. Desafiando los elementos y peligros de todo tipo, se impone el deber de acudir a primera línea. Sofía nos lo confirma en sus palabras, que con frecuencia recordamos:

*Sofía
con su madre
la Reina
Federica,
en contacto con
su pueblo.*

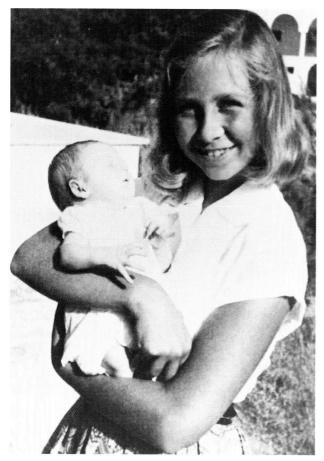

«*La vida individual y la de los grupos, se califica también por su relación con los demás y por los compromisos que adopta y asume en orden a la realización de la justicia, a la propiciación de la libertad, a lograr que el mensaje de paz que conlleva la ayuda y comprensión del otro, se extienda a nuestros semejantes cuando están sometidos a circunstancias excepcionales de minusvalía.*»[6]

Una lágrima, una sonrisa, una palabra de cariño siempre para los que sufren. Y me atrevería a decir que la Reina siente satisfacción por *estar* en el lugar más dramático de los hechos. Nada detiene a Sofía jamás.

Recuerdo mi pregunta en una ocasión en que ella iba a emprender un viaje para realizar una misión difícil y arriesgada:

–Señora, ¿pero va a viajar, con el peligro que el desplazamiento conlleva?

Y con toda naturalidad la Reina Sofía me respondió:

–Lo que tenga que ser, será. Debo ir. No tengo ningún miedo.

No hay distancia en el tiempo. Lo que caracteriza a todo ser vivo es el tiempo. «¿Qué son –decía el Rey Pablo– unos meses, unas semanas, entre miles y miles de años?»

1. REINA FEDERICA, *Memorias*, pág. 95.

2. KANT, E., *Filosofía de la historia*, pág. 113.

3. REINA FEDERICA, *op. cit.*, pág. 129.

4. *Ibíd.*, págs. 172, 174, 179.

5. *ABC, II Guerra Mundial*, "La rendición japonesa", núm. 94.

6. REINA SOFÍA, discurso de investidura como doctora *honoris causa*, Valladolid, 17 de octubre de 1986.

ÁRBOL GENEALÓGICO
DE LA CASA REAL DE GRECIA

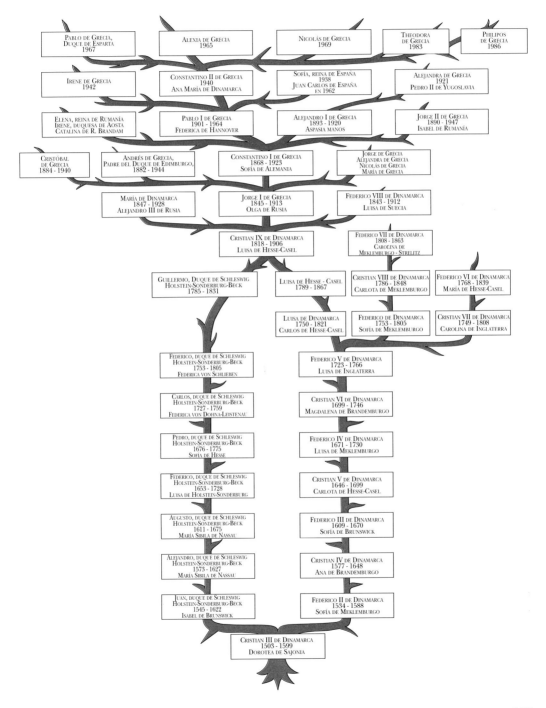

PABLO DE GRECIA,
DUQUE DE ESPARTA
1967

ALEXIA DE GRECIA
1965

NICOLÁS DE GRECIA
1969

THEODORA
DE GRECIA
1983

PHILIPOS
DE GRECIA
1986

IRENE DE GRECIA
1942

CONSTANTINO II DE GRECIA
1940
ANA MARÍA DE DINAMARCA

SOFÍA, REINA DE ESPAÑA
1938
JUAN CARLOS DE ESPAÑA
EN 1962

ALEJANDRA DE GRECIA
1921
PEDRO II DE YUGOSLAVIA

ELENA, REINA DE RUMANÍA
IRENE, DUQUESA DE AOSTA
CATALINA DE R. BRANDAM

PABLO I DE GRECIA
1901 - 1964
FEDERICA DE HANNOVER

ALEJANDRO I DE GRECIA
1893 - 1920
ASPASIA MANOS

JORGE II DE GRECIA
1890 - 1947
ISABEL DE RUMANÍA

CRISTÓBAL
DE GRECIA
1884 - 1940

ANDRÉS DE GRECIA,
PADRE DEL DUQUE DE EDIMBURGO,
1882 - 1944

CONSTANTINO I DE GRECIA
1868 - 1923
SOFÍA DE ALEMANIA

JORGE DE GRECIA
ALEJANDRA DE GRECIA
NICOLÁS DE GRECIA
MARÍA DE GRECIA

MARÍA DE DINAMARCA
1847 - 1928
ALEJANDRO III DE RUSIA

JORGE I DE GRECIA
1845 - 1913
OLGA DE RUSIA

FEDERICO VIII DE DINAMARCA
1843 - 1912
LUISA DE SUECIA

CRISTIAN IX DE DINAMARCA
1818 - 1906
LUISA DE HESSE-CASEL

FEDERICO VII DE DINAMARCA
1808 - 1863
CAROLINA DE
MEKLEMBURGO - STRELITZ

GUILLERMO, DUQUE DE SCHLESWIG
HOLSTEIN-SONDERBURG-BECK
1785 - 1831

LUISA DE HESSE - CASEL
1789 - 1867

CRISTIAN VIII DE DINAMARCA
1786 - 1848
CARLOTA DE MEKLEMBURGO

FEDERICO VI DE DINAMARCA
1768 - 1839
MARÍA DE HESSE-CASEL

LUISA DE DINAMARCA
1750 - 1821
CARLOS DE HESSE-CASEL

FEDERICO DE DINAMARCA
1753 - 1805
SOFÍA DE MEKLEMBURGO

CRISTIAN VII DE DINAMARCA
1749 - 1808
CAROLINA DE INGLATERRA

FEDERICO, DUQUE DE SCHLESWIG
HOLSTEIN-SONDERBURG-BECK
1753 - 1805
FEDERICA VON SCHLIEBEN

FEDERICO V DE DINAMARCA
1723 - 1766
LUISA DE INGLATERRA

CARLOS, DUQUE DE SCHLESWIG
HOLSTEIN-SONDERBURG-BECK
1727 - 1759
FEDERICA VON DOHNA-LEISTENAU

CRISTIAN VI DE DINAMARCA
1699 - 1746
MAGDALENA DE BRANDEMBURGO

PEDRO, DUQUE DE SCHLESWIG
HOLSTEIN-SONDERBURG-BECK
1676 - 1775
SOFÍA DE HESSE

FEDERICO IV DE DINAMARCA
1671 - 1730
LUISA DE MEKLEMBURGO

FEDERICO, DUQUE DE SCHLESWIG
HOLSTEIN-SONDERBURG-BECK
1653 - 1728
LUISA DE HOLSTEIN-SONDERBURG

CRISTIAN V DE DINAMARCA
1646 - 1699
CARLOTA DE HESSE-CASEL

AUGUSTO, DUQUE DE SCHLESWIG
HOLSTEIN-SONDERBURG-BECK
1611 - 1675
MARÍA SIBILA DE NASSAU

FEDERICO III DE DINAMARCA
1609 - 1670
SOFÍA DE BRUNSWICK

ALEJANDRO, DUQUE DE SCHLESWIG
HOLSTEIN-SONDERBURG-BECK
1573 - 1627
MARÍA SIBILA DE NASSAU

CRISTIAN IV DE DINAMARCA
1577 - 1648
ANA DE BRANDEMBURGO

JUAN, DUQUE DE SCHLESWIG
HOLSTEIN-SONDERBURG-BECK
1545 - 1622
ISABEL DE BRUNSWICK

FEDERICO II DE DINAMARCA
1534 - 1588
SOFÍA DE MEKLEMBURGO

CRISTIAN III DE DINAMARCA
1503 - 1599
DOROTEA DE SAJONIA

-13-
El diploma que Sofía no aceptó

Cuanto más alto se llega,
más humilde se ha de ser.

Cicerón

Delante de la sabiduría infinita,
vale más un poco de estudio de humildad
y un acto de ella
que toda la ciencia del mundo.

Santa Teresa

«*AL PRINCIPIO ME SENTÍA MUY NERVIOSA,*
pero me di cuenta de que era mejor romper el hielo inmediatamente, al principio, por-
que, si no, luego sería mucho más difícil. Afortunadamente, todo salió muy bien, y
disfruté enormemente yendo a la universidad», dice Sofía recordando sus primeros tiempos universitarios. Y, en efecto, muy pronto familiarizóse con el
ambiente, con profesores y alumnos. Desde entonces ha sido la mejor
compañera de todos.

Mientras esperamos a la Reina

A hora temprana hemos llegado esta mañana a la universidad. Nos sentíamos inquietos: durante toda la semana, de lunes a viernes, nos hemos visto
forzados a hacer un paréntesis en las clases a partir de las diez de la mañana,
tanto en la Facultad de Letras como en la de Ciencias; el motivo ha sido la
amenaza diaria de "bomba" que nos ha obligado a los profesores a inte-
rrumpir toda actividad docente y a desalojar las aulas.

Pero los avisos o las amenazas se han quedado, afortunadamente, sólo en
eso: en avisos. ¿Podría tratarse de la pesada broma de algún alumno? Estamos
en plenos exámenes finales y no sería desacertado pensarlo. El teléfono sonaba siempre en el momento oportuno, cuando hacía ya pocos minutos que las
pruebas habían comenzado:

–¡Desalojen! ¡Peligro de bomba!

Pero hoy es sábado. Hoy la universidad está desierta. No pueden recibirse
"avisos" porque no funciona ninguna dependencia salvo un aula de la Facultad de Ciencias, donde asistimos a la clase de Humanidades Contemporáneas.

Y mientras esperamos a la Reina:

–¿Sabéis que después de la clase entrará el rector con un diploma? Es para
la Reina. Se lo va a entregar hoy –comento.

–Ah, ¿sí?

No me da tiempo a explicar detalles. El coche de la Reina, brillando bajo
el sol de la mañana, ya desciende hasta alcanzarnos. Y con la Reina entramos,
las voces todavía sin apagar.

La Reina no acepta el diploma

Finaliza la primera parte de la mañana. El profesor De Solas advierte
que no salgamos todavía. Permanecen los alumnos en sus respectivos
lugares pero nuestra compañera Sofía, sorprendida por las inesperadas
palabras, me pregunta azarada:

Lápida en bronce que recuerda: «Aquí estudió S.M. la Reina Sofía. 1974-1976», en la Universidad Autónoma de Madrid.

–¿Y va a ser el diploma sólo para mí? ¡Oh, no! Si no me lo entregan con los diplomas de todos los compañeros, yo no lo puedo aceptar. ¡Por favor, ve a decírselo al profesor! ¡Qué apuro!

Y su rostro quiere disminuirse, esconderse en no se sabe qué lugar.

Voy hasta la tarima. Discretamente, en voz baja, le consulto al profesor. Él mismo me indica que transmita las palabras de la Reina:

–Escuchad: Voy a salir para decirle al rector que la Reina no quiere aceptar su diploma si cada alumno no lo recibe con ella.

No puedo terminar de hablar. Los doscientos alumnos que abarrotan el salón aplauden con tal fuerza, que, por un momento, parece que se va a venir abajo el recinto.

Los vivas y los aplausos a Sofía resuenan durante minutos.

¿Qué cabe hacer ahora? Nada más y nada menos que salir al vestíbulo y, con todo el tacto de que seamos capaces, contarle al rector lo sucedido: que el diploma no se le puede entregar a la Reina.

La alumna Sofía

Afuera todo está ya preparado: el rector, dispuesto para iniciar la entrada. Y en el aula, la Reina, tan discreta siempre, tan enemiga de elogios y distinciones sobre los otros, tan prudente a cualquier hora:

María Eugenia Rincón

–Rector: la Reina viene a clase como una alumna más. No quiere privilegios. No puede aceptar el diploma –le digo.

Hubo un largo silencio.

Pronto se despejó el vestíbulo, volvió al entorno la normalidad habitual. Pudimos salir sin agobios hacia la cafetería.

Y concluyó aquella mañana la primera etapa universitaria en la que la alumna Sofía había adquirido una formación intelectual enfocada especialmente al entendimiento del hombre y al camino que éste debe emprender para ser programador de su propio destino. Puente imprescindible para ello fue, y continúa siendo hoy, en opinión de la Reina, el diálogo. Y a través del diálogo comprendió las diferentes ideologías, y se aproximó a las diversas creencias religiosas. No abandonó, desde entonces, ni el estudio ni la investigación.

Iba a iniciarse poco después –en su madurez– la segunda etapa de su formación académica, tan certeramente estructurada desde su época adolescente por sus maestros y sus padres, y a la que Sofía agregaba sus patrones culturales heredados. ¿Eran estos patrones los que la impelían hacia su vocación universitaria intrínsecamente sentida? Sofía reconocía esta vocación tanto como derecho cuanto como deber.

La alumna Sofía en el aula universitaria.

Y no ha de extrañarnos esta actitud suya si aceptamos que «de altos espíritus es aspirar a cosas altas»,[1] aun cuando Sofía no conozca la sentencia cervantina o, de conocerla, no se reconozca en ella.

Y se "desfizo el entuerto"

Ya había transcurrido un tiempo. Otro rector, Pedro Martínez-Montávez. Otro vicerrector, Alfonso Pérez Sánchez, director del Departamento de Humanidades. Otra circunstancia. Otra época. Otro enfoque: Al profesor De Solas – que había dirigido el Departamento de Humanidades Contemporáneas– no se le había renovado el contrato. Y ya la Reina, terminados sus estudios, había dejado de frecuentar la universidad.

Subí un día al despacho rectoral a resolver unos asuntos académicos. Antes de finalizar nuestra entrevista, el cargo dejó paso al compañero y amigo profesor Martínez-Montávez me dijo:

–¿Sabes, María Eugenia? Esos estudios de Humanidades que se celebraban los sábados y a los que acudía la Reina, los vamos a eliminar; ella ya tiene su diploma.

Sorprendida, le conté todos los detalles del hecho para aclarar el equívoco. Y, rescatados de los armarios de mi despacho donde guardé durante meses los ciento veinte diplomas de idéntico formato, color y greca que el de la Reina –el nombre de cada diplomado impreso–, los llevé al despacho rectoral.

Y de esta manera se deshizo el equívoco. Y todavía se ganó algo más: que aquellos cursos de Humanidades contemporáneas no se borrasen de la programación universitaria. Continuaron bajo otras directri-

Sofía en el Consejo Superior de Investigaciones Científicas, con el rector Gratiniano Nieto y el profesor Casas, presidente de la entidad.

Doña Sofía llegando a la Universidad Autónoma de Madrid, con el rector Gratiniano Nieto y la profesora Rincón.

ces, otros prismas, distinta concepción en su estructura, pero siendo, como comentamos aquella mañana el rector y yo, un abanico abierto desde la universidad al pueblo.

El montón de diplomas quedó en el despacho rectoral. Con una sola excepción: el de la Reina. El diploma que nunca se entregó.

Sin embargo, Sofía no fue a la universidad en busca de un título, sino para aprender cada día un poco más de lo mucho que aquélla podía enseñarle. ¿Quizá porque en su interior la Reina también considera que «la vida es una larga lección de humildad»,[2] tanto como de esperanza? Apoyémonos en sus palabras:

«*La universidad entiende su magisterio exigente en la percepción de que el hombre es el amigo del hombre, no su contrario; y que todos podemos unirnos en un compromiso de progreso superando para siempre los sistemas segregativos, sustituyéndolos por una atención integral que ampare los sueños de los ciudadanos, su laboriosidad y su conciencia de futuro.*»[3]

---

1. CERVANTES, *Persiles y Segismunda,* II, pág. 7.

2. MATTHEW BARRIE, *The Little Minister,* III.

3 REINA SOFÍA, palabras en el Paraninfo de la Universidad de Valladolid, 17 de octubre de 1986.

Encuentro de Sofía con su madre y su hermana Irene en el aeropuerto de Madrás (1974).

-14-
Y se cortó, definitivamente, el cordón umbilical

Che'il mio caro tesoro
in terra asconde.

PETRARCA

Una cuerda se rompe…,
todo se calla
y se impregna de lágrimas.

WANG CHANG LING

R EGRESÓ A LA TIERRA QUE TANTO AMÓ
para beber del río del silencio.[1] Fue una llamada imperiosa. Sus ojos no podían ver la luz. Pero no hubiese sido necesario llevarlos cerrados porque solamente la noche esperaba a Federica al llegar a Grecia, país de donde había sido Reina.

Un aeródromo vacío. Y la compañía de sus más queridos, los que la amaron: sus hijos, sus nietos. Oscuras figuras vestidas de oscuridad. Su herencia, la proyección de su vida, las ramas de su linaje continuado, habían llegado junto a ella para darle el último adiós. No eran precisas las lágrimas. Se cumplía la escisión del invisible cordón umbilical de sus mundos: febrero de 1981.

¿Qué pensamientos se agolpaban en la mente de cada uno de sus descendientes? Volvían a la patria una noche con un ataúd para entregar a la tierra de Atenas. Dura misión.

Y la vida prosiguiendo, soportándose con toda dignidad. Porque continuó Sofía su obligado caminar. Por dentro, la amargura que no asomaba por más que empujase: la Reina sabía que «de igual modo que la semilla del fruto debe romperse para que su corazón salga al sol»,[2] así ella debía conocer el supremo desconsuelo.

Para que ni tan sólo le alcanzara a la madre el eco del himno de su nación; para que ninguna distinción militar rindiese el último respeto a sus despojos, la guardia de honor formó sus filas en campo distinto y distante. No podía omitirse; acompañaba a la difunta un rey, jefe de Estado, de entre los familiares que silenciosamente seguían el féretro desde España. El rey era Juan Carlos I.

Federica nunca tuvo miedo a la oscuridad. Sabía que iba a encontrar «taludes de rosas debajo de mis cipreses», como Zaratustra presentía.[3]

Pese a la crudeza con que en ocasiones las leyes o los hombres que las promulgaron se imponen, Federica de Grecia llegó a su país al cabo de tantos años de exilio. Fue dentro de un féretro, pero su patria la había estado esperando siempre.

La condujeron a través del angosto camino de cipreses. Cipreses, como los pinos verdes, más llenos de vitalidad que las otras especies, y que si «crecen junto a las tumbas son en ocasiones identificados con el alma de los ausentes».[4]

A través de aquel camino Federica llegó al bosque de Tatoi, allí donde «la unidad más profunda se sublima en una religión invisible, en el reino

Despedida en el aeropuerto de Barajas de los restos mortales de la Reina Federica de Grecia, fallecida repentinamente en Madrid (febrero de 1981).

María Eugenia Rincón

de los espíritus que se encuentran y se copertenecen: el escondido reino de la revelación del Ser en la concordia de las almas».[5]

Desde hacía dieciséis años la esperaba su esposo, Pablo, bajo la sencilla losa de mármol blanco. El hueco de la tierra era lo suficientemente amplio para que ambos permaneciesen unidos. ¿Qué palabras sin voz hubieran podido intercambiarse después de tan larga espera? Pero no hacía falta palabra alguna. Habían asumido que «si por un lado estamos marcados, también marcamos y ayudamos a crear el mundo que nos rodea».[6]

Su tarea estaba, pues, finalizada.

«Allí podremos ser libres. ¡Vámonos ya!»,[7] fue la última petición que Pablo le había hecho a la esposa catorce años atrás. Porque los hijos tenían que seguir cada cual su camino, y mucho más tarde también se unirían con la misma plenitud de amor, puesto que «el amor no conoce su honda profundidad hasta el momento de la separación».[8]

Fue breve el momento. Las palabras del pope. El frío retumbar del ataúd al caer en lo más hondo. La hora oculta de la noche, oscura dentro y fuera del hueco inevitable. ¿Para que la despedida se proyectase sin estridencias, hasta las más altas agujas de los más altos cipreses?

Allí se le vertió a la madre el último puñado de la tierra de sus bosques por las manos de las hijas. Definitiva, la lápida de mármol hacía definitiva la escisión, porque «si ascolta l'uomo che è solo con sé».[9]

Y Sofía se quedaba huérfana.

La Reina Sofía con sus hijos, en el entierro de su madre en Tatoi.

Si el vínculo de la carne le fue cortado a la hija al nacer por manos vivas y entre alegrías crecientes, cuarenta y tres años después es consciente de que subsiste «como una parte del universo». Y no la inquieta la sentencia: «Te desvanecerás luego, resuelto en tu germen primitivo, o, más propiamente, te reasumirá, por transformación, aquella razón generatriz.»[10]

(En efecto, el cordón umbilical va ligado con el destino de la persona.[11] Múltiples son los países que mantienen la creencia de dar a guardar al padre el hilo que une a la madre con el niño. ¿Qué profundo significado adquiere la unión a través de ese hilo? Nada más y nada menos que el de hermano del recién nacido. ¿Paralelismo con el retorno del espíritu a Aquél de quien procede? ¿Simple coincidencia?)

Fue el negro el único color con el que Sofía se sentía en paz. Porque en su interior la paz existía. La música, el único lenitivo. En el salón de su casa se refugiaba alguna vez en los conciertos. Los sonidos armónicos como terapia del alma le fueron necesarios. Porque el mundo exterior estuvo desde aquel torvo momento de la muerte, próximo y lejano.

«El verdadero ser sigue estando aquí, como antes», había escrito la propia Federica un día, después de reflexionar largos años sobre el enigma del existir: «La pérdida es de los que no saben». Quizá por ello la palabra eternidad adquiere su verdadera dimensión en la mente de Sofía. Y el mismo Rey Pablo sostenía, refiriéndose a las personas que nos aman: «No hay separación. No hay más que un camino.»[12]

Implacable, la muerte taló de cuajo el ligamento que ataba espiritualmente a Sofía con su madre, y quedaba la hija privada de la más hermosa vinculación.

---

1. Jalil Gibran, *El Profeta*, "De la muerte", pág. 81.

2. *Ibíd.,* "Del dolor", pág. 59.

3. Nietzsche, *Así habló Zaratustra*, "La canción del baile", pág. 162.

4. Frazer, *La rama dorada*, "El culto de los árboles", pág. 148.

5. Jaspers, K., *Origen y meta de la Historia*, pág. 284.

6. Boff, L., *Teología del cautiverio y de la liberación*, pág. 202.

7. Reina Federica, *Memorias*, pág. 317.

8. Jalil Gibran, *op. cit.,* "Del amor", pág. 26.

9. Ungaretti, G., *La pietà in vita d'un uomo*.

10. Marco Aurelio, *Soliloquios*, IV, 14, pág. 66.

11. Frazer, *La rama dorada*, "Magia simpatética", pág. 66.

12. Reina Federica, *Memorias*, pág. 321.

María Eugenia Rincón

Sofía guardó riguroso luto tras el fallecimiento de su madre. Encontraría consuelo en las veladas musicales de los palacios de La Zarzuela y de Oriente.

El rector de la universidad vallisoletana entrega a Sofía los cuatro atributos de la suprema condición académica: el birrete (venerado distintivo del magisterio), el Libro de la Ciencia, el anillo (emblema del privilegio de firmar o sellar los dictámenes) y los guantes blancos (símbolo de la pureza que conservarán sus manos).

-15-
El doctorado
de una Reina

Los sabios brillarán
como el fulgor del firmamento,
y los que enseñaron la justicia
serán como estrellas
por toda la eternidad.

DANIEL

Sapientia habitus
perfectae mentis est,
sapere usus
perfectae mentis.

SÉNECA

«*S*I ES CIERTO QUE LA UNIVERSIDAD REPRE-

senta y encarna las más altas cotas de la racionalidad humana, y tiene por objetivo esencial el servicio a la sociedad universal desde la profunda creatividad de la inteligencia, también lo es que su condición de protagonista ha ido a beber siempre en su mundo contemporáneo, templando en él sus hallazgos, ofreciendo soluciones a sus problemas y recogiendo el aliento de la vida y estímulo que son las condiciones del desarrollo histórico.»

La universidad la espera

La Reina de España considera también que es precisamente la universidad *«la gran mediadora y depuradora del mensaje. En éste su ámbito de rigor y verosimilitud, debe estar la clave del futuro del hombre, que sin solidaridad no sería posible. Cada minuto, cada interpretación, cada investigación, aportación o proyecto, sirven al conjunto de los hombres, estrechan sus interdependencias creativas, los atienden, en resumen, en su doble dimensión de protagonistas de la historia y de criaturas espirituales.*»[1]

Escudo de la Universidad de Valladolid

Con estas palabras quedaba Sofía de España vinculada a la universidad española. Eran las primeras palabras que como doctora *honoris causa* pronunciaba, y fue en la de Valladolid, que, junto a la de Palencia, es una de las más antiguas de España –probablemente heredera y sucesora la segunda del *Studium* palentino surgido en torno al gran obispo Tello Téllez de Meneses en los albores del siglo XIII– y una de las veteranas de Europa.[2] No olvidemos que Palencia y Valladolid son ciudades muy próximas que pertenecían a la misma diócesis. De aquí que lo probable sería situar la de Valladolid hacia la mitad del siglo XIII, «si tenemos en cuenta otras opiniones».

¿No había señalado ya Alfonso X una dotación para Salamanca? Por ello no es de extrañar que su bisnieto, Alfonso XI, se la otorgara a Valladolid en 1313 y lo da a Concejo «en razón del Estudio, que vos dieren para él las tercias de Valladolid e de sus aldeas, e por muchos servicios que ficisteis a los Reyes onde Nos venimos, e a Nos, señaladamente a nuestra crianza». ¿La cantidad? Diez mil maravedís más cada año y «para siempre jamás, en cuanto Nos las ovieremos, para pagar a los salarios de los maestros, que ahí leyeren en dicho Estudio, e para los conservadores el bedel... ».[3]

El discurso que desde el Paraninfo hemos escuchado a la Reina de España, nos recuerda otro momento similar a éste: Es el vivido por Sofía en Colombia, cuando recibió allí el primer doctorado *honoris causa* en una uni-

El Paraninfo de la Universidad de Valladolid, el 17 de octubre de 1986, durante el acto de investidura de la Reina Sofía como doctora 'honoris causa'.

versidad hispanoamericana. Fue en el Colegio Mayor Nuestra Señora del Rosario, vinculado a la Corona Española, el 13 de octubre de 1976. En su foro, trescientos veintitrés años después de que lo hubiese fundado el arzobispo Cristóbal de Torres, la Reina de España dejó oír su voz: *«La verdad os hará libre, y la libertad, sabios».*[4]

Quizá hoy Sofía no recuerde aquel ya lejano momento de 1976 en este 17 de octubre de 1986. O sí. Porque los recuerdos primeros permanecen en nosotros a lo largo del tiempo con fidelidad inusitada.

El recinto universitario y su entorno han quedado cercados con dos horas de antelación. Las gentes pasean por los alrededores. Los profesores ya van entrando en la universidad. Inconfundibles con su maletín o su bolsa en la mano, donde llevan el traje académico que habrán de vestir poco después.

Entrada solemne en el Paraninfo

Rosas y gladiolos blancos adornan el Paraninfo. La mesa alargada de la Presidencia espera la llegada del Rey Juan Carlos. En el ala derecha otra mesa de reducido tamaño cubierta de damasco carmesí: sobre ella el crucifijo, dispuesto para el juramento de la nueva doctora.

Autoridades militares, eclesiásticas, civiles, escritores e intelectuales, ocupan el patio de butacas. La televisión deslumbra con sus focos por-

María Eugenia Rincón

que ya va entrando, en fila de a dos, la selección del claustro de profesores de las distintas facultades que tienen asignado su asiento en el ala izquierda de la presidencia. Los variopintos colores de mucetas y birretes de cada facultad, contrastan, vistosos y alegres, con el austero color negro de las mucetas y los birretes que visten los rectores de las universidades españolas, que permanecen sentados detrás de nosotros. Y la Infanta Cristina, la Princesa Irene de Grecia y los Duques de Soria, en primera fila, tras el sillón de honor de la doctoranda.

Con traje académico de doctor en Derecho, entra en el Paraninfo el Rey Juan Carlos. Le acompañan el ministro de Educación y Ciencia y el rector de la universidad vallisoletana.

El Rey abre la sesión extraordinaria e invita al decano de Medicina y al padrino de la doctoranda a ir a recibirla. Se hace el silencio y la Reina Sofía aparece por el pasillo central acompañada por los dos catedráticos.

Tenemos en las manos el Protocolo del Acto Solemne,[5] en cuya contraportada destaca el escudo de la Universidad de Valladolid «desarrollado en círculos, en letras capitales o mayúsculas, incluyendo los restantes motivos heráldicos que le corresponden: las armas pontificias, indicadoras de su origen canónico, y un escudo superpuesto con árbol incluido». Fondo rojo sobre el que se proyectan las llaves de San Pedro en tonos ocres; la tiara –no en vano fue Universidad Pontificia– y, como indicábamos, el pequeño escudo color azul pálido sobre el que destaca el árbol verde de la ciencia, símbolo de sabiduría. Alrededor del círculo, sobre oro, la inscripción en latín: *SAPIENTIA ÆDIFICAVIT SIBI DOMVM.*»[6]

El juramento de la Reina Sofía.

El juramento de la Reina, en latín

Confieso que cuando alcanzamos el punto número 15 del Protocolo del Acto Solemne, que hace referencia al juramento[7] de la Reina –su mano dere-

cha sobre el Evangelio, el crucifijo sobre la mesa, en pie los asistentes–, la emoción no sólo alcanzaba a la Soberana.

De pie ante el podio, lee Sofía su discurso, tan denso como lleno de contenido social y humano. Sin estridencias, todo en ella es natural. Su mensaje es una petición de urgencia en apoyo de las investigaciones en el campo científico para ayuda de los más débiles.

Defensora perenne del diálogo entre los seres humanos como camino único hacia el progreso y la paz, la Reina de España no hubiese podido omitir esa palabra, base imprescindible de su lucha por ayudar a nuestros semejantes. De aquí que exaltase el *«diálogo que enaltece al género humano: el diá-*

María Eugenia Rincón

logo que se inspira en el mandato divino, y se basa, por tanto, en el amor, se sustenta en la justicia, y concibe la sociedad entera como la causa de los hombres».

Porque el progreso, como Sofía tantas veces sostiene, vincula indefectiblemente a los seres humanos enriqueciéndolos a fin de que todo tenga sentido y armonía.

Y si, como hemos escuchado, en opinión de la Reina la universidad es *«la gran mediadora y depuradora del mensaje»*, ¿no es, en definitiva, su deseo un ansia de solidaridad vertida a los hombres «marginados e incapacitados»? Hacia ellos especialmente Sofía vierte su ternura. Constatamos que la entrega de esta mujer llamada Sofía es diaria, y constante su labor para beneficiar a los más débiles.

Sí, ahora es el momento

Años atrás, bastantes años atrás –¿diez, doce?–, se le habían ofrecido a la Reina diversos doctorados *honoris causa*. Mas ella, con la discreción y humildad que la singularizan, declinó siempre la distinción. Deseaba que se otorgaran solamente al Rey: Sofía no se consideraba importante. De aquí que no era –no es– extraño escuchar de labios de la Reina expresiones en este sentido porque, incluso en los hechos aparentemente más sencillos o de menor trascendencia, intenta pasar inadvertida siempre que le resulta posible.

Y, sin embargo, preguntémonos, ¿qué reina ha dado mayor aliciente a la cultura en todas sus manifestaciones, ya sean filosofía, medicina, ciencia, historia, música, ciencias sociales, arqueología, bellas artes? Puede decirse que no queda una parcela del saber a la que Sofía no haya abierto espontáneamente su espíritu, sobre la que no haya proyectado su concurso y estímulo.

Si Oxford, Harvard, Madrid, Bolonia, Aquisgrán –por citar sólo algunas universidades– reconocieron a nuestro Rey Juan Carlos a lo largo de diez años un prestigio justamente ganado, y se honraron a sí mismas invistiéndolo doctor, por vez primera el doctorado de una Reina, el de Sofía de España, es una realidad.

«Estamos aprendiendo; nunca se termina» o *«Hay que seguir profundizando siempre, siempre»* o *«La vida es una continua búsqueda de la cultura»*: Sofía consagra el escaso tiempo que le queda libre a estos principios y, en ocasiones, inventa el tiempo. De tal forma va haciendo camino, esto es, historia. ¿Puede extrañarnos, pues, que las propias convicciones fraguadas en su adolescencia y preservadas desde entonces, conduzcan a la Reina por la vía del saber, de la verdad, del entendimiento?

Llegó por fin el momento. Honor para la primera universidad española que la ha recibido en su seno porque después de una decena de años la Reina ha aceptado el título. ¡Cuánto le habrá costado decir "sí"!

Hoy, que podemos recordar tantos momentos vividos cerca de Sofía, nos repetimos: Sí, ahora es el momento.

Cuando por la mañana el Rector Magnífico de la Universidad de Valladolid le hizo entrega de los cuatro atributos de la suprema condición académica: el birrete –«laureado antiquísimo y venerado distintivo del magisterio»–, el Libro de la Ciencia, el anillo –«emblema del privilegio de firmar y sellar los dictámenes»– y los guantes blancos –«símbolo de la pureza que conservarán sus manos»–, la nueva doctora, Reina de España, tomó buena nota de sus derechos y obligaciones.

Con ello habrá enaltecido la condición de todos cuantos la hemos precedido, cronológicamente, en la significación de un día tan señalado.

---

1. REINA SOFÍA, Universidad de Valladolid, "Acto de investidura", págs. 33-35.

2. BRAVO LOZANO, M., "El juramento de la Reina Sofía en latín". *El Norte de Castilla*, 24 de noviembre de 1986.

3. JIMÉNEZ, A., *Historia de la Universidad española*, Alianza, Madrid 1971, pág. 59.

4. Discurso de investidura de la Reina Sofía como doctora *honoris causa*, Universidad de Bogotá. (*Mundo Hispánico*, nº 334, noviembre de 1976). Para más detalles, ver págs. 331-335 en el capítulo 25 de nuestra obra.

5. PUNTOS DEL PROTOCOLO DEL ACTO SOLEMNE:
    1. Su Majestad la Reina será recibida, a su llegada, por el Magnífico y Excelentísimo Sr. Rector y autoridades, pasando seguidamente a la Sala de Profesores de la Facultad de Derecho.

2. El Claustro y demás invitados ocuparán sus asientos antes de las 11:30 horas.

3. Los señores claustrales, vestidos con traje académico, reunidos en el aula contigua al Paraninfo, iniciarán a las 12:00 horas la comitiva, presidida por las autoridades, dirigiéndose a los sitios reservados en el Paraninfo.

Conforme al ceremonial de la Universidad, Su Majestad la Reina permanecerá en la Sala de Profesores de la Facultad de Derecho hasta que los profesores designados al efecto, se personen para acompañar su entrada en el Salón del Paraninfo.

4. Música.

5. En pie los presentes: *Veni Creator,* por el Coro Universitario.

6. Terminado el cántico todos los asistentes permanecerán en pie. El Magnífico y Excelentísimo Sr. Rector dirá: «Ábrese la sesión. Señores claustrales, sentaos y cubríos.»

El Ilustrísimo Sr. Secretario General leerá el acuerdo de nombramiento de Doctora *honoris causa* por la Universidad de Valladolid a Su Majestad la Reina Doña Sofía (q. D. g.).

7. El Ilustrísimo Sr. Secretario General procederá a la lectura del acuerdo de Junta de Gobierno.

8. El Magnífico y Excelentísimo Sr. Rector dirá: «El Secretario General de Protocolo, el Padrino y el Decano de la Facultad de Medicina, se servirán acompañar a la recipiendaria que va a ser investida Doctora *honoris causa.*»

9. Música

10. Su Majestad la Reina, revestida de toga y muceta, precedida del Secretario General y Maestro de Ceremonias, hará su entrada en el Salón del Paraninfo bajo mazas, en compañía del Padrino y Decano de la Facultad de Medicina citados. Tomará asiento en el sillón destinado para ella.

11. El Magnífico y Excelentísimo Sr. Rector dirá: «Se va a proceder a la solemne investidura de Doctora *honoris causa* de Su Majestad la Reina Doña Sofía (q. D. g.).»

Todos los asistentes se pondrán en pie, y la recipiendaria, acompañada de su Padrino, se situará frente a la Presidencia, en el lugar indicado.

12. El Magnífico y Excelentísimo Sr. Rector acercándose al sitial de Su Majestad, dirá: «Por la Junta de Gobierno de la Universidad de Valladolid, a propuesta de la Facultad de Medicina, y en testimonio de reconocimiento de vuestros relevantes méritos científicos, habéis sido nombrada Doctora *honoris causa.*

»En virtud de la autoridad que me está conferida, os entrego dicho título.

»Os impongo como símbolo el birrete laureado, antiquísimo y venerado distintivo del magisterio; llevado sobre vuestra cabeza como la corona de vuestros estudios y merecimientos.

»Recibid el Libro de la Ciencia que os cumple enseñar y adelantar, y que sea para vos significación y aviso de que, por grande que vuestro ingenio fuera, debéis rendir acatamiento y veneración a la doctrina de vuestros maestros predecesores.

»Recibid el anillo que la antigüedad entregaba en esta venerada ceremonia, como emblema del privilegio de firmar y sellar los dictámenes, consultas y censuras de vuestra ciencia y profesión.

»Así como los guantes blancos, símbolo de la pureza que deben conservar vuestras manos; uno y otro signos también de la distinción de vuestra categoría.»

13. Terminada la investidura de la nueva Doctora *honoris causa* , Su Majestad la Reina será abrazada por el rector, quien le dirá: «Porque os habéis incorporado a esta universidad, recibid ahora en nombre del Claustro, el abrazo de fraternidad de los que se honran y congratulan de ser vuestros hermanos y compañeros».

Detalle de uno de los frontales de la biblioteca de la Universidad de Valladolid.

14. El Magnífico y Excelentísimo Sr. Rector dirá: «Invito a la nueva Doctora *honoris causa* a prestar juramento.»

15. Su Majestad la Reina, ante el Libro de los Evangelios, coloca su mano derecha sobre el mismo, leerá la fórmula siguiente de juramento en latín: *«Per Deum iuro perque haec sancta eius Evangelia me maxima diligentia, fide atque honestate munere functurum, quo discipulorum proventum Universitatis honorem possim augere.»*

16. El Magnífico y Excelentísimo Sr. Rector dirá: «Se concede la palabra el Ilustrísimo Sr. Doctor Don Ernesto Sánchez y Sánchez Villares, para proceder a la lectura de la *lauditio* de la nueva Doctora *honoris causa,* Su Majestad la Reina Doña Sofía (q. D. g.).»

17. Discurso del Profesor Dr. Sánchez y Sánchez Villares.

18. El Magnífico y Excelentísimo Sr. Rector dirá: «Tiene la palabra la Doctora *honoris causa,* Su Majestad la Reina Doña Sofía (q. D. g.).»

19. Discurso de Su Majestad la Reina.

20. El Magnífico y Excelentísimo Sr. Rector pronunciará su discurso.

21. *Gaudeamus igitur* por el Coro Universitario.

María Eugenia Rincón

22. El Magnífico y Excelentísimo Sr. Rector dirá: «Se levanta la sesión». Todos los asistentes se pondrán en pie.

23. Se inicia la salida del Paraninfo por la comitiva en el mismo orden en que se efectuó la entrada, a través del pasillo central.

24. Su Majestad la Reina abandonará el Paraninfo junto a la Excelentísima Presidencia académica, dirigiéndose a la Sala de Profesores de la Facultad de Derecho.

6. Lema extraído del Libro de los Proverbios de Salomón. Se tomó en Valladolid del de la edición más reciente, que consta de 9 capítulos (no anterior al siglo IV a.C.), capítulo 9, versículo 1, primer colon o sección, desarrollado en círculo en letras capitales o mayúsculas del versículo, como leyenda para su *sigillum* o sello: «*Sapientia aedificauit sibi domum, excidit columnas septem*» (La sabiduría edificó su casa, talló sus siete columnas). *Domum* en lugar de *domvm* es lo correcto. Véase Bravo Lozano, M., "Una falta de ortografía en el sello de la Universidad de Valladolid", *El Norte de Castilla*, 12 de diciembre de 1986.

7. «Se le suscita a uno la duda de si Su Majestad la Reina Doña Sofía no habrá echado en falta en el muy cuidado Protocolo del Acto, el uso de la "liturgia" latina para su investidura», muy frecuente «en las universidades occidentales con solera», donde «ofic ian su liturgia de investidura en latín». Bravo Lozano, M., "El juramento en latín de la Reina doña Sofía", *El Norte de Castilla*, 27 de noviembre de 1986. (Recordemos al respecto la investidura que tuvo lugar en el Senate House de Cambridge, donde la Soberana fue investida. El discurso pronunciado por el *Orator* fue en latín.)

SS.MM. LOS REYES DON JUAN CARLOS I Y DOÑA SOFÍA EN LA UNIVERSIDAD COMPLUTENSE DE MADRID

*Los Reyes
Juan Carlos y Sofía,
precedidos por
el Rector Magnífico,
profesor Gustavo Villapalos,
y el ministro de Educación
y Ciencia, Javier Solana,
entran procesionalmente
en el Paraninfo
de la Universidad Complutense.
Presidirán la ceremonia
de graduación
en la que la Infanta Cristina
recibirá su licenciatura
en Ciencias Políticas
y Sociales (1989).*

Castillo de la localidad de Meersburg (Alemania), en la que se ubica el colegio de Kurt Hahn.

VI

ANCHO
CORAZÓN
DE EUROPA

L'esprit cherche,
et c'est le coeur qui trouve.

GEORGE SAND

O mar é o caminho
para a minha casa

MELLO BREYNER

El horizonte está en los ojos
y no en la realidad.

GANIVET

M
UY CERCA SE ASOMAN EL DANUBIO

y el Rin. Iniciando su deambular desde la Schwarzwald, el Donau. Deshaciéndose en cascadas, las Schaffhausen que brotan del Lago Constanza, el Rhin.

¡Qué tentación la de traspasar el *espejo*! La adolescente Sofía está al otro lado. Nos detenemos de vez en cuando en estos bosques por donde ella ha paseado durante años y donde coinciden coníferas y abetos con latifoliáceas, siempre leales a cualquier estación, sorteándose entre los abedules o las hayas y las encinas que están terminando de despojarse de sus hojas para volver a recrearlas en primavera.

Son los bosques germanos de Sofía: alma y símbolo del paisaje del ancho corazón de Europa tanto como del espíritu de los hombres que nacieron, vivieron en él. ¿No está la casi tercera parte del país alemán cuajada de ellos? El espíritu de la civilización, el arte, la arquitectura, vinculados inmanentemente a los árboles.

Así lo entendió nuestra Princesa de Grecia, quizá mucho tiempo después de integrarse al colegio de Kurt Hahn, como lo entendemos hoy nosotros al otro lado del *espejo,* en nuestra madurez. Por enésima vez recorreremos los bellísimos parajes, siempre distintos, defendidos por drásticas normas.

Hoy vamos navegando por el Danubio, surcando las aguas como Sofía las surcaría desde donde inicia el río su camino en lo alto de los 1.078 metros cerca de Donaueschingen. A través de los diversos países irá tomando el río nombres dis-

Fachada principal del colegio de Kurt Hahn.

tintos en consonancia con la idiosincrasia de los pueblos: Donau en Alemania, Dunaf en Checoslovaquia, Dunav en Bulgaria, Duna en Hungría, Dunärea en Rumanía... ¡Qué importa el nombre con que se le conozca desde su nacimiento en la Selva Negra! El Danubio es el mismo, inacabable e irrepetible; 2.800 kilómetros recorrerá hasta diluirse, por fin, en el Mar Negro.

Donau: arteria aorta del ancho corazón de Europa. Nos hemos acercado hacia su orilla *desde el espejo de la historia.*

En el río, ¿el rumor de las aguas nos devolverá el nombre de Sofía, aprendido treinta y seis años atrás? ¿Se le habrá acumulado en su fondo incorporado a otros nombres de reyes, de príncipes o de gentes diversas?

La Princesa pudo familiarizarse con el paisaje fácilmente: es la joven que nos acerca el *espejo,* de sonrisa algo más desdibujada. Sus cabellos, ahora de color miel; gentil su silueta.

Es ella, Sofía, lejos de su sol mediterráneo, dispuesta a asumir la tarea. Alemania la esperaba desde que se convirtió en Princesa y debe iniciar, bien sea drásticamente, el aprendizaje. No le será fácil desprenderse de la grata costumbre de su colegio habitual, el Orcasion, tras la casa de Psijikó, en las caballerizas, y al que acudían, en reducido grupo mixto, amigos, conocidos, hermanos, niños de distintos estratos sociales, para aprender, entre otras materias, música y lengua griega.

Con sus amigos abandonó Sofía todo aquello que amaba: su hogar, su familia, sus bosques de pinos y cipreses. Enmudecido, muy lejos, permaneció cuatro años su piano sin que la tarde viera cerrarse el día con los dedos de la Princesa sobre su teclado.

Cuando la adolescente atraviesa el lago Constanza por vez primera camino del nuevo colegio, se inicia, en efecto, otro exilio para ella. El deber tiene prioridad sobre los más entrañables afectos. Años más tarde la vida le habrá enseñado a Sofía que todo aprendizaje se logra con dolor. Que

Edificio del colegio de Kurt Hahn, en Meersburg (Alemania), donde estudió Sofía.

María Eugenia Rincón

la existencia es una mezcla de pequeños fragmentos de lo que el hombre ha dado en llamar felicidad, y de grandes dosis de sacrificio, de contratiempos insalvables. Que nunca se termina de aprender a vivir.

¿Cuántas veces verterá Sofía sus lágrimas en aquel otoño, como el día en que se escindieron en dos mitades madre e hija –Federica, Sofía– al arrancarse del abrazo del adiós? A medida que se aproxima el colegio, el *cristal* nos muestra a una Princesa de Grecia resignada. El gran edificio, una amplia abadía germánica antigua, está insertado en el paisaje con el que Sofía ha de

La colegiala Sofía, desayunando con otras compañeras.

convivir; se perfila cerca del pueblo de Salem, no lejano de Meersburg, ducado de Baden-Wurtenberg, en plena naturaleza, impresionante y frío.

Cuando Sofía lo mira por primera vez, siente que su timidez va acentuándose. No la controla la niña lo suficiente todavía; habrán de transcurrir años para que pueda lograrlo. Y ni aun así. Ni aun así, porque incluso hoy, Sofía no ha conseguido anular su timidez totalmente. Sí disimularla con garbo.

Sofía ha adquirido con el tiempo oficio, tiene más rodaje. Por añadidura, varias décadas de reinado le han permitido alcanzar tal apariencia de seguridad en sí misma, que convence al más incrédulo. Incluso, en ocasiones, ese dominio aprendido e impuesto voluntariamente, puede llegar a dar, equívocamente, la sensación de distanciamiento. Son formas de defensa, corazas necesarias para continuar una lucha que no admite demora: la vida.

Apasionada por la Arqueología, Sofía irá sintiendo en Alemania la proximidad del pasado desde casi cuatro milenios a.C., a través de túmulos, presencias celtas, las civilizaciones del Hallstatt y La-Täne en las aguas de su otro compañero, el Rin, *der Vater Rhein.* Y los romanos tanto como los turcos: la trayectoria de Roma. César como centro antes y después. Y Napoleón tanto como Atila. Las invasiones germánicas, pese a la barrera de las aguas, tanto como los dictadores más próximos y devastadores: Hitler en primer lugar. Y la presencia de Montgomery, Bradley, Devers, Eisenhower y Patton: ¡Las Ardenas! Y aún más cerca, el padre y el tío de Sofía, Jorge II. Fue en el Rin donde se afianzó el triunfo de los aliados en la II Guerra Mundial que de febrero a abril de 1945 se hizo definitivo.

¿Cuántas culturas dejaron su marca en las riberas por donde pasea Sofía? ¿Sólo vándalos, suevos, francos, germanos? Muchas más, porque de sur –montañas alpinas– a norte –delta de Holanda– será otro atrayente camino el Rin, y las grandes epopeyas germánicas harán soñar a Sofía desde el trasfondo del paisaje.

Antes de conocer las óperas arrancadas de esas mismas leyendas, la Princesa de Grecia las había desentrañado de la savia de la tierra y del agua alemanas, pues penetró en lo hondo del corazón de Europa y alcanzó sus propios orígenes: la lengua germana. Y con la lengua, sus costumbres, sus gentes, sus pueblos, sus danzas, configuraron la circunstancia de Sofía. Paseó por las típicas calles de Meersburg; admiró sus pintorescas casas; oró en la iglesia gótica del siglo XIII, en Salem. Y en otras de torre en forma de bulbo, de la comarca de Baden, que se reflejan en los lagos y ríos de color rosáceo. Y se extasió ante castillos de cuentos de hadas como el de Dagoberto en Meersburg, al borde del lago Constanza. Y en los cedros y abetos y pinos y hayas que enmarcaban aquel corazón que fue su refugio en los años de su formación adolescente. ¿Qué paleta de pintor podría captar la profusión de los castillos recorridos y vividos por Sofía, castillos majestuosos e irreales?

Alguna vez, en las tardes de ocio, ¿se detendría Sofía ante la tumba de la poetisa Ana de Droste-Hülshoff, quien conoció aquellos mismos parajes en pleno romanticismo, habitante del castillo de Meersburg un siglo antes de que lo viese nuestra jovencísima Princesa? ¿O en la roca de la sirena Lorelei, cantada por Apollinaire y por Heine? De ellos y de Goethe, de Hölderlin o de Schiller, de los ecos líricos de los Minnesinger tanto como de las melodías de Mozart o de Beethoven: de todos pudo absorber Sofía la esencia.

Así, año tras año, las experiencias cotidianas en el colegio y en el pueblo acercaron a Sofía a las cadenas genéticas maternas que la enlazaban ineludiblemente con su abuelo, el Duque de Brunswick, y con su bisabuelo, el Kaiser Guillermo II de Prusia.

María Eugenia Rincón

La remembranza de sus antepasados fue para la Princesa de Grecia la respuesta a su curiosidad y a su aplicación tanto como una necesidad de reconocer sus orígenes. Buscar la verdad significó estar dispuesta a la comunicación. Imperceptiblemente se sintió encajada en esa circunstancia ya intransferiblemente suya: Europa en su corazón.

¡Cómo vemos desfilar esos cuatro años en breves minutos! ***A través del espejo de la historia*** ha ido creciendo la Princesa inusitadamente hasta rozar la juventud. Notable evolución se produce en su mente y en su espíritu aun cuando Shakespeare afirmara en *Wintertale* que le gustaría «que no existiera la edad entre los diez y los veintitrés años o que la juventud durmiera durante este período».

Nosotros, remitiéndonos a Sofía, habremos de contradecir aquel deseo, pues, ¿qué es la adolescencia? Tan sólo el camino que conduce de la infancia a la vida adulta. Años de transición, en efecto, y sin embargo tan importantes porque los cambios son acelerados. Va a lograrse la personalidad psicológica y social de la niña.

El principal objetivo de Sofía se basará en construir una identidad coherente a fin de poder planificar su futuro con éxito. ¿Su esfuerzo? Doble, sin

*Sofía
con otras alumnas.*

Vista parcial de Meersburg desde el lago de Constanza.

duda, pues, si bien ella era consciente de que familia, ambiente y cultura la arropaban, no olvidemos el hecho real de que esa familia estaba lejos físicamente. Hecho éste ambivalente, sin embargo, en su formación, ya que por la lejanía adquirió la adolescente una independencia que la ayudó poderosamente en su búsqueda de un nuevo papel social y, precisamente con las bases de esa familia, alcanzó los componentes afectivos y sociales tan imprescindibles en opinión de algunos psicólogos.

Integrada, por tanto, sin traumas en el ambiente europeo y democrático que regía en el colegio, ¿no surgieron entonces en Sofía las críticas y reflexiones sobre religión, ideologías políticas, o sistemas de autoridad? ¿No la condujeron a un ser razonablemente adaptado, pues razonablemente adaptada se manifiesta en Kurt Hahn, vencidos los primeros cursos?

Una de las calles de Meersburg.

Su arraigo en Alemania y las cortas visitas a su Grecia natal completarán las pocas lagunas que en la Princesa puedan existir. De tal forma que al final de su permanencia en Schloss-Salem vemos reflejada en el *espejo* a una muchacha llamada Sofía, quien no tendrá demasiados problemas para conseguir su autonomía y acrecentar su personalidad remodelando su nuevo yo: método, orden mental, disciplina, sentido de responsabilidad, espíritu de sacrificio. Ninguno

Sofía (16 años), danzando en una fiesta del colegio.

de estos valores menguará a medida que los decenios se le acumulen a la Princesa de Grecia. Por el contrario, se irán robusteciendo conforme ella vaya lentamente madurando.

Encauzadas, vemos relumbrar desde este lado del **cristal** las aguas del Rin, deslizándose por Suiza, Francia, Alemania, los Países Bajos, hasta desaguarse en múltiples brazos en el Mar del Norte. Pero una parte de su agua, próxima siempre a Sofía, quien va a cruzar la puerta de la juventud posiblemente sin conocer la sentencia de Marco Aurelio: «Lo que te incumbe, es cumplir con tu deber, como conviene al soldado asaltar la muralla».[1]

---

1. Marco Aurelio, *Soliloquios*, VII, 7, pág. 162.

Sofía a la salida de un Seminario sobre Pensamiento y Ciencia Contemporáneos en el Instituto de España, rodeada de algunos participantes: Soledad Díaz Picazo, profesor Tomás y Valiente, profesora María Eugenia Rincón, profesor De Salas, Alain Touraine, profesor Amando de Miguel, profesor Tamames, profesor Grande Covián, Javier Aguado, profesor Varela, Juan Herrera y profesor Segovia de Arana.

-16-
Y sonó de nuevo la campana

Las palabras del sabio,
oídas con reposo,
son mejores
que el clamor del señor
entre los necios.

SALOMÓN

Es de mayor estimación
lo poco que el sabio sabe,
que lo mucho que el rico tiene.

MARCO AURELIO

«*H*AY QUE ABRIR LA MENTE A TODO. CONO-
*cerlo todo. Y luego contrastar opiniones, criterios, distintas tendencias. Y quedar-
se con lo que uno considere más acorde con su pensamiento»*, nos ha sugerido en
más de una ocasión Sofía.

Sus preguntas sobre el tema que se aborde en alguna exposición, las for-
mula la Reina de manera natural y espontánea. Y tan pronto nos sorprende
con una observación profunda e insospechada para muchos de nosotros,
como con una muy elemental.

–No. El destino es algo con lo que nacemos– asevera el catedrático aclarando
la pregunta de Sofía sobre si podía cambiarse el destino.

Una alumna dice cándidamente:

–¡Por favor, no quiera usted cambiar su destino, que necesitamos mucho
a nuestros Reyes!

E, instintivamente, roza a la Reina suavemente el brazo como haríamos con
el amigo entrañable a fin de convencerle, con nuestros gestos más que con
nuestra palabra, de que su presencia es imprescindible para continuar en democracia.

La ingenuidad con que se ha insistido en el ruego nos hace sonreír a todos
pero en mayor medida a Sofía, quien siempre valora la naturalidad de las personas y las palabras que encierran un fondo de cariño.

Anécdotas similares se suceden a lo largo de tantas tardes en las que nuestra labor tiene lugar. Los temas son tratados por destacados especialistas. En
el descanso la charla se hace distendida y surgen simpáticas anécdotas que nos
relajan por unos minutos de la atención que la materia requiere.

Generalmente la Reina, que acude con rigurosa puntualidad a clase, no tiene
tampoco prisa alguna por abandonar la mesa alrededor de la cual desarrollamos el seminario.

Hoy, sin embargo, me advirtió al llegar, con una voz que era más un ruego
que un deseo:

–¿Podríamos salir a las ocho en punto? Tengo un acto ineludible y es
lejos de aquí.

–No se preocupe, Señora. A las ocho en punto haremos sonar la campana.

–Pero, ¿te has acordado de traer la campana?

Es una campana con historia. De bronce. Antigua y con una inscripción: «§ S. Raphael. Cosagrola el Ylmo. y Rmo. Sr. M. o F. Juan Dura en Mexyco año 1683 §. »

El primer día que la llevamos a clase años atrás, la mostrábamos con la natural satisfacción del que quiere añadir al, ya para nosotros, importante hecho de cada semana, algo también especial. Pero la campana, precisamente por su historia, es un pequeñísimo tesoro. Nos la llevábamos después de la sesión y cuando más la necesitábamos se nos olvidaba en casa. Y de ahí la broma de los compañeros:

–¿Y la campana? ¿Te has acordado de traer la campana?

El coloquio va cobrando mayor interés. Nadie tenía ganas de regresar. A las ocho de la noche, pese a que la campana suena incesantemente, nadie la oye. La Reina, absorta en la polémica.

No. Nadie escucha la campana que consagró en el año 1683, en México, aquel desconocido pero Ilustrísimo y Reverendísimo Señor que se llamó Don F. Juan Dura. ¡Quién se lo hubiese dicho al Ilustrísimo entonces!

Pero ya la voz, atronadora, crece, implacable, por encima del volteo.

–¡Son ya las ocho! Seguiremos otro día discutiendo –sugiero.

"Regresan" todos de la apasionante discusión. Y con ellos, Sofía.

La prisa que la obligaba esta tarde no ha impedido a la Soberana, iniciada ya la carrera del coche, detenerlo un poco más allá, a la boca del Metro; bajar el cristal de la ventanilla y llamar, alzando lo suficiente la voz, a una compañera que descendía por las escaleras a comprar su billete.

Sin embargo la muchacha no la oye.

La Reina, con voz más fuerte, pronuncia de nuevo el nombre de la joven:

–¡Victoria!

La estudiante se acerca al coche. Y:

–Oye, no nos has dicho cuándo lees tu tesis. Es ya pronto, ¿verdad? –inquiere Sofía.

–Dentro de un mes. Ya les avisaré a todos. ¡Qué nervios tengo ya! –precisa la futura doctora.

¿Será verdad lo que los transeúntes que en ese momento circulan, ajenos a la charla, pueden ver? Así transcurre la vida de Sofía. No sólo en

En el homenaje al doctor Gregorio Marañón, la Reina entrega a su hijo, el embajador Gregorio Marañón Moya, Marqués de Marañón, la Medalla de Oro de la Universidad Complutense, en presencia del rector Villapalos y de la profesora María Eugenia Rincón.

actos oficiales, en grandes acontecimientos, con éxitos logrados, con batallas diariamente ganadas o perdidas al progreso, a la adversidad, al camino hacia América desde Europa, sino también con los insignificantes detalles de cada jornada eslabonados entre sí, como éste que mis ojos han contemplado de lejos mientras con la mano despedía a la Reina en la puerta del Instituto de España.

Dos compañeras que hablaban, a través de la ventanilla de un coche, de esas pequeñas cosas que también son vida.

-17-
Las cadenas
de nuestros hijos

Para una madre sus hijos
son lo esencial;
para una reina,
trabajar para su país
es lo más importante.

REINA SOFÍA

Presta oído
y escucha la palabra
de los sabios,
aplica tu corazón
a mi ciencia.

PROVERBIOS DE SALOMÓN

«*V*ER CÓMO SALEN LOS HIJOS ADELANTE CADA

uno por su camino» es uno de los momentos más felices en la vida de Sofía. Quizá porque desde niña ha mantenido como recuerdo más firme, *«la estabilidad de la familia y la fuerza de nuestro cariño».* Y es que en ella misma ha comprobado que *«la vida familiar y el cariño que se da y se recibe en casa es lo más importante que uno pueda tener».*

Consecuentemente, Sofía intenta transmitir *«ese mismo espíritu de unión»* a *«mis hijos porque soy consciente de que el apoyo familiar es fundamental».*

Y la discusión se hacía más viva. Y Sofía, con nosotros.

Y leíamos un artículo de nuestro Premio Nobel, Severo Ochoa, escrito ya hace muchos años, en el que sostenía que una «de las propiedades que más intriga en los seres vivos es su facultad de perpetuarse manteniendo los caracteres de la especie de generación en generación», caracteres que no son absolutamente inmutables.

Y luego afirmaba: «Puede decirse que el ADN encierra un lenguaje cifrado, la clave genética, con instrucciones específicas, cuya ejecución confiere a las células, y a los seres vivos que de ellas se componen, sus propiedades características».[1]

Y nos preguntamos: ¿En verdad «nacemos originales y morimos siendo copias», como aseveraba el especialista en genética al que esta tarde escuchábamos?[2]

Nos hicimos esta reflexión y las divergencias no se hicieron esperar. Mas era evidente que venimos al mundo genéticamente programados: cadena que es efecto de la cadena padre-madre. Y si bien el

Los Príncipes Juan Carlos y Sofía con sus hijas, Elena y Cristina.

ADN es igual en todo ser vivo, pues sabemos que únicamente se diferencia en la ordenación de sus elementos, el ambiente influye posteriormente en nosotros de manera decisoria.

El gen es modulado por ese ambiente en el que nos desarrollamos, a la vez que la inteligencia se va consolidando a lo largo de los tres primeros años de existencia. A partir de entonces, no obstante, será la circunstan-

*La Princesa Sofía
con sus hijos Elena, Cristina y Felipe.*

cia de cada cual la que irá matizando multitud de detalles que configuran nuestra idiosincrasia.

Somos conscientes de que nuestros hijos nacen de nosotros no precisamente por azar. Miles de generaciones se amontonan en una pirámide prodigiosa e incorpórea. Y a lo largo del peregrinar de muchas vidas a las que se eslabona la nuestra, abriremos también una puerta a la luz, y proseguirá la cadena.

Nada resultaría exactamente igual si la más ligera variación se produjese en el engranaje de la ininterrumpida concatenación. Y, a pesar de ello, talado el cordón, desgajado el hijo drásticamente de la protección materna, él continúa avanzando tanto más cuanto más se separa del útero materno.

La madre es clave y enigma. De aquí que no resulte extraño que fuese «una gran diosa-madre, personificación de todas las energías reproductivas de la naturaleza»[3] y que recibiese la adoración bajo diferentes advocaciones, incluso «con sustancial semejanza de mito ritual, por muchos pueblos del Asia Menor», gran diosa de la maternidad y fertilidad en la antigua Pafos –colina sobre el mar–, el santuario de Afrodita.

–Entonces, si mi hijo es libre al nacer, será él únicamente responsable de sus actos. Y, ¿qué poder ejercerá el ambiente? Su vida es suya y estará separada de la mía.

Quizá no recordaba la alumna que se hacía esta pregunta que nuestros hijos son «del anhelo de la Vida, ansiosa por perpetuarse», y que podemos darles nuestro amor, no nuestros pensamientos, «porque ellos tienen sus propios pensamientos», y podemos «albergar sus cuerpos, no sus almas: porque sus almas habitan en la casa del futuro, cerrada para vosotros, cerrada incluso para vuestros sueños».[4] En definitiva, ellos no nos pertenecen, «porque la vida no retrocede ni se detiene en el ayer».

Hubo una larga reflexión en el intervalo de la clase; permanecían en nosotros las palabras que el catedrático de Genética subrayó un momento antes. La exposición sobre el mapa patológico de los cromosomas humanos, dada por el profesor, fue ilustrada con transparencias y diapositivas. Nos informó con todo detenimiento de

La Reina Federica con sus nietos.

uno de los síndromes cromosómicos: la enfermedad del *cri du chat* (maullido del gato), asociada al cromosoma 5. El llanto de los niños que padecen este síndrome es muy parecido al maullido de un gato. Este síndrome va acompañado de deficiencia mental.

Sofía interviene en el coloquio:

–Los niños que padecen conjuntamente el síndrome del "maullido del gato" y la deficiencia mental, ¿se pueden recuperar?

La respuesta del profesor fue drástica:

–No. Mueren en la adolescencia e incluso en la tercera infancia.

–Y las patologías congénitas, ¿se pueden diagnosticar durante el embarazo? ¿Se pueden corregir las patologías cromosómicas?

–Las patologías congénitas se pueden diagnosticar extrayendo una pequeña cantidad del líquido amniótico del seno de la gestante. Pero las patologías cromosómicas son irreversibles, no se pueden corregir.

Sofía recorta en más de una ocasión artículos de revistas, de periódicos, para leérnoslos en clase y, juntos, analizarlos. Ahora escucha a un alumno:

> *«Yo he estado modelado en el seno de mi madre,*
> *y me cuajé en su sangre hasta el décimo mes.»*[5]

Resaltaba un compañero el fragmento, de por sí tan significativo. ¿Ayudó esta lectura a la conclusión que aportaron muchachos de distintas disciplinas, condiciones sociales, afectividad diversa?

–No creo que exista escisión de cadenas. El hijo alcanza su libertad. Es algo aparentemente similar a una ruptura de eslabones. Con su libertad a cuestas, sin embargo, el hijo camina en la dirección de su propia vida.

–El hijo no se aparta definitivamente del mundo espiritual de la madre. Él ha descubierto que va haciendo su historia y esforzándose mentalmente puede tener conocimiento de su "yo", sabiendo de qué elementos dispone: los eslabones de sus cadenas genéticas que le enlazan con el mundo de sus antepasados –otros sostenían.

¡Qué sinfín de coincidencias! La trascendencia de los padres en la vida del hijo es tan honda porque «el hijo es obra suya, carne de su carne, hueso de sus huesos»; en suma, «una continuidad, una perfección, un comple-

mento de su ser»[6]. El «concepto de Dios como obra, que es una de las grandes novedades del Evangelio de Cristo», Jesús lo ha renovado en la naturaleza humana.

La conversación fue ensanchándose en tanto se estrechaba la tarde. Se tomaba partido por una u otra postura. La mayoría reconocimos que no se corta la sujeción. Los lazos espirituales amarran con fuerza. ¿Fue la palabra de un alumno la que vino a cerrar, de forma inesperada, la disensión?

El estudiante cursaba el doctorado en Filosofía. Muchacho independiente y aparentemente alejado del tema, nos sorprendió al confirmar de forma convincente y natural:

–En efecto, los hijos no nos desarraigamos de la madre: ella es el eslabón más propincuo de la cadena. Me di cuenta de esto una vez que estuve muy enfermo. Si los médicos podían hacer poco por mí, la presencia de mi madre, que venía a verme desde lejos de Madrid, ¡cuánto bienestar me transmitía! Su mano sobre mi frente valía por todas las medicinas.

¿Negaba el muchacho con su experiencia que «los hijos una vez nacidos desean vivir y dar con su destino» dejando las huellas tras de sí, es decir, hijos para engendrar otros destinos?

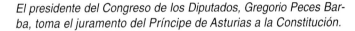

El presidente del Congreso de los Diputados, Gregorio Peces Barba, toma el juramento del Príncipe de Asturias a la Constitución.

No exactamente: evidenció que el inconsciente radical del niño está fundido con el inconsciente de la madre.

Hubo una larga pausa. Aquella espontánea confesión del joven nos impresionó a cuantos le escuchábamos. La voz de Sofía quebró el silencio:

–Lo que dices es muy interesante. Porque lo sabes por experiencia, y es todavía más significativo porque lo afirma un muchacho.

Al hilo de esta reflexión, ¿podremos decir, en verdad, que los jóvenes han podido perder buena «parte de los valores morales y culturales tradicionales»?

Quizá Sofía recordaba sus propias palabras, cuando aseguraba que *en un proceso de cambio como el que estamos viviendo, se relativizan muchos valores*», y consideraba que precisamente la juventud está llamada «*a expresar lo permanente en la forma que esté más adecuada a la contemporaneidad y que la haga más atractiva*».[7]

Si en opinión de la Reina «*el ideal sería mantener las tradiciones que nos sirven para progresar*», Sofía estaba constatando que muchos de los jóvenes habían alcanzado este ideal.

La juventud hallará siempre en la Soberana un espíritu abierto a la comprensión tanto como una voz que los alentará en su empeño. En

El Príncipe jura bandera en la Academia Militar de Zaragoza.

muchas ocasiones hemos observado en Sofía esta facultad que es exponente de su respeto y de su apoyo a los jóvenes y a sus opiniones y propósitos.

Porque Sofía, *mujer antes que Reina*, reconoce los valores de la juventud y sabe detenerse a escucharla. ¿No es cierto que los «jóvenes de una nación son los depositarios de la posteridad»?[8]

Sofía, madre por mujer, cerró en aquella hora de la tarde la más entrañable de las sesiones de Filosofía.

---

1. Ochoa, Severo, "La clave genética", *La Vanguardia*, 16 de octubre de 1962, citado por Albert Winterhalder, "Severo Ochoa y la genética", *La Vanguardia*, 28 septiembre de 1991.

2. Abrisqueta, J. A., conferencia en el seminario "Pensamiento y Ciencia contemporáneos".

3. Frazer, J. G., *La rama dorada*, "Adonis en Chipre", pág. 385.

4. Jalil Gibran, *El Profeta*, "De los hijos", pág. 32.

5. , *Libro de la Sabiduría*, II, 7, 1-2.

6. Papini, Giovanni, *Historia de Cristo*, págs. 55-56.

7. Reina Sofía, entrevista de Víctor Salmador en *Panorama*, 31 de octubre de 1988.

8. Disraeli, B., *Sybil*, VI, 13.

La Infanta Cristina, recibiendo la beca de licenciada en Ciencias Políticas por la Universidad Complutense (1989), de manos del rector Gustavo Villapalos.

El Príncipe Felipe en su graduación del máster de Ciencias Políticas en la Universidad de Georgetown. Recibiendo el diploma de manos del decano, doctor Peter Krogh (1995)

La Infanta Elena recibe el título de licenciada en Ciencias de la Educación en la Universidad de Comillas (1993), de manos del rector Guillermo Rodríguez-Izquierdo.

María Eugenia Rincón

*La Infanta Elena
y su marido,
Jaime de Marichalar,
recién casados
en la catedral
de Sevilla
(18 de marzo de 1995).*

*La Infanta Cristina, el
día de su boda
(4 de octubre de 1997),
con su esposo,
Iñaki Urdangarín,
a la salida
de la catedral
barcelonesa.*

Los Reyes, con Su Santidad el Papa Juan Pablo II en el Palacio Real de Madrid, en el día de la inauguración de la Catedral de La Almudena, el 15 de junio de 1993.

-18-
Cada día
hay algo nuevo
que aprender

En la vida
lo fundamental es tener fe.
REINA SOFÍA

Gózate y descansa
en una sola cosa:
en pasar de una acción
en pro de la sociedad
a otra acción social,
pensando en Dios.
MARCO AURELIO

El que está fijo a una estrella
no se vuelve a mirar el camino.
LEONARDO DA VINCI

«*E*L PAPEL Y EL PROTAGONISMO DE LA UNI-
*versidad está sometido hoy a un intenso debate. Alcanzados los niveles de lo que en otros
siglos fueron utopías y sueños del pensamiento, se hace necesario reflexionar ahora sobre
la naturaleza de este vínculo universidad-sociedad, o si queréis mejor, hombre-ciencia,
para que el futuro se haga menos incierto y podamos continuar, personas y naciones,
el diálogo con nuestro entorno y, en último término, con Dios, que justifica nuestra existencia superior.*»[1]

Nuestra compañera Sofía

Ya señalábamos que la Reina de España apoya, convencida, la necesidad
del diálogo como medio único para la convivencia. No dejemos de subrayar
que, Princesa todavía, Sofía había iniciado su etapa de formación intelectual
en la universidad, como apuntábamos en otro capítulo de este libro, y que
persistió en sus estudios al ser proclamada Reina.

Junto a ella pudimos constatar que la política de la cultura, además de ser
salvaguarda de la autoprogramación del hombre y defensora de su sentido
intrahistórico, debía significar, también, el derecho de la persona a participar de la civilización. Fin y dimensión social que defendimos en aquellos lejanos años –¿hace veinte, veinticuatro...?– en que se inició nuestro encuentro.

De otro lado, conviene recordar que aquel contacto permanente que la Reina
mantenía con sus compañeros universitarios fue para ella sustancial, pues se
trataba de convivir con alumnos procedentes de todos los estratos sociales, y
de distintas facultades. Se valoraba al ser humano al margen de su sabiduría.
Recordemos al respecto que muchos decenios antes, el doctor Marañón también reconocía que el hombre no sólo debe ser sabio, sino además, o incluso antes que sabio, hombre bueno.

Sofía fue la primera en defender esta verdad con todo el entusiasmo de sus
treinta y pocos años. Porque la persona fue, y sigue siendo, el motivo primordial
en la valoración de la Reina: «*Me emocionan las personas* –ha dicho en ocasiones–, *su modo de ser, sus ilusiones, sus problemas y su modo de resolverlos.*»

Excepto los escasos días en que por razones ineludibles –viajes a países extranjeros, visitas de jefes de Estado, compromisos oficiales– estaba ausente, no echá-
bamos de menos en el aula a nuestra compañera Sofía, pues acudía ilusionada
a temprana hora.

Sólo como simple anécdota, y por el interés que supongo puede tener para
confirmar esta entrega de Sofía al estudio, señalaré que la noche de un viernes, hace ya muchos años, la Reina acudió al estreno de la temporada de ópera
del Gran Teatro del Liceo de Barcelona.

Al día siguiente era sábado. Y fue ese sábado, precisamente, cuando la Reina se dirigió a la universidad directamente desde el aeropuerto de Barajas. Ni siquiera había llegado a la facultad Manolo, el bedel mayor.

No me pilló por sorpresa la súbita aparición de la Reina; estaba convencida de que ella no iba a perderse aquella mañana la clase. A través de uno de los ventanales que dan al campus, vimos que la Reina avanzaba por la estrecha avenida que delimitaba el césped.

Salimos a darle los buenos días.

–Acabo de llegar de Barajas. Es un poco pronto, ¿verdad?

–¿Un poco, Señora? ¡Falta una hora para que la clase dé comienzo!

Rió espontáneamente. Y:

–Bueno, pues aprovecharemos para charlar.

Y fuimos paseando por el campus, sin prisa, comentando las incidencias de la semana y opinando sobre el tema que íbamos a abordar aquella mañana: "Axiología o Teoría de los Valores".

"Cada día hay algo nuevo que aprender"

Era ésta la expresión que la Reina repetía y repite con frecuencia.

La consolidación de su formación académica, concluidos sus estudios en la universidad, continuó con los seminarios "Pensamiento y Ciencia Contemporáneos", celebrados desde 1983 en el Instituto de España, entidad rectora de las Reales Academias.

Presidida por sus máximas: *«Siempre estamos aprendiendo; nunca se termina»*, *«Hay que seguir profundizando constantemente»* o *«La vida es una continua búsqueda, una absorción de la cultura»*, esta mujer llamada Sofía defiende estos principios y los pone en práctica. Así va haciendo camino, desarrollando con fruición su labor intelectual. Porque para Sofía, *«si cultura es poner las vivencias de cada uno en práctica de la forma más conveniente para el bien de los demás, sí creo que es un índice de superación del individuo»*.

Se cumplen varios lustros, pues, desde que la Reina persiste en su labor académica: "Antropología Filosófica", "Dios, hombre, mundo", "Muerte y destino en el hombre", "Antecedentes del pensamiento actual", "El problema del hombre y su libertad", "El hombre en los umbrales del siglo XXI: ¿herencia o ruptura con el pensamiento clásico?", "Pensando en Europa", "Ética y Genética", "Paz y desarrollo", "Dos culturas frente

La Reina, con Julián Marías y varios alumnos de un seminario sobre Pensamiento y Ciencia Contemporáneos.

a frente: la arábiga y la occidental", "Reflexión sobre Europa", han sido algunos de los muchos enunciados que a lo largo de los años más han apasionado a la Reina.

–¡Seguid adelante! Esta idea no se puede perder. Conmigo, sin mí, y aun a pesar de mí, seguid trabajando por esa idea –nos había dicho una tarde

Hoy, antes de iniciar la clase, unos compañeros forman grupos por los pasillos. Otros conversan con Sofía. De pronto, la conversación se interrumpe. ¿Qué ocurre? Llegan desde la calle protestas, gritos; un grupo de manifestantes camina, en alto una enorme pancarta.

Sofía no puede resistir la tentación. Inesperadamente se asoma a uno de los balcones:

–¿Qué es lo que piden? ¿Es que les han echado del trabajo? ¿Y por qué? –pregunta la Reina.

Ella, espíritu progresista, inquiere más detalles acerca de las razones de la protesta que ya conoce por la prensa. Le ampliamos cuanto sabemos mientras continúa pensativa, mirándoles atentamente desde la balaustrada del balcón.

–Tienen derecho a manifestarse. La libertad es también esto, poder decir lo que se piensa. Y ellos reclaman unos derechos. No ofenden a nadie.

Sofía defiende siempre que todo hombre debe decir y pedir lo que considere justo. Porque «cumpliendo su deber y asumiendo su responsabilidad, se hace uno automáticamente libre»,[2] consecuencia de lo que para la Reina constituye el equilibrio entre libertad y responsabilidad.

El derecho a la palabra es para la Reina uno de los más sagrados derechos de todo ser humano.

Ella ha dicho en ocasiones que es *una mujer* de su tiempo; diríamos mejor que Sofía es una adelantada de su tiempo: siempre le gana a éste la carrera.

El eco de las palabras del Papa en la Reina Sofía

Recuerdo que, ansiosa por estar al día en todo cuanto suponga conocimiento, quiso profundizar en la Carta Encíclica de Juan Pablo II, *Centesimus Annus*. Y es que Sofía, tan preocupada siempre por su contemporáneo, el hombre, la persona «que se realiza plenamente en la libre donación de sí misma»,[3] ha mostrado especial interés por conocer a fondo el contenido de la palabra del Papa en la que siempre alienta un contenido social.

Palabras las de Juan Pablo II coincidentes en tantos aspectos con las convicciones de la Reina. Porque en palabras del Papa «la antropología cristia-

La Familia Real en torno a Juan Pablo II en el Palacio de la Zarzuela.

María Eugenia Rincón

Los Reyes asisten a la conmemoración del V Centenario del nacimiento de San Ignacio de Loyola en la Basílica de Azpeitia.

na es en realidad un capítulo de la teología y, por esa misma razón, la doctrina social de la Iglesia, preocupándose del hombre, interesándose por él y por su modo de comportarse en el mundo, "pertenece (...) al campo de la teología y especialmente a la teología moral".[4] Idea ésta idéntica en su esencia a la que desde años hemos captado de esta *mujer llamada Sofía.*

La resolución de los actuales problemas de la convivencia resumen el concepto de dignidad que la Reina ha exhortado siempre desde una proyección humana, si bien la voz de Juan Pablo II lo proclama más intensamente en el plano teológico: la Iglesia, como portadora del mensaje de Cristo, debe transmitirlo cooperando con el hombre en su camino hacia la salvación.

Un obispo y cinco de los más acreditados teólogos, historiadores, sociólogos, buenos conocedores de la Encíclica, reuniéronse con Sofía y todos nosotros alrededor de una mesa a fin de hacer una valoración de su contenido. Y aclararon a la Soberana cuanto consideraba indispensable dilucidar desde su posición de creyente.

Porque la entrega de la Reina a la religión católica desde la ortodoxa griega fue sincera y auténtica. Así lo ha venido demostrando a lo largo de los años en los que, como una española más, convive con su pueblo:

–Guardo una especial emoción de la visita que hizo el Papa a España, me parecía increíble verlo aquí, en casa –nos decía una tarde evocando *aquel momento.*

La misma emoción que cuando nos describía la conmemoración en Azpeitia del V Centenario del nacimiento de San Ignacio de Loyola. La llegada de la imagen del santo en procesión hasta la explanada de la Basílica en medio de las gentes enardecidas, la amplia escalinata con los hábitos blancos de docenas de obispos aguardando al santo, la salutación a los Reyes del obispo donostiarra, monseñor Setién, tanto como la solemne ceremonia litúrgica en el Santuario de Loyola y oficiada por el Arzobispo de Madrid-Alcalá, monseñor Suquía –uno de los actos más emotivos si sumamos a él la danza del *aurresku*, rito de Vasconia, bailado por un joven de la tierra al pie del árbol de Guernica–, cuantos actos presenció Sofía en la clausura del Año Ignaciano, la cautivaron aproximándola más a la espiritualidad de Íñigo de Loyola y a la idiosincrasia de las gentes vascas.

Y esta tarde, San Juan de la Cruz

La Reina siente especial afición por la mística: últimamente se aproximó a la árabe. Por ello, conocedora de la proyección que la mística sufí supuso en la mística española –Ramón Llull en Mallorca un siglo antes de Santa Teresa de Jesús o de San Juan de la Cruz en Castilla–, quiso también seguir la trayectoria y significación de nuestro lírico, máxime en este año de 1991 en que, además, también se celebra el V Centenario del santo de Ávila.

Sofía escucha deshilarse los versos del místico castellano en otra voz de poeta quinientos años más próximo a nosotros: la voz de Octavio Paz.

> *«¿Adónde te escondiste,*
> *amado, y me dexaste con gemido?*
> *Como el ciervo huiste*
> *aviéndome herido;*
> *salí tras ti clamando y eras ido.»*

–"¿Adónde te escondiste?": La huida del Amado es el final de el Cantar de los Cantares, y con él empieza el *Cántico espiritual de San Juan de la Cruz* –precisa Octavio Paz.

> *«Mil gracias derramando*
> *pasó por estos bosques con presura;*
> *y, yéndolos mirando,*
> *con sola su figura*
> *vestidos los dejó de su hermosura.»*

Todo está aquí. Aquí se realiza la unión que transforma a la Amada en Amado, al Amado en Amada.

–¿Y transforma los sexos?

Octavio Paz leyendo el 'Cántico espiritual' de San Juan de la Cruz, junto a la Reina Sofía.

–Sí. Es la idea de que el Amor transforma los sexos. Ésta es la gran diferencia con el platonismo donde las almas no tienen sexo. Mas para el cristiano cuerpo y espíritu no son lo mismo pero están unidos para siempre.

–¿Y para el platónico?

–Para el platónico el alma sube al cielo y a las estrellas, el "cuerpo" se deshace en el mundo sublunar; el cuerpo es la cárcel del alma.

–¿No así en San Juan de la Cruz? –prosigue Sofía.

–No. Para San Juan el cuerpo no es la cárcel del alma; al contrario, en el cuerpo está la "presencia" también. Con la misma mirada amorosa con que ve el cuerpo, San Juan ve también el cuerpo de la naturaleza.

–¿ En todos sus poemas?

–Sí. En este que ahora comentamos, el *Cántico espiritual,* los ríos, los montes, las aguas, son "presencias". Esto distingue al poeta del intelectual: donde el intelectual ve ideas, esencias, formas, el poeta, el artista, ve "presencias", realidades concretas, únicas; símbolos quizá, pero también algo distinto de los símbolos –aclara Octavio Paz.

–¿Están humanizados los elementos de la naturaleza? –pregunta un alumno.

–Sí. Y también lo contrario, porque cuando dice el poeta «Mi amado, las montañas», está diciendo que el cuerpo de Dios es el mundo, si es que se puede hablar de modo conceptual.

El análisis de los valores de la poesía de San Juan de la Cruz; la personificación de los elementos de la naturaleza a los que nos hemos referido y que son signos de la influencia árabe que ya se reflejaba en algunas de las prosas lulianas; la importancia de las fuentes bíblicas patentes en el *Cántico espiritual,* la diversidad de criterios acerca de la conexión existente entre dicho poema y los versos bíblicos del Cantar de los Cantares, todos los matices se han ido dilucidando a lo largo de la tarde, y matizando según las opiniones del teólogo católico, profesor González de Cardedal; del teólogo protestante, doctor Stephen Roberts; del rabino doctor Garzón; y del poeta Octavio Paz.

–Entre los dos poemas hay una inversión: la huida del Amado se encuentra al principio del *Cántico espiritual,* como hemos dicho antes, y que es el final del Cantar de los Cantares.

–Sí. El texto hebreo está presente a lo largo de todo el *Cántico,* y 'Aminadab' es una incógnita que Occidente no puede captar si no se vuelve al texto original.

Y surge la pregunta del teólogo:

–¿Y cómo explican los exégetas judíos el fin del Cantar de los Cantares? ¿Como ausencias de Dios, como presencia o como qué? Pues, en efecto, está muy claro desde la perspectiva cristiana, mas esa dimensión falta en el pensamiento judío; no acaba de expresarse porque es una etapa por cumplir. En el judaísmo se supone todavía la búsqueda de la perfección: el regreso está aplazado. Termina el Antiguo Testamento y empieza el Nuevo.

–Yo prefiero no hablar de Antiguo y Nuevo Testamento, sino de Primero y Segundo –subraya el rabino.

–Mientras el cuidado del hombre esté abierto y la existencia aún esté en nieblas, no puede haber un final porque no se desiste absolutamente, y por eso el cristianismo reasume el Antiguo Testamento y lo mantiene dentro de sí, porque hay una "pendencia" diaria. 'Pendencia' en el doble sentido del término: está "pendiente" de la historia y está "pendiente" la lucha de Dios por el hombre, la de Jacob y la del Amor. Es una especie de amorosa riña y un «estar pendiente» –precisa el teólogo católico.

Las divergencias se avivan al analizar la última estrofa del *Cántico:*

> *«Que nadie lo miraba,*
> *Aminadab tampoco parecía,*
> *y el cerco sosegaba,*
> *y la caballería*
> *a vista de las aguas descendía.»*

En efecto, según la confesión religiosa de los especialistas que se sentaban alrededor de la mesa, los puntos de vista se reflejaban más distanciados. ¿No defendía el rabino que 'Aminadab' hacía referencia a la llegada del Mesías? ¿A la vuelta del Mesías, el teólogo protestante?

–A mí me gustaría proponer la explicación de 'Aminadab' en este punto, porque esta palabra es la expresión que está en el Cantar de los Cantares en

La Reina, junto a la imagen del Apóstol Santiago en su peregrinación durante el Año Santo Compostelano de 1993.

el texto hebreo a lo largo de todo el Cantar, y que San Juan sin duda conoció y estudió. 'Aminadab' no es más que la traducción o la transposición de 'Ami nadib', porque Aminadab es el padre de Nabson de la tribu de Judá, antepasado del Mesías –precisó el rabino. Y matizó:

–Aminadab es Nabson, es David, es la etapa intermedia en el proyecto de A-DAM-ANEBDA (ADM) ADM, o sea: 'El Mesías no está.'

Las horas se nos han ido agotando a medida que se ensanchaba la polémica que Sofía ha seguido, entusiasmada.

–¡Es una de las tardes más hermosas de las muchas que hemos vivido en estos años! –me ha dicho la Reina mientras descendíamos por la escalinata hacia el coche.

1. Reina Sofía, *Tiempo,* entrevista concedida a Julián Lago, 16-22 de junio de 1986.

2. Juan Pablo II, *Centesimus annus,* IV, pág 84.

3. *Ibíd.* VI, pág. 101.

4. *Ibíd.* VI, pág. 100.

VII

QUINCE AÑOS DESPUÉS

Esta mujer, un templo
en el centro de su isla.

MORÃU FERREIRA

No hallarás los límites del alma,
no importa la dirección que sigas,
tan profunda es su razón.

HERÁCLITO

N

ACIMOS CON EL CAMINO YA SEÑALA-
do? En la vida de Sofía el suyo lo estaba, evidentemente, porque somos «criaturas de nuestras circunstancias». Si desde muy niña, apenas iniciados sus primeros pasos, presentía que el mundo iba a ofrecérsele venturoso, pronto su
mirada hubo de cambiar los bellos paisajes de su tierra. La guerra no tenía
fronteras y fueron deslizándosele a Sofía los años lenta o apresuradamente,
según el caleidoscopio con el que miremos el devenir de su tierna vida.

Al regresar a Grecia Sofía fue consolidando su aprendizaje en una patria
redescubierta. Con unos años más, hubiese podido repetirse al abrazarla: «Y
cuando miré en torno mío vi que el tiempo era mi único contemporáneo.
Entonces huí hacia atrás, hacia el hogar y cada vez más aprisa: así llegué a vosotros, hombres del presente, y al país de la cultura.»[1]

Y Sofía fue descubriendo *su* país de la cultura, despacio. ¿A fin de «dar
a sus gentes el alimento que necesita el espíritu», como anotaba su madre?
¿Evocaría al "cereal divino", dios del grano, para que nutriese a su pueblo? El arroz era fuente de vida para las gentes griegas de Sofía como lo
fuera en los pueblos de Japón o
los de Indias Orientales, en los
de Suecia o Lituania[2] y otros.

Hoy la Reina, dondequiera
que se encuentre, al tender su
mano a una persona le da a la
vez su limpia mirada y sincera. Su
deseo de comunicación nació de
aquella dura realidad de su adolescencia.

Siempre de los años-niños brotan con el tiempo los frutos. Y
Sofía se insertó en el mundo,
porque vivir es, en efecto, estar
abierto a todo y en comunicación con todo, como ella tantas
veces subraya. Y así, decenios
atrás, Sofía recogió su cosecha.
No hay temor de que se le des-
lice gratuitamente por los dedos.
Con ser generosa, incluso dadi-

vosa, la Reina conoce bien el sentido de la escala de valores. De aquí que esa cosecha nadie podrá segarla ni disminuirla. Le pertenece, íntegra.

«Conocer es recordar», afirmaba Platón, y Sofía aprendió bien sus palabras; en su mente lleva siempre, como nos dice en tantas ocasiones, la preocupación por conocer a «las personas, su modo de ser, sus ilusiones, sus problemas y su modo de resolverlos».

Cuando hemos visto lágrimas en los ojos de la Reina al llegar a algún lugar de España donde las furias de la naturaleza desatadas inundan tantos hogares, arrastran tantas vidas, o donde la garra del terrorismo revienta el cuerpo de seres inocentes, ¿habremos sabido comprender que esas lágrimas emanan como si de sus hijos o de sus hermanos se tratara? Porque ese dolor le pertenece a Sofía también. Es el dolor de su pueblo.

Sofía recorre «su gran camino en la historia». A sus diecisiete años la guerra civil en Grecia no se había cerrado totalmente. En su juramento en el Parlamento griego el Rey Pablo prometió «oponerse a cualquiera que empuñando las armas intentase imponer por la fuerza su voluntad a nuestro pueblo»,[3] y la Princesa tenía una ventaja: la de estar psicológicamente preparada para el

sufrimiento, mal necesario que tendríamos que aceptar para nuestro desarrollo espiritual, como decía su padre, coincidiendo con Marañón en que la grandeza de un alma se mide, precisamente, por su capacidad de sufrir. Ignoro si esta sentencia la conoce la Reina, mas sabe bien que la vida es la cresta de la ola con sus álgidas subidas o sus profundos descensos e inesperados.

Sofía vigila hoy su cosecha intransferible. Y, de rechazo, nuestra también. De Alemania regresó definitivamente a su país: diecisiete años cumplidos. Ya estaba dispuesta Sofía para vivir la tercera etapa de su vida, la de su juventud.

Para ella no resultará difícil cruzar el umbral del mundo de los adultos. Florecía ahora, quince años después del exilio, su juventud y cuanto a ella iba anexionado. La Princesa ya entra en un mundo en el cual pasa «la persona de manejar el mundo real a manejar el mundo desde lo posible», pues coinciden en Sofía el yo real y el yo ideal.[4]

La experiencia hace que vaya definiéndose la joven acercándose a los adultos en un plano de igualdad intelectual y deseando cambiar la sociedad por una más justa. Quince años después del exilio se entrega generosamente al servicio de la patria, a las visitas de estado con sus padres y a los estudios superiores.

Consciente Sofía, no sólo de la juventud que inicia, sino de su entrega a su señalamiento, podrá repetir entonces y hoy: «El tiempo no se queda estacionado; hay que ir con él». Y va ganando el surco hacia lo sobrehistórico, como señalaría Jaspers. Pero es obvio que la Princesa jamás clausurará este camino como meta final realizada. Su tarea transcenderá sobre toda historia. ¿No es eso lo que hacen los «hombres que se dejaron absorber por la eterna verdad»?[5]

Sin conocer todavía la filosofía de Hume, Sofía, no obstante, presiente que en la mente del hombre el amor a la humanidad es la gran pasión, y por ello la joven se acerca a su pueblo heleno y entiende bien que el pueblo no «habla palabras, sino cosas», que el pueblo pisa «con los pies en la tierra», como ha comprobado Boff. Y que el pueblo, en fin, «tiene tierra en sus gestos, en su lengua».[6]

1. NIETZSCHE, "Del país de la cultura", *Así habló Zaratustra*, pág. 177.

2. FRAZER, J., "Ingestión del dios", *La rama dorada*, págs. 545-550.

3. REINA FEDERICA, *Memorias*, pág. 125.

4. ROGERS, *Teoría de la personalidad*, pág. 129.

5. JASPERS, *Origen y meta de la Historia*, pág. 294.

6. BOFF, L., *Teología del cautiverio y de la liberación*, pág. 72.

-19-
El bolígrafo perdido

¿Qué hace falta
para ser feliz?
Un poco de cielo azul
encima de nuestras cabezas,
un vientecillo tibio,
la paz de espíritu.

MAUROIS

UNA LLAMADA TELEFÓNICA DE PALA-
cio: la Reina ha perdido su bolígrafo.

Recuerdo que lo llevaba en la mano cuando al salir del aula apoyó su cuaderno en un sillón del pasillo del Instituto de España para ponerse la capa.

Hemos levantado las sillas del salón, la gruesa alfombra en donde se apoya la mesa alargada de caoba a cuyo alrededor nos sentamos durante tres horas pero el bolígrafo no aparece.

¿Cómo será? ¿Lo imaginamos de oro, con el nombre de la Reina grabado? No cabría en nosotros pensarlo así, conociendo a nuestra compañera. Pero nos dedicamos denodadamente a la búsqueda del bolígrafo perdido.

De pronto, una alumna que llega del pasillo, exclama:

–Este bolígrafo se le ha debido olvidar a alguien. Estaba afuera en un sillón. ¿De quién será?

¡Qué sobresalto de alegría!

–A ver... –digo al cogerlo– ¿Será éste el bolígrafo de la Reina?

Lo observamos con detenimiento. No, no es de oro. Ni de plata. Ni siquiera de acero inoxidable. Es un bolígrafo negro y con la inscripción "Páginas Amarillas" marcada en un lateral.

¡Cómo otorgamos valores afectivos a los más insignificantes objetos! ¿Quién diría que puede ser este anodino bolígrafo el que tiene la preferencia de la Reina de España, y que lo utiliza para sus apuntes escogiéndolo de entre tantos y tan valiosos como esperan en su mesa de trabajo?

Cuando por la tarde, unos días después, Sofía llega al portalón de entrada del Instituto de España, lo primero que le muestro, al recibirle, interponiéndolo entre ella y yo sin mediar palabra, es el bolígrafo negro rescatado de su lugar perdido. Alzo la mano. La levanto hasta nuestras miradas.

Se ilumina el rostro de la Reina como si se le hubiese mostrado un objeto insustituible y entrañable. Sonríe, radiante. Coge su bolígrafo, complacida:

–¡Ay, lo habéis encontrado! ¡Qué bien! Gracias. Y fíjate: no vale nada pero me escribe de maravilla. Me va mucho mejor que cualquiera de los otros.

Y sube con su bolígrafo entre las manos con la convicción de que recupera algo irreemplazable.

Sí. En la clase el bolígrafo preferido cumple su cometido. Anota, guiado por la mano de Sofía; se deja acariciar por sus dedos; teclea sobre la carpeta cuando Sofía juega con él. ¿Y en Palacio? ¿Qué podría narrar si, de repente, se le insuflase vida, inteligencia, sensibilidad? ¿Si, ausente de la mano de Sofía, pudiese por sí mismo plasmar en la cuartilla que tiene ante sí el devenir de su corta vida? ¿Si lograse describirnos el trayecto semanal en el coche desde Palacio hasta el Instituto de España donde tienen lugar nuestras sesiones, dominado o acariciado siempre por los dedos de la Reina?

¿Y aun después, una vez cumplida su misión semanal, cuando nos descubriese el bolígrafo cómo es su regresar hasta la mesa de trabajo de la Reina, así como su soledad al permanecer olvidado e inerte, testigo pasivo de tantos acontecimientos que giran en su entorno, hasta que, transcurridos otros ocho días, se inicie de nuevo el círculo y sea recuperado por la mano amiga que le otorga toda la importancia?

La exposición de la segunda parte de la tarde se centra en el filósofo persa Zaratustra, del siglo VII a.C. Subrayados los rasgos de su vida, ambiente y significación, profundiza el catedrático en los aspectos vitales de su pensamiento, arrancando de los textos del autor.

Una vez comentado el texto, la atención del coloquio con Sofía se centra especialmente en tres estrofas, por cuanto los *daevas* o demonios que apare-

La Reina durante una sesión del Seminario de Pensamiento y Ciencia Contemporáneos. La acompañan el rector de la Universidad Complutense, profesor Rafael Puyol, y el de la Universidad de las Islas Baleares, profesor Huguet Rotger.

cen en el canto persa tienen significación muy alejada del concepto que hoy les otorgamos. Los *daevas* son espíritus subordinados, algo intrigantes; una especie de genios buenos. ¿De ahí arrancaría el "buen ángel"?

Asiente el profesor y subraya el paralelismo existente entre los *daevas* de Zaratustra y el de los *dáimones* griegos.

Analizado el texto, una de las preguntas que surgen es la referente a la transformación semántica del vocablo persa. Sofía, con el resto de los alumnos, inquiere la causa, puesto que en griego clásico y no sólo en Platón sino en general en toda la Filosofía griega, el significado paralelo al persa se mantiene. Recordemos que la Reina ya dominaba el griego clásico en la etapa de su juventud, en Grecia.

En tanto que la tarde ha ido cediendo espacio al anochecer, sin prisa pero sin pausa, avanzamos con la Reina por el camino de la cultura del hombre.

Y el bolígrafo negro transcribe, en su tiempo de jornada intensiva, las ideas fundamentales que la inteligencia de la alumna Sofía va captando, rápidamente, de la palabra, rápida también, del profesor.

Porque hoy el trabajo es un bien para aquel que tiene la suerte de poseerlo. Porque ya no supone condena o agobio como pudo ser en ciertos momentos de otras etapas, de otras generaciones. Por todo ello, ¿también el bolígrafo, alcanzado ese bien, obediente y pacífico, perfila las letras sin fallar en su misión?

La polémica ha ido creciendo y nos olvidamos del reloj. A las cinco en punto de la tarde comenzábamos, y cuatro horas después las divergencias continuaban. Y el bolígrafo sigue fiel, incansable, anotando vocablos, ideas, opiniones.

De pronto me fijo en las manecillas del reloj de la Reina. ¡Si son las diez menos diez minutos de la noche! No puedo creerlo y pienso que a Sofía el reloj le ha jugado una mala pasada. ¿No podría habérsele adelantado?

Miro otros relojes para cerciorarme de que también los relojes de las soberanas pueden acelerarse alocadamente una hora o diez –¡quién sabe!–. Compruebo que no hay error. La exclamación se deja oír:

–¡Dios mío! ¡Pero si son las diez menos diez minutos de la noche! ¡Ya no se va a dar de cenar en La Zarzuela! ¡Vámonos corriendo!

La Reina, bromeando, me aclara:

–¡Y qué importa! Pues hoy no cenamos.

Otra sesión del Seminario: La Reina, con la presidenta del Instituto de España, doctora Margarita Salas; el embajador del Reino Unido; el Marqués de Marañón; la doctora Teresa Mendizábal; y los profesores Ramón Tamames y Darío Valcárcel.

¡Naturalmente que no nos fuimos deprisa! Porque las risas se contagiaron y transcurrieron todavía diez minutos hasta llegar la Reina a su coche y despedirse con un "Hasta mañana" y un "¡Adiós!".

Y con su bolígrafo, bien sujeto junto al cuaderno de los apuntes. ¿Cabe imaginar mayor lealtad hacia él?

Inesperadamente el azar logró plasmar la singular anécdota en un cliché fotográfico: el primer plano de una mano alzada, abierta y extendida, haciendo ademán de "¡Alto!". Entre los dedos del primer plano de dicha mano, el rostro de Sofía con su ancha sonrisa.

Cuando profesores y alumnos descendíamos en la noche por la escalinata del Instituto de España, Sofía se acercó a una estudiante que había polemizado con el catedrático acerca del origen del zoroastrismo, apoyándose en las premisas de la investigadora Mary Boys, de la Universidad de Londres, la cual afirma que procede de las estepas, al este del río Volga y al norte de Kazajstán, donde posiblemente vivió Zaratustra hace casi tres mil años.

La muchacha defendía con valentía esta postura ante el asombrado expositor, no acostumbrado, quizá, a que se rebatiesen sus afirmaciones, por supuesto bien cimentadas.

Se detuvieron la Reina y la joven en la entrada, hablando.

Supe días después el significado de aquel diálogo entre la Reina y la estudiante: vinculaciones de tipo afectivo tanto como académico –casualmente, la defensora de la citada hipótesis era una de mis mejores alumnas en el último curso de Facultad– me unían estrechamente a la joven. Necesitó expresarme su alegría y su sorpresa por la actitud de la Soberana:

–¡Qué alegría, profesora! ¡Me resultaba increíble constatar que la Reina de España entendiese y respetase mi actitud! Se me acercó para animarme a seguir siempre así, defendiendo ante quien fuere aquello que yo considere justo.

La Reina de España sumó aquella tarde muchos puntos en su haber. Tal vez ella lo ignore siempre. Sin embargo, la universitaria nunca podrá olvidar aquella sesión.

Los Reyes de España con el Duque de Edimburgo, 'Chancellor' de la Universidad de Cambridge.

-20-
En Cambridge: Un día luminoso para España

Gloria virtutem tamquam
umbra sequitur.

CICERÓN

Yo considero virtud,
además del valor,
la cordura, la justicia
y las demás cualidades parecidas.

PLATÓN

«CUANDO LOS CONTINENTES SE APROXIMAN

gracias a las audaces singladuras de científicos, artistas y navegantes, aparece, junto a la libertad que es el himno que empuja a la ciencia, la llamada a la justicia», había manifestado un día Sofía de España.

Camino del Senate House

Hoy han despertado las calles de Cambridge con un bullicio no habitual. Muy pronto se llenan de gentes, especialmente estudiantes que aprovechan el verano para perfeccionar su inglés. Pero no son los únicos. Desde temprana hora han llegado de Londres y de otros puntos del Reino Unido, personalidades de la vida intelectual y política.

Hoy los Reyes de España, Juan Carlos y Sofía, van a ser investidos, en el Senate House, doctores *honoris causa*.

Hoy es un día luminoso para España.

Desde nuestro hotel iniciamos con más que suficiente antelación la ruta que nos lleva al Senate House, rectorado de las treinta y siete universidades que hacen de Cambridge una de las más prestigiosas ciudades del mundo. Hemos deambulado por las estrechas calles respirando el ambiente festivo, antes de llegar al lugar donde va a celebrarse la ceremonia.

A través de Sidney Street cruzamos hasta Market Street y llegamos a la plaza del mercado, Market Hill. ¡Cuánto colorido en el crecido número de puestos variopintos! Pero hoy quedan casi vacíos los tenderetes y las casetas, salvo las de frutas y flores.

Cuando llegamos a la calle peatonal de King's Parade, vigilada por los *bobbies*, la verja del Senate House está repleta de curiosos de todas las edades; apenas podemos abrirnos paso. Un grupo son españoles. Llevan nuestra bandera pero su regocijo los haría inconfundibles. De esas voces entusiastas salen esporádica y jubilosamente los nombres de Sofía y Juan Carlos.

Escudo de la Universidad de Cambridge

El ambiente festivo no decaerá hasta bien pasado el mediodía, si bien el acto en el Senate House será breve: media hora escasa. Sin embargo, tendrá la mayor solemnidad y trascendencia de cuantos hay programados a lo largo de la jornada, desde las diez de la mañana hasta la siete de la tarde.

La comitiva académica, saliendo del Senate House (Rectorado de la Universidad).

Los primeros invitados empiezan a llegar a través del Senate House Pass, rigurosamente controlado. Son inconfundibles: visten, si son profesores o postgraduados, sus togas negras con vueltas de color gris o rojo, según su facultad. De oscuro, si no son profesores. Las damas inglesas, con sombrero; no así las españolas. Invitación en mano, el color de éstas acredita para ocupar uno de los contados asientos del Rectorado donde hemos sido convocados: color rosa o azul para el acceso a la South Door; amarillo, rojo, verde, para los que deben entrar por la East Door. El color de la invitación tendrá estrecha relación con la situación que ocupe cada invitado en el Senate. Somos privilegiados: la nuestra es de color rosa.

El campus es hoy un rectángulo delineado con una ancha cinta roja que improvisa una plaza rodeando el Senate House. Por ella habrá de pasar dentro de pocos minutos la comitiva presidida por el *Chancellor*, duque de Edimburgo, y los homenajeados, Reyes de España.

Pero ahora, momentos antes de que hagan su aparición, la verja que circunda el jardín, contemplada desde el interior del edificio rectoral, nos ofrece una visión espectacular, porque tras ella hay miles de rostros amontonados. Jóvenes en su mayoría. Y reporteros con cámaras fotográficas y de vídeo. Y emoción en la espera.

La invitación marca exactamente el tiempo de que disponemos para penetrar en el Paraninfo: de las 11:20 a las 11:50. Se cerrará la puerta en ese instante hasta que llegue la regia comitiva.

Dominamos desde lo alto de los escalones la fachada del Corpus Christi College, que ayer tarde, al llegar desde Heatrow a Cambridge, quisimos ver de cerca. Nos impresionó, desde el portalón de entrada, el espectáculo que ofrecía el jardín ya preparado para el *lunch* que tendrá lugar hoy al mediodía en honor de nuestros Reyes. La mesa, en medio del césped, cuajada de rosas a lo ancho de la caída del mantel y protegida por toldo a rayas, también de color rosa y blanco; el *porter*, con frac, sombrero de copa y guante blanco. No improvisan nada, en efecto, los ingleses.

Hispani Regni gemma fraefulgida

La comitiva académica ha iniciado su salida desde el Clare College. Togas púrpura y birretes de terciopelo negro, Juan Carlos y Sofía. Poco antes les han dado la bienvenida el *Vice-Chancellor*, doctor Michael McCrum, el secretario del Foreign Office, sir Geoffrey Howe, el alcalde de Cambridge y demás autoridades y personalidades de la Universidad. Y, en primerísimo lugar, el *Chancellor*, Duque de Edimburgo.

La melodías de Lutolawsky, Praetorius, Bach, Scheidt y Bernstein, nos hacen la espera más grata mientras admiramos los detalles de este recinto que tantos recuerdos mantiene en sus paredes: no olvidemos que la Universidad de Cambridge data de 1209. Una, por tanto, de las más antiguas del mundo.

El semicírculo de la presidencia, de mural de madera noble, en un extremo del salón. De líneas clásicas, el friso sostenido por cuatro columnas dóricas con triglifos y metopas en los capiteles, estrías de fuste acanalado. En la parte izquierda del semicírculo destaca, de entre la oscuridad, la marmórea escultura de William Pitt, *The Younger*, obra realizada por el escultor Joseph Nolleken en 1912. Pitt, con sólo veinticuatro años –de ahí su apodo– fue el primer ministro que en 1782 dio la máxima categoría a esta universidad inglesa, en la que cursó sus estudios de Leyes. Los ingleses saben perpetuar con todo honor la gloria de sus antepasados.

Están dispuestos los sillones –oro y terciopelo grana– que, cada uno a ambos lados del sillón presidencial, ocuparán Juan Carlos y Sofía en el momento en que sean proclamados doctores *honoris causa* en Leyes.

A ambos lados del hemiciclo y en la parte principal de la sala, las sillas para los invitados más destacados: a la derecha, los españoles; a la izquierda, la representación de profesores de Cambridge y algún invitado especial de Oxford.

Muy alto el techo; en sus paredes adyacentes se recortan alargados ventanales de medio punto que iluminan el Senate con luz de un día brillante. Precioso el artesonado del siglo XVIII, trabajado en amplias bóvedas semicirculares con adornos de rosetones en cada una de ellas.

Alrededor del anfiteatro la balaustrada de madera circunda los asientos que permiten acomodar al resto de los profesores invitados. Y a esa altura, en la parte opuesta a la presidencia, la orquesta y los coros del St. John's College y del King's College, los cuales, a lo largo de cuatro centurias, han ido heredando el prestigio de su calidad musical.

Ni un fotógrafo. Ni un periodista. Estrictos y sin concesiones, los ingleses sólo permiten la asistencia de las agencias internacionales que serán las encargadas de difundir la noticia oficial. La tradición lo impuso así.

Van entrando los invitados allegados a nuestros Reyes: la Infanta Cristina, el Rey Constantino de Grecia, su esposa Ana María, la Princesa Irene de Grecia. Y además, el ministro de Educación y Ciencia, profesor Maravall; el embajador de España en el Reino Unido, José Joaquín Puig de la Bellacasa; el cónsul de España; el jefe de la Casa Civil de Su Majestad el Rey, marqués de Mondéjar; el jefe de la Secretaría General del Rey, general Sabino Fernández Campo; el jefe de Protocolo de la Casa Real,

María Eugenia Rincón

Alberto Escudero; el director del Instituto de España en Londres y ministro de Asuntos Culturales de la Embajada de España, Eduardo Garrigues, entre otros.

Las voces de los coros suenan con fuerza: ya llega la comitiva regia. Tras los maceros, el *Chancellor*, y su paje sosteniendo la cola de la preciosa toga de terciopelo negro, bordada en oro a juego con el birrete.

Traje de etiqueta, frac y sombrero de copa, portando la maza de plata ricamente repujada, para el *University Marshal*, y tras él, aparejados, los Reyes de España, los *graduands*. Sus togas color púrpura, ornadas a lo largo por una banda de seda en tonalidad púrpura más pálida; también en sus mangas se repite este detalle en corte muy original. El birrete-boina de terciopelo negro rodeado de ancho cordón dorado, favorece especialmente a la Soberana, pese a no ser ella nada aficionada a usar sombrero. El Rey no lleva el birrete sobre su cabeza: lo sostiene en su mano izquierda a lo largo del cuerpo, a modo de portafolios. ¿Rompiendo el protocolo tan estricto?

Siguen el *Vice-Chancellor*, el *Registrary*, el *Orator*, los *Proctors*, el *High Steward*, los *Deputy High Steward*, el *Commissary*, y, a cierta distancia, los *Head of Colleges* y los *Regius Professors, Professors, Doctors* y los *Principal Administrative Officers*.

Los Reyes de España y el Duque de Edimburgo, con las autoridades académicas de Cambridge.

La Reina en el jardín del Fitzwilliam College, conversando con la profesora Rincón.

Cierran, por fin, la comitiva los *Members of Council of the Senate*. Todos ellos van ocupando su lugar mientras suena la música española de Francisco Guerrero y Juan Esquivel.

La puerta queda definitivamente cerrada. No podrá volverse a abrir hasta que salgan por ella, ya doctores en Leyes, Sofía y Juan Carlos.

Se difuminan las voces cuando el *Senior Proctor* anuncia el acontecimiento. Así queda inscrito en la crónica de los dos países: España e Inglaterra.

No se hace esperar la palabra del *Orator* quien, especialmente para estos acontecimientos académicos, tiene la misión de pronunciar su discurso de memoria y en latín, como desde la Edad Media ha sido norma ineludible. Declama en primer lugar el elogio del Rey Juan Carlos I de España, exaltando sus grandes aciertos por la integración de España en la democracia y por la vinculación con los demás países europeos. Y desea: *Uiuat Rex, uiuat Regina, uiuat Regia Domus, sitque populo Hispano pax, sint euentus rerum cum Deo prosperi...*

Discurso comedido, breve y equilibrado, que perfila la personalidad del Rey de España, quien es nombrado *Honorary Degree of Doctor of Law* por el duque de Edimburgo. Diploma en mano, Juan Carlos ocupa su sillón al lado de él.

Para la Reina de España la presentación tiene un significado especial que subraya el *Orator*. El tío de Sofía, Rey Jorge II de Grecia, vivió decenios antes similar honor. La palabra del *Orator* es una alabanza de la mujer y de la Soberana, tanto por sus virtudes de voluntad y prudencia como por el equilibrio personal de su espíritu, comparable a "la más excelsa joya". Así es presentada al *Chancellor* y a la Universidad: «*Praesento uobis Hispani populi amorem et delicias, Hispani regni gemmam praefulgidam*».

Han brotado los aplausos en honor de Sofía, Reina, en honor de Juan Carlos, Rey. Los discursos, muy bien "cantados" en latín.

Con el júbilo de los asistentes en pie, las notas de los compositores españoles del siglo XVI-XVII, Morales y Victoria, alcanzan los rosetones de los artesonados o la clásica estatua de Pitt. Aún perseveran, sin embargo, en el corazón de los invitados, especialmente de los españoles, los versos de Horacio recogidos por el *Orator*:

> *Quid mens rite, quid indoles*
> *nutrita faustis sub penetralibus.*

Ya el acto finaliza.

El Rey Juan Carlos, mostrando su gratitud en el Fitzwilliam College.

Escudo del Fitzwilliam College.

Los himnos nacionales de los dos países cierran la solemnidad. El coro entona "The National Anthem" con la lentitud y solemnidad que requiere. ¿No se aceleró demasiado el ritmo de nuestra Marcha Real? Suele ocurrir cuando la escuchamos en casi todos los países.

Se ha abierto de par en par la puerta. Se oyen de nuevo los gritos entusiastas de los estudiantes españoles que aguardan todavía tras la verja del jardín con banderas españolas que el viento y sus manos enarbolan. Y se ha iniciado de nuevo la comitiva de retorno.

Y se ha cumplido, por fin, el hecho catorce años aplazado: Sofía de España, Reina, doctora en la Universidad de Cambridge. Día 7 de junio de 1988.

Esta tarde, en el verde campus del Fitzwilliam College

Catedráticos de Honor del College, Juan Carlos y Sofía. Si sencillo, este acto ha tenido toda la importancia dentro de su sencillez. Sobre el césped verde brillante, tan característico de la campiña inglesa, se ha colocado la mesa ante la cual los Reyes de España, vistiendo de nuevo sus togas color púrpura, han sido nombrados *fellows*, condición *sine qua non* para poder aceptar un doctorado *honoris causa*.

El breve discurso de Juan Carlos I, en agradecimiento –que ha sido, precisamente, digno de rey–, también en inglés.

A lo lejos los periodistas europeos, ahora limitada su parcela de terreno por una ancha cinta roja, disparan sus cámaras constantemente. Preparadas están ya las mesas del *cocktail* cumpliendo un doble cometido: el decorativo y el de frontera que separa discretamente a los invitados de la presidencia. Pero antes y después, ¡qué grato cambiar impresiones con los profesores, con el *Maior*, ya de avanzada edad, y que no se separa un momento de la *fellow* Sofía de España, bajo el paraguas ambos, en la lluvia, paraguas negro y grande, tan inglés, y que sostenido por la mano de la Reina se mueve de grupo en grupo!

Estallaron con alegría los tapones de las botellas de champán. Era el momento del brindis, de la satisfacción por la jornada vivida junto a nuestros Reyes. Pero faltaba todavía el broche final: plantar un árbol en el jardín.

Y allí estaba esperando un tierno y bellísimo ejemplar arbóreo, injertado de plátano, minúsculo, con las hojas bordeadas de un verde más pálido, que iba a plantar Sofía. Con su pala en la mano a punto, el niño que era portador de la pieza histórica. Y rodeados de todos los invitados, los Reyes cumplieron su misión: primero Juan Carlos, Sofía después.

La despedida, informal. Y la caravana de nuevo hasta los coches, camino de Londres. Y mirábamos perderse la larga comitiva a través de las frondosas avenidas.

Los últimos comentarios con los profesores ingleses: desde la brillantez del *Senate House* por la mañana, al *lunch* del mediodía en el Corpus Christi College; desde el té del Queen's College a las tres de la tarde, a la Biblioteca del King's College a las cuatro; desde la sesión del Fitzwilliam a las cinco, hasta el árbol, ya plantado, a las siete. El espíritu centenario y el espíritu del progreso, aquí.

Íbamos hacia nuestros coches con cierta tristeza a pesar de llevar el alma tan enriquecida: atrás quedó el pequeño árbol. Y sentíamos que era algo nuestro lo que olvidábamos allí. Sin embargo, lo sabíamos protegido por otros árboles más corpulentos. Árboles plantados por otras manos y que evocan diferentes momentos del "césped de los recuerdos", como he bautizado esta parcela del jardín ante la grata sorpresa de los compañeros ingleses. Es el árbol del recuerdo de España que quedó escrito en Cambridge.

Lloverá sobre él como llovió el tiempo sobre todos los plantados. Nadie, sin embargo, podrá borrar esta firma de Juan Carlos I y de Sofía en la tierra.

La Reina Sofía, plantando el árbol simbólico en el campus del Fitzwilliam College.

-21-
Rambla de las Flores

Las violetas habían brotado
de la sangre de Atis
—dios frigio,
compañero de Cibeles—;
de su tumba
brotan las violetas.

FRAZER

CAE UNA LLUVIA PERSISTENTE Y FINA. SI está hermosa la Rambla de las Flores en un día resplandeciente de sol, no mengua su encanto en uno como el de hoy. Estamos en invierno. El agua va convirtiendo el suelo en espejo donde reflejarse la profusión de colores que se agolpan en los puestos de flores alineados a lo largo del paseo central.

Desde un siglo atrás están allí las floristas, puntuales cada mañana, dando alegría a la avenida.

Es grato pasearse a lo largo de la Rambla hasta más allá de la última caseta y prolongar la ruta hasta el mar, abarrotado de buques atracados a los pies de Colón, quien con su dedo nos señala el camino mágico que a través de las aguas se abrió hasta la tierra soñada quinientos años antes de haber nacido nosotros: América.

La Reina, recibida en Barcelona por el presidente de la Generalitat, Jordi Pujol, y el alcalde de la ciudad, Pasqual Maragall.

En el Palacio de la Virreina, Sofía recibe el homenaje de las floristas de las Ramblas de Barcelona.

¿Cuántas veces, en la niñez o en la adolescencia, han tejido y destejido nuestros pies el camino de las flores por el solo placer de aspirar tantos aromas distintos, tanta belleza acumulada? Cualquier motivo era válido para alcanzar las Ramblas de Barcelona.

Escasas estaban ayer las monedas en los bolsillos. Después de una postguerra dura y prolongada, tanto o más que los tres años de contienda, quedaron muy mermadas las posibilidades de los españoles. No se podían destinar siquiera unos céntimos a la compra de una flor. Las mirábamos. Y alguna vez, en el mes de enero, cuando las violetas hacían tímidamente su aparición en los puestos de las floristas, nos acercábamos también tímidamente, con esa timidez no precisamente innata: más bien producto de sinsabores, de privaciones, de la inseguridad que la escasez proporciona:

María Eugenia Rincón

–¿Cuánto valen estas violetas?

La respuesta, siempre desproporcionada en relación con nuestro propósito.

–¿Tanto cuestan?

Y seguíamos nuestro camino.

Sólo alguna vez, ya por la noche y de regreso a casa, la florista, recogiendo su puesto, nos prendía en la solapa un ramo, quizá un poco marchito:

–Te gusta, ¿verdad? Anda, dame lo que quieras.

Y aquel día el ramo brillaba en la solapa con nuestra adolescencia. Habíamos cambiado el tranvía por la flor. Y teníamos la sensación de que cuantas personas se cruzaban en nuestro camino fijaban su mirada en las violetas. Violetas que, dormidas durante la noche en un vaso de agua y todavía frescas al siguiente día, lucían de nuevo cuando íbamos al instituto.

–¡Llevas violetas! ¡Qué bonitas! Deja que las huela un poco –nos decía en clase alguna compañera.

¿Por qué identificamos la flor o el perfume o la melodía con el paisaje que nos rodea? A las violetas de nuestra adolescencia no podíamos llegar más que con los ojos. Era, sin embargo, una posibilidad de recuperar la fe en la vida con una niñez entre dos frentes, entre vencidos y vencedores, recogiendo por doble partida la amargura que todo ello conlleva.

Sofía conoció una desazón semejante. Pero un niño puede superarlo todo.

Ramblas de Barcelona: la lluvia de los años, ¿cuántas veces cayó sobre vuestro suelo haciéndolo cristal reluciente? No tengo dedos suficientes para contarlas. Mas no es necesario. Hoy todo ha supuesto un re-surgir, un re-cordar, un re-vivir.

Llovía esta mañana. No era una mañana cualquiera. Esta mañana en Barcelona las floristas de las Ramblas nombraban a la Reina de España "Florista de Honor".

Lo hemos visto en el telediario. Fue un acto emotivo, sincero y popular. Tan natural y tan sencillo como a nuestra Reina le gusta que sean las cosas. No me ha costado esfuerzo imaginarme a Sofía dando un paseo por la Rambla de las Flores, saludando solícita a las floristas, ofreciéndoles su mano, siempre abierta. Y ellas han inundado a la Soberana de flores, colores y perfumes frescos.

Luego, en el Palacio de la Virreina, situado frente a los puestos de las artistas, éstas le han entregado a la Reina la placa con que se le da fe de su título de "Florista de Honor".

¡Cuántos *flashes* disparándose, qué variedad de tonalidades sobre el fondo gris de la gabardina que llevaba puesta la Reina! Por un momento la cámara de televisión se ha aproximado al primer plano de su sonrisa. Allí, Sofía y las flores: un *bouquet* de violetas, un ramo de narcisos, otro de lirios, unos tallos de azucenas...

Presentes estaban la mayoría de las floristas que continúan una tradición que data de más de un siglo: «Mi abuela ya vendía ramos de flores en la Rambla», recuerda complacida una florista de setenta y cuatro años.

¿No es admirable escuchar también esta aseveración de labios de las floristas más jóvenes? Cinco generaciones se fueron dando cita a través de siglo y medio. En 1853, 26 de mayo, y según testimonio de Aurelio Capmany, se establecieron en la Rambla los primeros puestos fijos. «Eran sólo catorce los que se podían contar aquel día de Corpus.»[1] Puestecillos de madera, rudimentarios y pobres, que hoy, superados los decenios, persisten, si bien sustituidos por modernos quioscos acristalados en número de dieciocho.

«La Reina regresa en estos momentos a Madrid», anunciaba el presentador de televisión a las tres de la tarde.

Dos horas después, Sofía acudirá a la sesión semanal del Seminario.

Y regresaba feliz porque era una grata misión la que había cumplido: el culto a las flores. Misiones profundas y trascendentes cumple Sofía con dolor. Otras misiones las cumple con alegría. Ésta era una de ellas.

Ya es avanzada la hora en que nos encontramos con Sofía. Pero no llego a tiempo de recibirla en la puerta de entrada. Me ha pillado el terreno.

Sofía avanza por el amplio pasillo del Instituto de España con el mismo color gris que escogió muy temprano para volar a Barcelona. Con la misma sonrisa que no se ha desdibujado de sus labios. Lleva el *bouquet* de violetas en su mano izquierda. Se acerca más. (¡Con qué razón decía la Reina Federica que su hija era la alegría de la casa!). Va acercándose más. Nos saluda. Alarga su brazo. Me ofrece el ramillete de violetas:

–Toma: lo he traído desde Barcelona para ti.

¡El devenir de la vida! En mis dedos, las violetas que han viajado en avión en el regazo de la Reina de España, quien, pese a su agenda tan

repleta de compromisos, no olvidó –compañera al traspasar el umbral–
que durante dos semanas de vacaciones (yo había estado muy enferma)
iba a reencontrarme por primera vez esta tarde.

Quiso poner sus violetas en mi alegría con la mayor espontaneidad, de la
manera más sencilla. Como se manifiesta en todos los actos de su vida.

Ni orquídeas, ni narcisos, ni lirios, ni claveles, ni rosas, ni azucenas. Fueron violetas.

1. PERMANYER, LUIS, "Cuatro Carolinas de la misma familia llevan más de un siglo de floristas en
el mismo puesto de la Rambla", *La Vanguardia*, 29 de febrero de 1988.

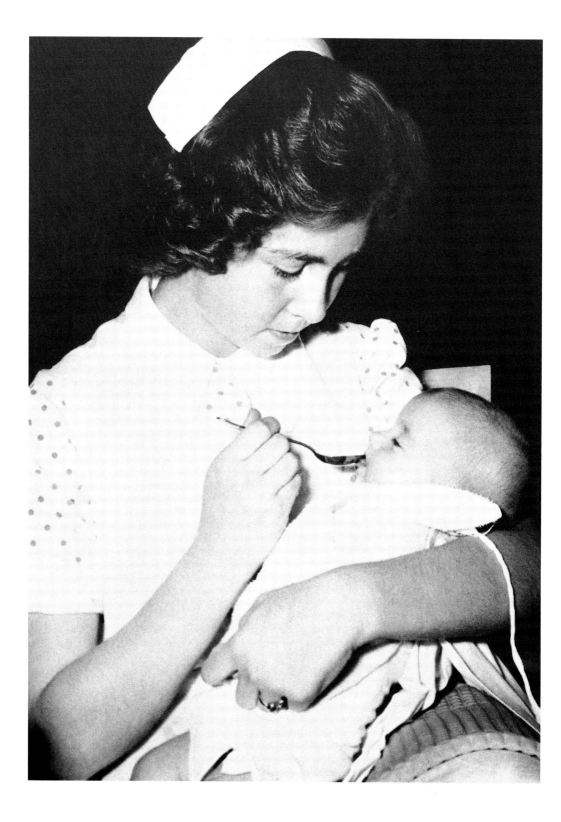

VIII

TIERRA SECRETA

Vivir el destino como una misión:
ésa es la vocación.

Laín Entralgo

The human soul
is a silent harp in God's quire.

Henry D. Thoreau

T IERRA SECRETA DE SOFÍA. RECONOCIDA
desde los primeros pasos aunque los pasos todavía vacilantes de una criatura, y aun los más afianzados de una adolescente, no puedan ni sepan discernir el verdadero y profundo sentido de la tierra. Desconocen que, de la
misma forma que en la profundidad del Egeo existe el enigma insondable de
la vida, así del vientre de la tierra hemos emergido.

La tierra conoce el dolor como madre de todos los hijos que pueblan su
extensión: en su latitud los hombres han delimitado –a través de luchas, glo-
rias y desconciertos– fronteras. Impunemente transcriben en mapas coloreados
a capricho, límites. Límites jamás definitivos: sujetos a constante vaivén.

Resulta confuso el
concepto de patria para
un niño que, como la
Princesa de Grecia, ape-
nas sabía, lápiz en mano,
restar o sumar, comple-
tar una frase en el idio-
ma que por el color de
su mapa le tocó apren-
der. Hubo de crecer la
inteligencia de Sofía
tanto como su cuerpo
para que llegase a enten-
der el significado de ese
color. Y, a partir de ahí,
descubrió la adolescen-
te, la joven, que convivir
es amar.

Sofía con su madre la Reina Federica

Sofía desvelará que
es en la tierra madre,
imperecedera, donde
se gestan los millones de hijos dispersos por el mundo aun cuando diferentes colores en su piel intenten negarles este derecho, «porque haciendo patria lo que haremos al cabo es tierra... nos haremos tierra». Pero la
tierra no es patria, la tierra es "matria", le confirmará Unamuno, a quien
años más tarde, ya Reina de España, Sofía leerá con fruición y conside-
rará como uno de los escritores más profundos.

Crece el niño en su "matria"; aprende sus canciones, sus signos, su historia, sus colores, como Sofía los aprendió. Y la vemos ahora cómo se nos refleja en *el espejo de la historia* bailando las danzas de Grecia, bien en solitario como el *zeimbekiko* –hoy *rebetiko*–, bien con sus compañeras griegas en grupos de tres o cuatro, como el *hassapiko* –hoy *sirtakio* y *syrtos*–, muy similar a nuestra sardana y que ya bailaban los nativos de Sardis, ciudad del Asia Menor, 600 años a.C. Y aun mucho antes –*Shaardana*– si tenemos en cuenta la invasión de los "Pueblos del Mar" en su primera oleada.

Vemos a Sofía extasiarse ante el color púrpura que en los atardeceres embellece el monte Lycabeto. Y la vemos orar en la plaza Sintagma –de la Constitución– ante la Tumba del Soldado Desconocido custodiada por la guardia *euzons*. Le es familiar la Academia de Platón, famosa escuela de Filosofía. Y podemos contemplarla ante el neoclásico estilo del Palacio Real de Atenas, en la zona elevada de la Plaza.

La Escuela de Enfermeras de Mitera,
donde Sofía estudió y trabajó.

San Jorge, en lo alto del monte. ¿Cuántas veces, como esta tarde en que nos la refleja el *cristal,* ha penetrado Sofía en la Iglesia ortodoxa del siglo XV para "hablar" con el santo? Porque el espíritu permanece fiel al espíritu de la tierra: «Yo os conjuro, hermanos míos, permaneced fieles a la tierra.»[1] Y Sofía comprobará cómo se le devuelven a aquélla los seres queridos que van pereciendo en el juego.

Allí, en la matriz de su mundo, encontrará Sofía la vida y el regreso. Y sabrá que retrocedemos lo andado porque los seres somos «los hijos de mis anhelos que caminan desnudos entre estas colinas»: para Sofía las colinas de Grecia, la "última tierra" unamuniana, porque si en el conocimiento de Dios cada uno, en verdad, está solo, así sucede en el «conocimiento de la tierra» nuestra.[2]

Cuando Sofía de Schleswig-Holstein Sonderburg Gluckburg regresó del ancho corazón de Europa, percatóse mejor que nunca de que Grecia es una extremidad. No será preciso establecer comparaciones, pero sabemos que en

Sofía, al recibir su diploma de puericultora.

Alemania exhumó la joven aquellas otras raíces que le eran necesarias. *A través del cristal* observamos ya cumplidas tres etapas de su vida, la frontera entre adolescencia y juventud está superada. Sofía estrena juventud.

Y vemos cómo Sofía potencia las fuerzas creadoras, el impulso de esta fase. Y se vacía en cuantas labores de ayuda a los necesitados y a los niños se precisan: es la suya una reafirmación de la vida que encierra en sí «un sentido reducido de felicidad», aunque cuando Sofía se entregaba a su tarea no había leído todavía a Nietzsche. Obraba como si hubiese realizado un voto de entrega, una promesa de por vida que nunca dejará de cumplir, porque no le arredrará a Sofía el temor al peligro. Por ello puede seguir manteniendo la consigna que se marcó a sí misma. Quizá porque, como pensaba Hölderlin, «donde existe el peligro también se desarrolla aquello que salva».

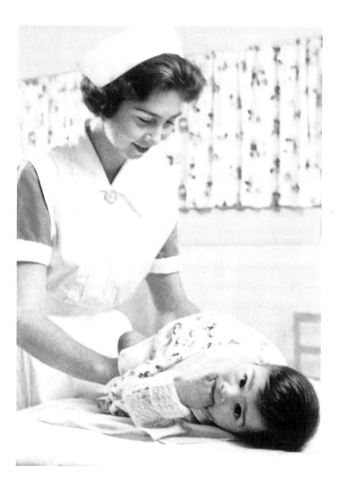

Durante dos años de su vida observamos a Sofía *desde el espejo de la historia* completar su aprendizaje en el orfanato de Mitera. Es el tiempo que tarda en graduarse en él como puericultora. ¡Cuán feliz y venturosa se siente con el título! Bastará acudir a una anécdota reciente: una tarde, en nuestro seminario, al que acude Sofía semanalmente, le fui presentando a los nuevos integrantes del grupo y la profesión de cada cual.

Al finalizar la presentación, la Reina, con naturalidad y complacencia:

–Te has olvidado de mí. ¡Que yo soy puericultora!

Terminados sus estudios, Sofía quedó vinculada a Mitera, donde trabajó du-

rante dos años. A la vez cumplió con los deberes sociales que su rango le exigía. Y abarcó también otras parcelas con las que ser útil a su país: fue capitana nacional de la Asociación de Guías Helenas. Y su pasión por la Arqueología la llevó junto a su hermana Irene a excavar en lugares diversos de Grecia. *Fragmentos de cerámica procedentes de Decelia*, de 1959, es uno de los frutos de este trabajo, firmado por las Princesas y por su profesor, Theófano Arvanitópulus. Lleva una dedicatoria de las hijas a su padre: «Al Rey Pablo como muestra de cariño, devoción y profundo respeto, en el día de su santo». Además de este libro, otro vio la luz años más tarde. Fue *Miscelánea Arqueológica*, elaborado también por ellas y el citado profesor.

Sofía tiene buenas compañeras en todos los ambientes. Sin embargo Mitera fue para la Princesa, como muy bien señaló José Luis Herrera, «cauce donde se derramó sin tregua ni medida el ser humano de Sofía de Grecia».[3] Y, tan generosamente, que la preciosa y precisa presentación en el Instituto de España que señalábamos anteriormente, asombró a los que escuchaban. En todos se acrecentó, si cabe, la simpatía por nuevas facetas que descubrían en la Reina de España. En este caso, sencillez, humildad y deseo de ser reconocida por su auténtica vocación: los niños.

Por ello, en el paisaje mediterráneo, la Escuela de Enfermeras de Mitera y el Hogar Infantil para huérfanos, fundados por la Reina Federica, no serán únicamente el nombre de una institución. Sofía entrevió un significado de

Portada del libro: 'Fragmentos de cerámica procedentes de Decelia', trabajo arqueológico de las Princesas Sofía e Irene.

entrega, de liberación y de felicidad. Mitera es la madre –del griego deriva 'madre'– que la espera diariamente durante cuatro años, dos de estudios y dos de trabajo. Y desde esa Escuela, la Princesa dio expansión a tantas ilusiones como puso y ha puesto siempre en su trabajo.

¿Cómo no iba a ser, pues, Sofía el día de mañana la madre tierna pero exigente, comprensiva e inflexible a la par, tanto como cariñosa y rígida? En la educación del Príncipe y de las Infantas –carta blanca lógicamente la suya en este difícil, delicado menester– podemos constatar la realización y los resultados de la vocación, tan fácil aparentemente, de ser madre.

Los niños, las obras sociales, la cultura y el arte son los objetivos de la joven Princesa de Grecia mientras la vemos relumbrar al correr del tiempo.

Pero, ¿reconocemos a la joven Sofía? Hemos ido siguiendo su trayectoria. La lluvia del tiempo cayó sobre su vida. Hoy es la esbelta mucha-

La alumna Sofía, con tres profesoras de la Escuela de Enfermeras de Mitera.

María Eugenia Rincón

cha de dorados cabellos más oscuros. Inalterables, los ojos claros.

Sabemos que «el azar está regido por el tiempo real». El viaje de ida tiene el regreso pagado. Pero ahí está Sofía, en el *espejo,* recuperada en una mujer total –remitiéndonos a la tesis de Hombre Total defendida por Allport y recogida por Geiwitz–,[4] lo que el ser humano «realmente es».

Sofía manifiesta algo de sí misma en todo cuanto hace porque está «organizada en su propio interior»,[5] y tal organización supone, a lo largo del tiempo, una estabilidad en sus pensamientos y en sus actos: he aquí la personalidad

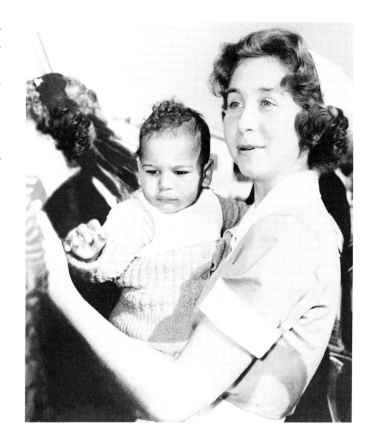

–reflejos, actitudes, hábitos, valores– en su más alto nivel, si nos afirmamos en las premisas anteriormente citadas.

En Mitera, Sofía puericultora. Ayudará así a tantos pueblos y suburbios de su Grecia martirizada, curando heridas visibles o invisibles, todavía cuarteadas después de haber alcanzado la tan ansiada paz.

---

1. Nietzsche, F., "De la muerte libre", *Así habló Zaratustra,* pág. 117.

2. Unamuno, M. de, *Soledad,* pág. 600.

3. Herrera, J. L., *Doña Sofía,* pág. 109.

4. Geiwitz, J., *Teorías no freudianas de la personalidad,* pág. 20.

5. Geiwitz, J., *op. cit.,* págs. 21-22.

-22-
La Reina
en el mundo
de la música

La música es para mí un descanso,
una experiencia espiritual,
un regalo en tiempos
que no dejan mucho margen para pensar,
una forma de elevarse.

REINA SOFÍA

Musik ist höhere Offenbarung
als alle Weisheit und Philosophie.

BEETHOVEN

Donde hay música
no puede haber cosa mala.

CERVANTES

Great art is an instant
arrested in eternity.

J. HUNEKER

«*S*EÑORES ACADÉMICOS: AL RECIBIR LA MEdalla de Honor de esta Real Academia de Bellas Artes de San Fernando siento la profunda satisfacción de incorporarme a su Instituto, tan vinculado a la Corona por su fundación y protectorado, y que desde sus orígenes ha enaltecido la cultura española con su brillante actividad dirigida a un triple objetivo: la búsqueda de la Verdad, de la Bondad y de la Belleza, como postulados universales, permanentes y nobles que todo artista persigue.

"Las bellas artes no pueden jamás estancarse"

»Esta Academia ha marcado pautas orientadoras para un pueblo como el español, que posee tan rico acervo monumental y artístico y cuyos pintores, escultores, arquitectos y músicos han dejado una profunda huella en la cultura occidental.

»La Academia, para continuar sus obligaciones, se esfuerza continuamente, cada vez más en la sociedad, con la modernidad que los tiempos actuales demandan, y al mismo tiempo estimula a las jóvenes generaciones a conocer bien el pasado para construir el futuro con ambición de nuevas tendencias, nuevos estilos, nuevos hallazgos, nuevos logros.

»El arte, las bellas artes, no pueden jamás estancarse.

»Uno de los mayores orgullos de un pueblo es sentir que tiene artistas capaces de avanzar siempre y de encontrar y mostrarle ese mundo más bello y más espiritual del que tan necesitados estamos todos.

»Señores académicos, les expreso mi agradecimiento más sincero por el honor que me conceden y como nuevo miembro de esta ilustre corporación, en la que tan cómoda me

El Rey Juan Carlos impone a Sofía la medalla de académica de honor de la Real Academia de San Fernando.

siento por mis vocaciones, expreso el deseo ferviente de que sus esfuerzos consigan el más feliz de los resultados. Muchas gracias.»

Así se expresaba *Sofía de España, esta mujer*, al ser nombrada académica de honor de la Real Academia de San Fernando.

Su voz se expande por el recinto de casi tres siglos de antigüedad. Como se expandían las notas de Mozart entre los bosques que, de mar a mar, abrazaban la península griega.

Los árboles tienen almas o sombras. Pero las melodías arrancadas del teclado por los dedos de la niña Sofía diluirían las sombras. Porque la Reina Sofía, al hilo de la música, ha ido hilvanándose desde niña con el alma de los artistas de todos los tiempos. Para ella no ha habido fronteras.

Distintas épocas. Distintas circunstancias. El código genético, sin embargo, es la constante. ¿No es evidente que «el verdadero arte debe descender desde la Divinidad hasta el artista y rozar con su aliento al espectador», como reconocía la propia madre de Sofía? ¿Y no es el deseo de nuestra Reina en el acto de su ingreso como académica de honor una lógica consecuencia del espíritu y de la sensibilidad, en parte heredadas, y una evidencia al mismo tiempo de la decisión de «hacer camino al andar»?

Sofía: 'sabiduría'. Hubo flores multicolores para ella en la tarde. Visibles, en su mano, unas. Invisibles para todos, otras: porque Juan Sebastián Bach estaba presente en una fecha que subrayaba y reconocía oficialmente el apoyo que la Reina de España presta constantemente a la música.

Al día siguiente de su nombramiento tuvo lugar el seminario de Filosofía que es habitual todas las semanas en el Instituto de España. Allí los aplausos se escucharon de nuevo. No tan copiosos; sí tan sinceros.

Esperaban a Sofía sus compañeros, de pie y una rosa en su asiento.

María Eugenia Rincón

Sofía, Reina, y los conciertos del Palacio Real

Con el bagaje cultural que confluye por diversas vías a su espíritu: el de la herencia, el de la propia vida, el del estudio, sabemos que la música es una de las premisas más estables en donde Sofía se ha apoyado. Y no sólo ha inculcado a sus hijos esta pasión: considera también necesario que los jóvenes, ya universitarios, ya de los conservatorios, ya del pueblo en general, vean cumplidas, en la medida de lo posible, sus inquietudes unos, su vocación y afición, otros.

El primer concierto que se celebró en el Palacio de Oriente tuvo lugar en la Capilla del mismo. Fue un concierto de órgano interpretado por Lionel Rogg, catedrático de esa especialidad en el Conservatorio de Música de Ginebra.

Aquella tarde, memorable por tantos motivos, se recuperó una hermosa tradición: la entrega por parte de la Reina de España al maestro Rogg de un rollo de pergamino con un tema musical para que lo improvisase. (Federico de Prusia tuvo la iniciativa de esta tradición cuando le dio un tema a Juan Sebastián Bach: "Ofrenda Floral". La iniciativa se extendió a otras cortes europeas y, naturalmente, a la de España, en algunos de los conciertos de los Reales Sitios. El tema musical venía a ser una especie de "prueba" para el intérprete.)

En el intermedio de un concierto en el Palacio Real.

Sofía con los intérpretes de un concierto interpretado con los 'stradivarius' de la Colección Real.

A partir de aquella tarde comenzó el ciclo de conciertos que alentó Sofía en el Palacio Real: los de música de cámara que a lo largo de ocho años han venido celebrándose.

Los Reyes de España permitieron que se desempolvaran los tesoros instrumentales dormidos en las vitrinas de Palacio: los *stradivarius.* Y fueron usados y escuchados y vividos, recobrando así su verdadera misión: dejar de ser piezas de museo para sonar en la Sala de Columnas del Palacio de Oriente por primera vez en muchas centurias.

En ocasiones los *stradivarius,* por expreso deseo de la Reina de España, se trasladan –cruzando la Plaza de Oriente– desde el Palacio de Oriente al Teatro Real, con objeto de que un sector más amplio de estudiantes pueda escuchar el mismo programa por los mismos intérpretes que actuaron la noche anterior en el Salón de Columnas. En ambos lugares la Universidad Autónoma de Madrid –y en ella, el Instituto de Investigación y Promoción de la Música dirigido por el profesor José Peris– organiza los conciertos. Porque Sofía desearía una España con música en todos los pueblos, en todas las ciudades, en todos los hogares, en todos los espíritus.

Maestros sin fronteras han sido premiados con la atención y el aplauso de la Reina, quien puede hacer suyas las palabras de Marco Aurelio: «Acepta el arte que has aprendido, y gózate de él.»[1]

María Eugenia Rincón

Los *stradivarius* suenan en el Salón de Columnas

En la limitada parcela de artistas creadores de instrumentos de arco, destacan, a finales del siglo XVII, Amatti y su discípulo Antonio Stradivarius, de Cremona. En 1684 Amatti ya había escalado con éxito cotas aparentemente insuperables. Sin embargo, es el *luthier* Stradivarius quien consigue, si bien a muy avanzada edad, tanta perfección en los instrumentos que ni sus propios discípulos, ni los artesanos anteriores y posteriores a él (incluidos entre éstos el español Diego Sánchez, de fines del siglo XIX, y de cuyas manos se supone salió una viola alto que se conserva en el Palacio Real), pudieron igualar.

Stradivarius pule, crea y renueva, día a día, los elementos de que consta un instrumento de cuerda. Cualquier detalle será para él primordial: desde el diseño a la ornamentación; desde la curvatura del instrumento a su grosor milimetrado; desde la madera de alta calidad escogida entre las más selectas –la de arce de Croacia y Dalmacia para las bandas, la de abeto para la tabla, o la de tilo o de chopo para el fondo de los instrumentos– a la exquisitez y colorido de los barnices para la decoración de cada violín o viola.

Stradivarius hizo especialmente para la Corte de España «el famoso Quinteto de Instrumentos» que citan los hermanos Hill,[2] pintado e incrustado, que no llegó a nuestra patria hasta después de la muerte del *luthier* –1775–, y aun cuando el Rey Felipe V se había interesado en Cremona por el conjunto de violines, violas y bajo. El hijo de Carlos III, Príncipe de Asturias, estudiaba en Italia[3] y conocía aquel país tanto como su música; él fue quien decidió, junto con el hijo de Stradivarius, la adquisición. Compró los instrumentos el padre Brandilla «por la suma de 125 *gigliatti* o *zecchino* florentinos»,[4] moneda de oro. Este precio equivalía a unos 1.470 francos. Así Brandilla trajo los instrumentos, por fin, a Madrid.

La Reina, con el rector Cayetano Martínez, en un concierto de la Autónoma en el Teatro Real.

Por el interés que encierra la descripción de los instrumentos en sus detalles, no nos resistimos a transcribir en este capítulo el estudio pormenorizado que de ellos hace el profesor Ruiz Casaux, quien fue conservador de la colección en el Palacio Real al igual que Luis Antón, y a los que sucedió, ya en la

La Reina, la Infanta Cristina, el Duque de Badajoz y los Duques de Soria, en un concierto en el Salón de Columnas del Palacio de Oriente.

actualidad, el prestigioso nombre de Hermes Criales. Los detalles de la descripción, transcritos por Luis Antón,[5] son los siguientes:

– Dos violines, cuyos bordes llevan en el límite de los filetes ordinarios una greca formada por círculos y rombos de marfil sobre un fondo negro, rellenado con *mástic* de ébano. Sus cabezas y aros están ornamentados con un elegante dibujo de asuntos vegetales, en cuyos centros figuran alternativamente un grifón y un animal canino, todo ello grabado en bajorrelieve y rellenado igualmente con *mástic* de ébano.

– Una viola-contralto que tiene sus bordes ornados con la misma greca que los violines, en marfil y *mástic* de ébano; su cabeza y aros llevan también una bellísima ornamentación, siendo el detalle característico de los aros un ave y una liebre. En este instrumento los dibujos de su cabeza y aros no son incrustados, sino pintados a tinta china sobre el barniz.

– Una viola tenor con idénticas características de construcción y ornamentación. Este instrumento, intermedio entre la viola contralto y el *violoncello,* era de tan desmedidas dimensiones, que fue definitivamente suprimido al comenzar el siglo XVIII.

– Un bajo, especie de *violoncello,* con la misma greca en los bordes que los cuatro instrumentos antes citados y dibujos a tinta china en su cabeza y aros, siendo el motivo de estos últimos un Cupido disparando su flecha contra Capricornio.

Scarlatti, en la Real Capilla de Palacio

El homenaje a Doménico Scarlatti (1685-1757), músico de la Corte española durante veintiocho años, se celebró en una tarde de octubre de 1985, con ocasión del tercer centenario de su nacimiento, y del Año Europeo de

María Eugenia Rincón

la Música. La *Missa Quattuor Vocum* de Scarlatti y su *Salve*, la última que compone el artista antes de morir en Madrid en 1757, no sólo emocionó en la Capilla del Palacio Real a la Reina Sofía, sino a cuantos compartimos con ella aquel momento.

Por añadidura, la *Missa* fue ese día estreno mundial, y se pudo escuchar merced a la transcripción literal que de la partitura manuscrita hizo el profesor Peris para dicho concierto. Noche verdaderamente memorable, tanto más cuanto que se presentó «al público un órgano realejo del siglo XVIII reconstruido en una primera fase para esta ocasión por iniciativa del Patrimonio», aclaraba el marqués de Mondéjar, entonces Jefe de la Casa del Rey, en la presentación del concierto[6]. Dato interesante éste, dado que «por el tiempo de su construcción y por sus características, el órgano realejo se corresponde históricamente con el período del reinado de Don Fernando VI y Doña Bárbara de Braganza, y no es fantasía pensar que fue usado tanto por Doña Bárbara de Braganza como por su maestro de música», es decir, Scarlatti. Y nos confiesa el marqués de Mondéjar su satisfacción al «presentar simbólicamente un instrumento que se oirá en público tras dos siglos de silencio, satisfacción que se acrecienta por coincidir con una noble y feliz circunstancia; la conmemoración del tercer centenario del nacimiento de Scarlatti y la celebración del Año Europeo de la Música que proclama la armónica unidad occidental, estimulada siempre por el genio creador.»[7]

El concierto, como hemos señalado, constaba de la *Missa Quattuor Vocum* compuesta en 1754. El manuscrito se guarda en la Real Capilla de Palacio desde hace doscientos años. Respecto a *Salve a solo, con violini, viola e basso*, escrita en 1756, un año antes de la muerte de Scarlatti, recor-

La Reina, con el Jefe de la Casa del Rey, Marqués de Mondéjar, y el profesor Peris, en la Capilla del Palacio Real con motivo de la exposición-homenaje a Scarlatti.

demos que el manuscrito se conserva en la Biblioteca del padre Martini de Bolonia, y fue cedido para esta ocasión por el gobierno italiano para que fuese expuesto junto a otros recuerdos del Músico de la Corte española. La voz de Victoria de los Ángeles y el Coro y el Conjunto Instrumental de Radiotelevisión Española, interpretaron las dos obras.

Terminado el concierto, la Reina Sofía de España conversó con los descendientes de Scarlatti que habían invitado al Palacio Real y que ya alcanzan la novena generación. Estaban presentes Syra y su hija, Julio y su hijo David (un muchacho de unos doce años). El nombre de Doménico no se perpetuó a lo largo de los trescientos años en los descendientes varones del compositor. Únicamente hubo un Domingo en la larga familia; el hijo de Anastasia Meaxart Ximenes, dama española con quien casó en segundas nupcias Scarlatti. La Reina Sofía ignoraba este hecho y, de pronto, con la espontaneidad y la simpatía que la caracterizan, le preguntó al muchacho:

–Y tú, ¿cómo te llamas?

–Yo me llamo David, Majestad.

–¡Cómo! ¿No te llamas Domingo?

–No; me llamo David.

–¿Y no hay ningún Doménico en la familia?

–Sólo ha habido uno en tres siglos –contestó Syra a la Reina.

Entonces, Sofía de España, convencida y decidida, le dijo al muchacho:

–Pues ya lo sabes, David: cuando te cases, al primer hijo que tengas le tienes que llamar Domingo, como tu antepasado Scarlatti.

El Patio del Príncipe, abierto en verano a la melodía

La actividad musical que alienta la Reina de España no se circunscribe, sin embargo, a los conciertos de música de cámara que escuchan en el Salón de Columnas del Palacio de Oriente alrededor de doscientas personas.

Desde hace años, y en el mes de julio, el Patio del Príncipe del mismo Palacio sirve de marco incomparable para dar vida a los sonidos armónicos de los mejores compositores. Dada la capacidad del recinto, éstos pueden llegar a capas más amplias de la sociedad española, las cuales han podido escuchar a orquestas nacionales e internacionales, ballet clásico de la mejor factura universal, que se dan cita en el Patio del Príncipe durante las noches de verano, cita anual a la que nunca falta la Banda de la Guardia Real, tan brillante siempre en sus actuaciones.

Un concierto en el Patio del Príncipe, del Palacio Real.

Otros senderos musicales
y la Escuela Superior de Música Reina Sofía

Son numerosos en España.

Destacaremos, sin embargo, de entre ellos, el Premio de Composición Reina Sofía de la Fundación Ferrer Salat que se convoca anualmente y que tiene carácter internacional. El nombre que Sofía de España le otorga, le procura, de año en año, una expansión y un prestigio especiales.

El nombre de la Reina de España brilla también en la Presidencia de Honor de la Orquesta Sinfónica y Coro Nacionales de España.

El más reciente logro en el arte musical, perteneciente a la Fundación Albéniz, es la Escuela Superior de Música Reina Sofía.

Cuenta ya con varios años de andadura, y ha logrado un reconocimiento internacional extraordinario. Y es importante señalar que esta Escuela Superior ha nacido, «no sólo para formar solistas, sino músicos capaces de integrarse con facilidad en grandes agrupaciones orquestales»,[8] como señaló Paloma O'Shea, directora de dicha Escuela Superior, el día 10 de junio de 1993 en el Salón de Columnas del Palacio Real, tarde ésta en que se presentó al público la Orquesta de Cámara Reina Sofía, integrada por los más destacados alumnos.

Ya más recientemente, el nivel internacional alcanzado por la labor de la Escuela quedaba reflejado nuevamente en las palabras de la misma Paloma O'Shea: «Nos propusimos, desde el primer día, formar músicos de élite, lo que interpretamos como artistas completos, que extienden sus saberes más allá de la técnica musical, hasta el ancho campo cultural del que se alimenta, en el que vive y se proyecta, el artista entero y verídico».[9]

El Concierto de la Corona

«Fieles a nosotros mismos, esta universidad apuesta por la cultura musical de sus integrantes, abriendo el abanico de posibilidades, en un intento de fortalecer el amor por la música».[10]

Esta es la justificación en la cuarta edición del Concierto de la Corona, presidido por y en honor de Sus Majestades los Reyes de España, en palabras del entonces rector de la Universidad Complutense, profesor Villapalos. Día de Santo Tomás de Aquino, patrón de la universidad: 28 de enero. El día, precisamente, de la investidura de doctores en el Paraninfo de la Universidad Complutense, lugar donde, en 1980, fue investido el Rey Juan Carlos doctor *honoris causa* en Leyes. Para conmemorar este evento, el entonces rector, profesor Schuler, creó en el año 1984 el Concierto de la Corona. Dicho concierto tomó al año siguiente mayor importancia con el impulso del nuevo rector, profesor Villapalos, y quedó asentado ya como una de las solemnidades de la vida académica de la universidad española.

En la mañana de Santo Tomás, y en el Paraninfo de la Universidad Complutense, ramos de mirto por alfombra, canciones populares de la tuna estudiantil, y los nuevos doctores del curso recibiendo de manos del rector sus atributos: birrete, Libro de la Ciencia, guantes inmaculados, anillo. Y el *Gaudeamus igitur* entonado por todas las voces. E integrados en la gran familia universitaria española, los Reyes de España, quienes en noche tan señalada conviven con la música y con el afecto de los universitarios.

¿Hay forma más elocuente de clausurar la solemnidad de Santo Tomás, emotiva por sí misma desde hace setecientos años?

La Reina y Rostropovich en el Real Coliseo de Carlos III

Música y sabiduría, de la mano. En el largo y cálido verano, los cursos universitarios de El Escorial. Por la mañana, mesas redondas sobre filosofía, derecho, genética, humanismo, política, economía o historia. Los conciertos, por la noche.

Pero hoy es una noche muy especial: Hoy la Reina de España ha volado desde el Palacio de Marivent de Palma de Mallorca para llegar a la cita aceptada con tres meses de antelación: la Reina y Rostropovich cumplen el bello compromiso con el arte en el Real Coliseo de Carlos III. Bach, el elegido para el reencuentro.

Sofía –mujer de mar– abandona por dos días su descanso en la isla a fin de escuchar una vez más al mejor *chelo* del mundo y amigo de muchos años, tanto de la Reina de España como de su hermana, la Princesa Irene. La Soberana ha ido recorriendo las ciudades de nuestra patria para cumplir diversas misiones. Y la artística no es la menos importante. Porque la restauración de un

Los Reyes, con el rector Villapalos asisten al Concierto de la Corona.

Sofía acude al Real Coliseo de Carlos III, en San Lorenzo de El Escorial, a un concierto de Rostropovich

teatro supone para Sofía algo más que la renovación de un edificio. Sofía es consciente de que en esas paredes se ha ido fraguando la historia de su país, España.

Ya estamos dentro del primer teatro español cubierto y construido con una trama barroca. El único que se conserva del siglo XVIII: el Real Coliseo Carlos III de San Lorenzo de El Escorial. ¿Tuvo vida, en aquel final del siglo XVIII, este primoroso teatro en el que hoy escuchamos a Rostropovich? Sabemos que aquí acudían damas y caballeros de la corte de Carlos III y aun de épocas posteriores –Carlos IV, Fernando VII– a escuchar las voces o las melodías de La Tirana, de Scarlatti, de Farinelli, de Boccherini, de Antonio Soler, de tantos compositores o cantantes.[11] Y no podemos rehuir la evocación del pasado porque, fruto de él, hoy todo se conjuga armónicamente: el encuentro de Rostropovich y de la Reina de España, la noche, el marco. Y la historia sosteniéndolo todo con pilastras que el tiempo no derrumba.

Mientras Rostropovich nos conduce con Bach al pasado, distinguimos a la Reina Sofía en el Palco Real, que no al Rey Carlos III. Y a la Princesa Irene de Grecia, que no a la esposa de aquél. Ayer, 1773. Hoy, 22 de julio de 1989. Una distancia de más de dos siglos nos separa. Sin embargo, es similar el entorno.

No es baladí recordar al respecto las palabras de Juan Sierra, artífice de la recuperación del recinto que en 1972 inició la Sociedad para el Fomento y Reconstrucción del Real Coliseo Carlos III, y de la que nuestro Rey Juan Carlos es presidente de honor: «Sentí una extraña ensoñación, la del combate lejano y ganado. La de haber cumplido con un deber no pedido... algo muy parecido a la serenidad y la alegría que dan las bellas cosas.»[12]

Esta noche, sin embargo, ni el artista ruso ni la Reina de España saben todavía que pocos meses más tarde, en febrero de 1990, les aguarda otra cita: el Conservatorio de Música de Moscú. Rostropovich dirigirá allí la *Patética* de Chaikovski, sinfonía que ya dirigió por última vez en la capital rusa dieciséis años atrás, en 1974.

Rostropovich regresará a su patria de nuevo, con todo honor, después de tantos años de exilio. Y allí, en primera fila también, nuestra Reina Sofía. Junto a ella, la primera dama de la URSS, Raisa Gorbachov. Ambas premiarán al artista con aplausos. El pueblo de Rusia, con lágrimas.

Líricas castellanas y el Maestro Rodrigo: otra cita con Sofía

Un año después del reencuentro de la Reina de España con Rostropovich, Sofía ha vuelto a cumplir otra cita con la música en el Real Coliseo de Carlos III de El Escorial. Esta vez, con el maestro Joaquín Rodrigo y en el estreno mundial de *Líricas castellanas*, creación del compositor español. Porque el amor de Sofía por la música, que ya empezaba a reflejarse en *el espejo de la historia,* es en ella más profundo cada vez. Impulsada por este amor, Sofía recorre la geografía del mundo. No vacila en desplazarse adonde un acontecimiento musical tiene lugar. ¿Quizá porque comparte la idea de Gironella de que «la religión ha sido la primera en comprender el valor comunicativo con lo sobrenatural», y por eso «ha utilizado la música para aproximar al ser humano con lo divino»?

De la partitura manuscrita autógrafa del maestro había dos originales: uno de ellos

La Reina con Rostropovich y la Princesa Irene.

Apoyado en la Reina, el maestro Rodrigo y su esposa, en el Real Coliseo Carlos III de San Lorenzo de El Escorial.

dedicado por Joaquín Rodrigo a la Reina de España; otro dedicado por la Reina de España a Joaquín Rodrigo:

«A Su Majestad la Reina Doña Sofía, cuya sensibilidad hacia la música es conocida por todos los músicos. Con la mayor devoción y el afecto de Joaquín Rodrigo», son las palabras que nuestro compositor ha conjugado para honrar a Sofía. A su vez, la Reina ha escrito en la otra partitura:

«Para el maestro Rodrigo. Muy agradecida por el gran honor de haberme dedicado estas preciosas 'Líricas castellanas'. Un recuerdo en el día de su estreno, 17 de julio 1990.»

Así, compositor y Reina de España, Reina de España y compositor, se han cruzado las ofrendas musicales.

En el entreacto Sofía ha recibido el saludo del compositor y de los artistas. Luego ha acompañado al maestro Rodrigo a su palco: ¡Qué emotivo el gesto de la Reina de España ofreciéndole su brazo para que el paso fuese más

María Eugenia Rincón

seguro! Apoyado en la Reina, el músico avanzaba por el vestíbulo con sus noventa años a cuestas. Pero no le pesaban. Ni sus ojos, sin luz desde ya hace tantos decenios, precisaban de claridad esta noche.

Y si se considera que «la música, por su naturaleza impalpable para el ser humano, adquirió instantáneamente un origen sobrenatural y mágico»,[14] así lo constatamos nosotros una vez más cuando la magia de las notas de *Espera del amado* se expanden por el Coliseo:

> *«Al alba venís, buen amigo,*
> *al alba venís...»*

1. Marco Aurelio, *Soliloquios,* IV, 31, pág. 76.

2. Los hermanos Hill, de Londres, «considerados los más autorizados biógrafos en materia de stradivarius», como nos comenta Antón, «Los stradivarius de la Colección Palatina», *Reales Sitios, Patrimonio Nacional,* año VII, n. º 25, 1970, pág. 50.

3. Recordemos que el trono de Nápoles y Dos Sicilias pertenecía a España, y que de él fue rey Carlos III antes de morir su hermano Fernando VI, Rey de España. Su hijo Carlos IV, cuando todavía era Príncipe de Asturias, trajo de Italia «la herencia y la activísima vida musical de Nápoles y el conocimiento y la práctica del violín» (Antón, *op. cit.* pág. 49).

4. Antón, Luis, *op. cit.,* 50 (el *zecchino* florentino era una moneda de oro que entonces equivalía a 11,75 francos).

5. Marqués De Mondéjar, presentación del "Homenaje a Doménico Scarlatti, Músico de la Corte de España", III Centenario, Palacio Real, Madrid, octubre de 1985, Año Europeo de la Música.

6. *Ibíd.*

7. O'shea, Paloma, Presentación de la Orquesta de Cámara Reina Sofía, Palacio Real, 10 de junio de 1993, pág. 6.

8. O'shea, Paloma, "Pensar el futuro", en Programa del Concierto de la Orquesta Música de Cámara de la Escuela Superior de Música Reina Sofía. Palacio Real, 9 de junio de 1994.

9. Villapalos, Gustavo, palabras de presentación en el Cuarto Concierto de la Corona, Universidad Complutense, 1989.

10. *Historia del Real Coliseo de Carlos III,* Comunidad de Madrid.

11. Palabras que Juan Sierra me trasmite en la carta del día 15 de enero de 1990. En ella recuerda la ayuda que le prestó para la recuperación del teatro Carlos III el entonces director general de Bellas Artes, Florentino Pérez Embid. Por aquellas fechas Natalia Figueroa, en *ABC,* denunciaba la casi certera demolición del teatro. Juan Sierra, delegado nacional de Cultura, pudo lograr –me consta que no sin esfuerzo– la devolución al pueblo español de un pedazo de su historia.

La Reina, tomando el té con la Primera Dama estadounidense, Nancy Reagan, en la Casa Blanca.

-23-
La hora del té

*Aun en medio de la desesperación,
esperamos.*

REMY DE GOURMONT

*Los que no han sufrido mucho
no saben nada;
no conocen ni el bien ni el mal;
no conocen a los hombres
ni se conocen a sí mismos.*

FENELÓN

*Ogni lacrima
insegna ai mortali
una verità.*

V. FOSCOLO

*Tomando el té uno olvida
el ruido del mundo.*

TIEN JI HENG

«*L*A DEGRADACIÓN A QUE LLEVA LA DROGA,

no sólo a las personas individuales, sino a la sociedad entera, hace que ante este problema todos seamos protagonistas, sujetos o víctimas, pero en ningún caso simples o meros espectadores», afirma la Reina.

Sofía de España tiene como una de las más urgentes y dolorosas preocupaciones la lucha por resolver el problema de la juventud que se ha sentido atrapada por la lacra de la droga. Ya en España –donde semanalmente trabaja durante una jornada, muy dura por cierto, para paliar este mal–, ya en cualquier parte del mundo, las palabras de Sofía adquieren una fuerza que nos hace meditar seriamente. Y, si en efecto, lo importante es estar logrando, que no el logro, la Reina lleva permanentemente este intento al último rincón y aun en actos aparentemente menos trascendentes.

Los periódicos traían la noticia en lugar destacado: la Reina Sofía había viajado a Estados Unidos para asistir a una memorable representación de la ópera *Goya*. Estreno mundial.

Durante su estancia en el país norteamericano, la Reina de España inauguró una exposición de obras de Francisco de Goya y Lucientes en la National Gallery de Washington y otra de grabados en la Corcaran Gallery.

La ópera, original de Gian Carlo Menotti y dirigida por el maestro Frühbeck de Burgos, se representó en el Kennedy Center de Washington. Nuestro genial pintor estuvo interpretado por el tenor español Plácido Domingo. Allí la Reina

Su Majestad, presidiendo una reunión del Patronato de la Fundación Nacional contra la Droga, junto al general Manuel Gutiérrez Mellado.

Sofía de España otorgó al cantante, como premio a su dedicación total a la música, la Encomienda de la Orden de Isabel la Católica.

Estos actos, integrados en la Semana Cultural Española en Estados Unidos, habían significado un éxito absoluto para nuestro país. Desde el secretario de Estado norteamericano George Shultz al ministro de Defensa de Estados

La Reina, con Plácido Domingo y otros artistas en el estreno de la ópera 'Goya', en el Kennedy Center de Whasington.

Unidos, desde el director de la Opera House al director de la National Gallery, desde la recepción de gala en la Embajada de España hasta la última mano estrechada por la Soberana, todo fueron honores con los que se honraban los americanos honrando a Sofía, Reina.

Cumplida su misión, la Soberana hizo una corta visita de carácter privado a Nancy Reagan. La prensa destacaba el hecho. «La Reina Sofía y Nancy Reagan hablan de temas familiares en su encuentro.» Y la fotografía inevitable: ambas damas sentadas en un amplio sofá lujosamente tapizado ante la mesa de centro sobre la que brillaban el servicio de porcelana china y las bandejas de plata.

Pero, conociendo a la Soberana, sabemos que la conversación entre ambas damas no se limitó solamente a temas familiares. La preocupación por la juventud y por su futuro, que es el futuro de nuestro mundo, nos consta que estaban vivos en la mente de la Reina.

Al día siguiente Sofía regresó a nuestro país y acudió puntualmente a la cita semanal que tenía con nosotros en el Instituto de España. Dentro del ciclo "El hombre. La fe. Las creencias.", se habían dado cita en el Seminario los

María Eugenia Rincón

dirigentes de las principales confesiones religiosas existentes en España. Después de las intervenciones la hora del té era también rito sagrado para nosotros; rito que se repetía cada semana. Veinte minutos que dividían en dos partes casi iguales la sesión y servían, bien para comentar los hechos más destacados del momento, bien para prolongar la polémica sobre el tema que, de por sí, era hoy polémico: la fecundación *in vitro* enfocada desde el prisma de las distintas iglesias, y la actitud de éstas ante los problemas de la juventud, tales como la droga y la violencia.

Huelga decir que diferían mucho unas opiniones de otras y por ello resultaba doblemente interesante escuchar cuanto cada confesión aducía. ¡Cómo resaltaba en temas tan de actualidad, y a la vez resbaladizos, la evolución que quince años de democracia habían marcado en el pensamiento y en las concepciones de las doctrinas!

Señalé en otro momento que la apertura religiosa hacia todas las creencias, incluidas las no cristianas, había comenzado en nuestro grupo quince años atrás, en difíciles tiempos y comprometidos, y que fue precisamente la Reina de España la que tuvo la valentía de dar entonces aquel difícil primer paso para que, transcurrido el tiempo, fuese su deseo un logro. Idéntico era el deseo de Sofía al que la doctrina de nuestra Iglesia proclamaba en el Concilio Vaticano II: «Este Concilio quiere fomentar y recomendar el mutuo conocimiento y aprecio entre judíos y cristianos.»

Y esta tarde, a la hora del té, rememorábamos aquellos días. Nuestro té –*Camellia simenis*– que se toma, no en taza de plata ni de porcelana china, sino en vaso de cartón de colores.

Hoy degustamos té de la India y elegimos de entre las dos clases más apreciadas: *Assam* y *Därjeeling*. La de *Assam*, cultivada en el valle del Brahmaputra, en el norte de la India, bosques de Assam, de planta que se halla todavía en forma silvestre.

Recordamos con la Reina que Europa conoció esta calidad de té cuando la marina holandesa lo trajo: corría el año 1610. Casi con cuarenta años de anterioridad, por tanto, a que lo diese a conocer en Inglaterra Samuel Peppys. (Años más tarde, en 1784, William Pitt, *The Younger*, aquel primer ministro inglés –quien tanto potenció la universidad inglesa de Cambridge y que en aquella ciudad evocamos en su día– fue quien redujo los impuestos sobre el preciado líquido, por lo que el té dejó de ser un lujo y estuvo al alcance de todas las familias inglesas.)

Si cada ocasión o cada estado de ánimo requiere su exclusivo tipo de té, esta tarde preferimos el de *Därjeeling*. ¿Quizá, porque es el gran señor, plantado a dos mil pies de altitud en el Sagrado Monte? Contrasta la exquisitez de la infusión con el modesto vaso que evoca las lejanas épocas estudiantiles. Degustamos, pese a todo, el placer de volver al pasado, bien que fuera por veinte minutos.

Nuestro té admite tomarse con leche o limón, a diferencia del *Lapsang-Souchong*, o del *Jasmine* o del *Keemun* o del *Souchong Imperial*, con sabor a jazmín, junto a los cuales la leche o el azúcar supondrían casi una "profanación". Pero en clase cada uno de nosotros lo toma a su gusto: Doña Sofía, solo y sin endulzar.

Ya en el descanso, recordamos la noticia que el periódico nos transmitía dos tardes antes: «La Reina de España estuvo en la Casa Blanca». Y la pregunta inevitable:

–Pero vamos a ver, Señora. ¿Qué té sabe mejor? ¿Este de *Därjeeling* en vaso de cartón o el de Washington, bien que fuese en taza de plata?

Naturalmente nuestra compañera Sofía no podía contestar. Reconoció, con una sonrisa, eso sí, que nuestro té tenía un especial encanto: la tarde, el ambiente, la charla distendida o la acalorada discusión.

De la discreción y diplomacia de la Reina no podíamos aguardar otra respuesta. Por más que una sonrisa suya, ya lo sabemos, lo resuelve todo, incluidas las situaciones más difíciles. Y lo hace con la gracia evasiva tan característica de ella cuando no desea pronunciarse.

De todas formas, no hubiese podido en aquel instante hacer otra cosa porque estaba degustando una pasta de chocolate y dirigía toda su habilidad a un fin concreto: a que no se le untaran los dedos.

–¡Huy! ¡Ni una más! –exclamó riendo cuando le ofrecíamos de nuevo la bandeja de cartón llena de pastas.

Y brilla la alegría en los ojos de Sofía. Son los mismos que anteayer o cinco años atrás pudimos ver arrasados en lágrimas, cuando al salir de una clase nos alcanzó la noticia del asesinato de dos guardias civiles destrozados por una bomba lanzada por los terroristas:

–¡Dios mío, qué horror! ¿Por qué? ¿Por qué?

Y su voz sobresalía entre las nuestras.

La Reina, sin embargo, ya no pudo continuar hablando.

Pero esta tarde, a miles de kilómetros de Asia, una misma persona en los opuestos escenarios, en idénticos papeles ayer y hoy. Divergente conversación, protocolaria una, distendida otra. Amable, comedida actitud, la de Washington. Relajada, la de nuestras tardes; y aun quizá desenfadada, hasta el punto que la regia condición permite. Pero idéntica la preocupación por atajar el peligro que amenaza a tantos millones de seres humanos: la droga.

Sí. Más allá del Atlántico la conversación amablemente versaba «sobre temas familiares», según escribía el corresponsal. Sin embargo, era la Reina de España en ambos hemisferios la protagonista inequívoca del momento. Mezclada esta tarde entre los compañeros que rodean la antigua mesa de caoba, absorta como todos nosotros en el problemático tema que se aborda, y rozando quizá inconscientemente sus labios con el dedo por si una brizna de chocolate hubiese quedado adherida a ellos, Sofía reflexiona.

Bella, natural, auténtica estampa que sólo puede darse cuando el ser humano se siente uno más entre los otros. Preciosa y preciada libertad la de no saberse observado, programado, controlado. ¿Quién dijo o pensó siquiera que el poder podía ser envidiable? ¡Ah, la servidumbre de la otra cara de la moneda, la esclavitud del deber que no permite ni la más leve concesión!

Manos anónimas de hindúes secaron las hojas de la planta en las elevadas altiplanicies de los monjes que tienen su "riqueza" en el Himalaya. Pero ellos no sabrán nunca que en un lugar del mundo llamado España, una tarde, la Reina de ese país degustaba su té dialogando sobre el destino del hombre.

La Familia Real española con el presidente de los Estados Unidos, Bill Clinton y su esposa Hillary.

IX

DÍAS DE ROSAS Y MIEL

*Me propuse ser española
desde el instante mismo
en que empezó mi noviazgo
con un español cuyo destino
estaba vinculado desde la historia,
y para el futuro,
al destino de España.*

REINA SOFÍA

*¡Deja caer gota a gota
tu más dulce rocío,
miel de corazón!*

NIETZSCHE

*I went to you in that future
you can't remember yet.
I brought a basin of clear water
where no tear had fallen.*

TESS GALLAGHER

L LEGARÍAN LOS DÍAS DE ROSAS Y MIEL.

¿No hay nada perenne en este tránsito donde apenas podemos detenernos porque un amanecer se encabalga con otro amanecer sin tiempo de percatarnos de que los días son reales?

Debiera haber una frontera, mas no la del sueño, porque en el sueño nos evadimos de nuestra realidad y es un tiempo irrecuperable para la vida. Me refiero a una frontera que le recordase al hombre que es protagonista de cada instante irrepetible.

Sofía refleja sus recién estrenados veinte años en *el espejo de la historia*. Pasea en los jardines del Palacio de Mon Repos, en Corfú –sede metropolitana ortodoxa–, que parece navegar sobre las aguas. Kérkyra, Corfú, Corcira, hija del río Asopo, raptada por Poseidón[1], quien unióse a ella en la isla a la que daría la hija del dios su propio nombre. Navega Corcira sin moverse de su enigmático lugar en el mar Jónico, con el monte Pantókratos en sus hombros, y en su seno las ruinas del templo de Ártemis.

Navega desde muchos siglos atrás, cuando ya Tucídides nos describía la guerra civil entre oligárquicos y demócratas. Y seguía navegando en la guerra del Peloponeso. Inmóvil en su oscilación, la limitada parcela fue escribiendo su relato. Conoció nuevas, constantes y sorprendentes huellas sobre su restringida tierra cuajada de jazmines, de mimosas, de azahar tanto como de viñedos, de olivos, de pinos mediterráneos, de árboles frutales.

Señales de bizantinos tanto como de normandos, de venecianos como de angevinos, de turcos como de franceses: Era Corcira flor mitológica codiciada por cuantos la contemplaban de lejos o de cerca. ¿Sobrevivió a sí misma, íntegra su belleza, porque la diosa Ártemis permanece todavía soldada a su piel? «Personificación de la Luna que anda errante por las montañas»,[2] ¿la escogió como reposo de un ambulante vivir?

Allí habita Sofía, esplendorosa en su juventud, en aquel lugar donde las dos guerras mundiales dañaron las ruinas donde reposa la deidad. Ni aun cuando los servios y yugoslavos o croatas o montenegrinos tanto como los italianos años más tarde, dieran, con cicatrices, fe de que la guerra no terminaba en la orilla del mar Egeo. Pero hoy todo se ha olvidado y descansan las velas blancas en el puerto.

A la Princesa de Grecia le llegó el amor natural y sencillamente, como suceden todas las cosas grandes. Aunque Sofía es una muchacha gentil, sus veinte años lo son en sí mismos. ¿Fue en el festejo de una boda en Londres? Hubiese sucedido lo mismo en una excursión a Baviera o en un vuelo hacia Australia.

Y porque el tiempo no transcurre en vano, estamos en el año 1962, cuando el *cristal* nos devuelve a Sofía interrogando a la vida. ¿Con qué palabras? No es difícil adivinarlas: la expresión de sus ojos treinta y seis años después nos da la concluyente respuesta.

Sofía estrechó su mano con otra mano bajo el cielo de su isla de Corfú, a pesar de cuantas razones de estado nos pudieren detallar libros de historia a medida que el tiempo va colocando con sabiduría los hechos en su justo lugar.

Existe una época de la mujer en la que los sueños cohabitan en su tarea y la hacen fascinante. Y Sofía vivió su momento. Se prometió a Juan Carlos, quien trece años después sería proclamado Rey de España, y quien desde su nacimiento se sintió «muy orgulloso de ser español».[3]

Treinta y seis años más tarde el tiempo confirmaría que la elección de Juan Carlos fue perfecta. Las palabras del Rey de España referidas a Sofía nos lo atestiguan: «Sofía es muy organizada, ordenada, metódica, y una madre ejemplar. Quizá lo más sugestivo de ella sea su españolización, su compenetración con España, con la vida, los problemas, la cultura, la historia, los sentimientos de los españoles. Su visión de todas las cuestiones es a través de ese prisma del amor a España, de la disposición a hacer cualquier sacrificio por España.»[4]

La circunstancia. El joven prometido. Esta mujer llamada Sofía: ¿Lo habría dispuesto así la Providencia a fin de que en aquel momento, tiempo y lugar, Sofía y Juan Carlos decidieran unirse?

El resto sucedió inevitablemente, como broche y pórtico a la vez. El anillo de pedida, las alianzas de oro –oro fundido de una moneda con la efigie de Alejandro el Grande–, «y en seguida todas y cada una de las mil campanas del templo "repicaban" en una gloriosa armonía».[5]

Sofía sentía el corazón «transportado de asombro y alegría» en la catedral católica de Atenas, Iglesia de San Dionisio Aeropagita –discípulo de San Pedro y patrono de la ciudad–, situada junto a la Academia de Platón, a la Universidad y a la Biblioteca Nacional, en la calle Panepistimiou. Basílica constantina de mármol blanco y un siglo de antigüedad, de estilo neoclásico italiano, fresco de *La Gloria de San Dionisio* en la bóveda, y naves separadas por columnas de mármol verde de Tiros.

Comitiva Real de la boda en Atenas.

El espejo de la historia nos acerca una imagen de Sofía ascendiendo los quince escalones de la catedral. Allí, el arzobispo monseñor Benedicto Printesi bendice la unión ante el altar mayor –mármol y oro con el cuadro de San Dionisio contemplando la Trinidad–. Y allí el techo de casetones dorados. Y cincuenta mil claveles rojos y amarillos, símbolo de nuestra bandera, llevados desde España

Se cumplió el sueño de Sofía.

Me acerco más al **cristal** del tiempo. Apenas queda espacio para ver a nadie más que a la Princesa de Grecia, quien se entrega poniendo por testigo a Dios. La *Misa de la Coronación* diríase compuesta por Mozart para Sofía y Juan Carlos tanto como el "Aleluya" de *El Mesías* de Haendel y las notas de Peroni, cantadas por las amigas de la novia y la Coral de la Juventud, dirigida por el maestro de la Ópera de Atenas.

Ceremonia nupcial en la catedral católica de Atenas,
Iglesia de San Dionisio Aeropagita.

María Eugenia Rincón

El rito ortodoxo oficiado por el arzobispo de Atenas, en la Iglesia de Santa María

El rito ortodoxo se cumplió también en la Iglesia de Santa María por monseñor Crisóstomos, arzobispo de Atenas, desde las treinta mil rosas que llovían sus pétalos sobre las cabezas de los esposos al cumplir la *Danza de Isaías* alrededor de la Mesa. Sobre ella, la *kufeta* de plata; las coronas de oro que simbolizaban el triunfo del hombre sobre el mal; la Biblia; las almendras con azúcar.

La piel de toro sobre el mapa y el mismo Mediterráneo, tan de Sofía, bañando las riberas que pertenecen desde hoy a su nueva patria: España. *«Soy española, España es mi país y me siento feliz en España»*. *«Me sentí bien desde el primer momento, me gustaba la gente, el paisaje, lo que veía cuando viajábamos por los pueblos, la historia, la cultura, sería imposible describir lo que significa España para mí»*,[6] afirmará veinticinco años después.

Y en España las gentes tan entrañables la esperan. Ese pueblo al que Sofía ya ama, que ella querrá que la vea "como muy suya". Sofía se siente plenamente identificada con él.

La aridez de los campos castellanos, la frondosidad de las riberas, ahora ya de Sofía, serán, quizá, diferentes a los de Grecia. Pero el mar, camino abierto desde donde Sofía podrá divisar, con un poco de esfuerzo, las lejanas colinas de Grecia tantas veces asaltadas por los turcos.

Ya tiene Sofía brazo donde apoyarse: Porque «nacisteis juntos y juntos permaneceréis para siempre. Aunque las blancas alas de la muerte dispersen vuestros días. Juntos estaréis en la memoria silenciosa de Dios.»[7]

1. GRIMAL, P., *Diccionario de mitología griega y romana,* pág. 97.

2. *Ibíd.,* pág. 54.

3. REINA FEDERICA, *op. cit.,* pág. 287.

4. REY JUAN CARLOS, palabras con motivo de las Bodas de Plata de los Reyes.

5. A. DE MELLO, *op. cit.,* pág. 39.

6. REINA SOFÍA DE ESPAÑA, palabras a Pilar Cernuda, en la entrevista de *La Vanguardia,* 1 de septiembre de 1988.

7. JALIL GIBRAN, *El profeta,* "Del matrimonio", pág. 30.

María Eugenia Rincón

Entre el Puerto de Navacerrada y el Pinar de Valsaín, un modesto manantial: La Fuente de la Reina.

-24-
Con la Reina en la Fuente de la Reina

Así vive todo el linaje de las selvas,
de los frutales
y de los sagrados bosques.

VIRGILIO

Hallarás en los bosques
algo más que en los libros.
Los árboles y los pedruscos
te enseñarán cosas
que no podrás aprender
de labios de ningún maestro.

SAN BERNARDO DE CLARAVAL

La nature est le trône exterieur
de la magnificence diurne.

BUFFON

P## RECEDENTE DE LA CULTURA HUMANA,

el bosque, primitiva forma de vegetación. Y en el bosque, el pino silvestre, la más antigua entre las coníferas.

Camino de la Fuente

Hacia él hemos querido llegar. ¿Hay mejor forma de cerrar un curso académico que la de subir a las altas montañas y allí decirnos: «¡Hasta luego! ¡Felices vacaciones!»? Queríamos tumbarnos a casi dos mil metros de altura sobre el nivel del mar, y allí reencontrarnos con la naturaleza. Porque el tiempo para nosotros hoy no cuenta: la Reina Sofía nos acompaña.

Muy temprano habíamos ido a recoger las viandas para nuestro *picnic*: las suculentas frutas de esta época, artísticamente colocadas en pequeñas cestas con asas adornadas de hojas de helecho: los paquetes de todo tamaño y diferente color en su envoltura, donde iban resguardadas las bandejas con los sandwiches de verdura y de salmón, los hojaldres de queso o las tartaletas de *gruyère* y bechamel. Y los fritos de pescado. Y el jamón de Salamanca, traído muy temprano desde allí por uno de los profesores, aunque Sofía no se apuntase a él: ya sabemos que es vegetariana. ¿Y las tortillas a la española, en sus redondas bandejas plateadas? Tampoco desmerecían a las tres de la tarde.

Repletos los termos de té o de café. ¿Cabía mejor servicio?

Emprendemos ya la ascensión hacia la Fuente de la Reina. Abajo fuimos dejando los encinares que abren camino a robledales de melojo, característicos del piso basal de la Sierra de Guadarrama tanto como los pinos piñoneros, inconfundibles con su talla media y la copa en forma de sombrilla; pinos de hoja bifurcada, pálidos en su verde color, oriundos de nuestro Mediterráneo y de muy larga vida.

No tuvimos prisa por llegar a la cumbre. Cobrábamos espacio a la montaña; a los 1.200 metros, los árboles de hoja caduca. Y la *genista florida* con sus amarillas flores y amariposadas, tan distinta de la retama negra, de verde, brillante tallo. Y el helecho común, cobijado en su sombra, próximo a los arroyuelos que nos sorprenden una y otra vez.

Con la Reina en la Fuente de la Reina

La Fuente de la Reina nos aguarda todavía más arriba, y a los 1.600 metros ascendemos con la Reina.

Aquí los acicufólicos harán nuestra delicia ofreciéndonos sus prados, su vegetación y su cobijo. Ya escuchamos el murmullo del agua de la fuente. Abandonamos los coches hasta regresar en el atardecer.

Y vamos buscando el pino apropiado para sentarnos a su sombra. Todos llevamos los brazos repletos de paquetes; la Reina también camina (cargada pero ligera, como es su costumbre) por entre los tejos, los serbales con flores blancas recogidas en corimbos y frutos rojos repletos, delicia de tordos y de mirlos, o entre los piornos de un metro de altura.

Felices todos con la Reina de España, en este día de campo, tal vez irrepetible. Hasta que, por fin, encontramos un pino solitario, majestuoso. Y bajo él nos sentamos. Vamos preparando los manteles sobre el césped. Uno de nuestros científicos comenta:

–Al monte no le falta ni le sobra ningún animal o vegetal, pues hasta tal punto cada uno de ellos cumple con la misión para la que ha sido creado, que no podrían existir dos animales que ejerciesen la misma en el bosque. Si así no fuese surgiría el desorden, la desarmonía. Y la montaña acabaría pereciendo.

–¿Y podremos ver algún búho real?

–Será más fácil que encontremos hormigas. El búho real sólo asoma de noche a coger sus presas.

Pero están cerca, y los picapinos, que trepan por los pinos y con sus picos hacer la labor. Lo mismo que los carboneros garrapinos negros pero con sus manchas blancas en la nuca, que libran a los árboles de insectos y de parásitos que dañen este equilibrio de la naturaleza.

–¿Y el pito real? ¿Y el petirrojo? ¿Y el cuco? –pregunta alguien

–Tampoco los veremos. Mirad, ésa es la *Parnassius apollo*, la mariposa de la sierra.

María Eugenia Rincón

–Hay otra verde, la *Graellsia isabelae*, pero habríamos de esperar a que salgan las estrellas porque sólo entonces se hace visible.

Si abril «es el mes más cruel que engendra lilas de la tierra muerta, mezcla memorias y anhelos, remueve raíces perezosas con lluvias primaverales», como subraya Eliot, julio, en su segunda quincena, nos ofrece de la tierra viva, que no muerta, multitud de flores.

Ya han caído todas las lluvias posibles de la primavera que quedó atrás con parte del verano, y no hay memorias que mezclar: Hoy será mañana recuerdo y no existe en ello crueldad posible por más que en abril del año próximo las lluvias vuelvan a filtrarse en la tierra sobre la que estamos ahora sentados. Quedará, solamente, como un mes agradecido en nuestra mente.

Conquistada la altura con nuestra mirada

A medida que el sol va avanzando, la sombra del pino se ladea.

–¿Está cómoda, Señora? –pregunto.

–Sí, sí. Yo no quiero cojín: en la yerba estoy muy a gusto.

Y entre voces, risas, anécdotas, plácidamente va transcurriendo el almuerzo.

Y:

–¡Qué bonitos los manteles! ¡Si juegan los colores con los platos y los vasos! ¿Dónde los habéis comprado? –pregunta la Reina.

Un profesor de Filosofía al que hoy bautizamos con el nombre de "aguador", es el encargado de llenarnos los vasos a lo largo de su constante camino de ida y vuelta hasta la Fuente. Otra compañera se ocupa de acercarnos, una tras otra, las cestas de fruta repletas de cerezas rojas. No queda la excursión, sin embargo, resumida a la alegría de un día de campo. La conversación se prolonga y abarca otros temas: el de la universidad, ineludible, ya que es tema diariamente vivido por la mayoría de los que nos hemos dado cita en lo alto del Guadarrama.

La polémica se centra en las numerosas universidades de verano. ¿La financiación? Inevitable discusión: no hay campana para cortarla. Son más contundentes las preguntas.

−¿Quién quiere café? Levantad la mano.

−¿Quién quiere té? −Y otros tantos brazos se pusieron en alto...

Luego, la anécdota inolvidable.

Fue la Reina quien nos la contaba. Comentábamos el estado de las universidades francesas en la famosa etapa de mayo de 1968, con el que se identificaban las jóvenes inquietudes y rebeldías de nuestros estudiantes, ya de por sí lógicamente contestatarios. Años que repercutieron de forma concluyente en nuestra universidad y en los elementos más revolucionarios, máxime asfixiados en el ambiente dictatorial que se respiraba.

Y nos explica Sofía:

−Íbamos una tarde en coche una prima mía y yo, y hubimos de pasar por una manifestación de estudiantes muy disconformes. De repente vimos que los chicos rodeaban nuestro coche y empezaron a cogerlo entre todos, a menearlo de manera muy fuerte. Nos movíamos mucho.

−¡Cómo! ¿Que lo cogían? −dijo alguien sorprendido.

−Sí. Levantaban el coche y lo zarandeaban −Sofía, riendo, perfilaba.

−¿Como signo de admiración?

−¡Qué va!

−¿Para piropearlas?

−¡Qué va!

−¿Eran ya reconocidos Príncipes?

−No. Entonces todavía no éramos nada −añade la Reina, a la vez que su mano derecha matiza su aclaración.

Y es que Sofía "sabe estar" siempre. Conoce sus límites tanto como persona cuanto como Reina de España. Sofía es ante todo una mujer.

No se hicieron esperar las risas. Y surgieron acá y allá otros detalles en los que todos fuimos partícipes de todo.

Un profesor traía consigo un recuerdo adquirido en Jerusalén veinte años antes: una jarra o vaso procedente del Mar Muerto, que guardaba uno de los rollos, copia de los encontrados en la primera cueva en el descubrimiento inicial. El rollo, minúsculo, contenía la Regla de la comunidad de los esenios –fotografiada del original que se conserva en el Museo de Jerusalén– y cabía en la también pequeña jarra de diez centímetros de altura.

Fuimos pasándolo de mano en mano. Y la Reina, tan apasionada por la arqueología, nos comentaba que este hallazgo del Mar Muerto es considerado como el más importante de este siglo por William Foxwell Albright, el prestigioso arqueólogo norteamericano.

Hubo otras sorpresas: un mínimo estuche de dos centímetros que en su tapa tenía una lupa incorporada a fin de poder descifrar lo que se guarda dentro de ella: un librito, el más pequeño del mundo, de tres milímetros, donde está escrito el Padrenuestro en varios idiomas modernos, entre ellos español, inglés, francés, alemán e italiano.

Solícita, la Reina nos lo va pasando a todos los compañeros:

–¡Oh, qué bonito! ¿Y sólo tiene uno? –sugiere alguien.

–Lo ha traído usted para la Reina, ¿verdad, profesor? –pregunto.

–Oh, no –ataja Sofía, azarada.

–Sí. Claro que sí –dice el profesor a la vez que se lo ofrece.

Después de mucho insistirle todos, Sofía lo acepta.

Si la «capacidad de asombro es la esencia de la contemplación», se sorprendería Sofía de ver reflejada alguna vez en su espejo a esa niña que, afortunadamente, no la abandona. ¿Quizá porque, como sostiene Coderc, «el inconsciente es la vida psíquica infantil que está influyendo constantemente en nuestra vida adulta sin percatarnos de ello»?[1]

Sofía siempre ha sido la protectora, la madre: de su hermana al crecer, de sus propios hijos, de sus sobri-

nos, a quienes quiere como suyos. (¡Con qué dolor su voz entrecortada sonaba a través de mi teléfono, para que se aplazara la clase, el día en que su sobrino mayor, el Príncipe Pablo, tuvo un grave accidente de coche en Londres, al caer por un puente de gran altura!). La Reina tenía que tomar enseguida un avión, camino de Inglaterra, a fin de estar en el hospital a la cabecera del muchacho. La Reina, acostumbrada a ser la fuerte, la responsable, ¡qué chispas de alegría en sus pupilas, bien sea por una fracción de segundo, cuando se siente querida!

¿No es la infancia guía de la vida, como sentenciaba Unamuno? Porque quizá sea preciso acercarse más con el alma que con la mirada –cuando Sofía-mujer se olvida de sí misma– para que aflore la Sofía-niña que en el espejo de la historia hemos visto relucir tantas veces.

Ya terminamos el café. La Reina, después del almuerzo, lo prefiere al té, como casi todos nosotros.

Las hormigas se nos han acercado algunas veces más de la cuenta. Y es que le habíamos prometido a Sofía que el picnic sería con hormigas incluidas. ¡Y había que cumplir lo prometido!

–¡Qué bien está todo! Hemos comido como reyes, ¿verdad? –exclama alguien apurando el último sorbo de café.

Vuelve rápidamente la Reina su cabeza hacia donde sonaba la voz, tratando de identificar su timbre:

–¿Y cómo comen los reyes? –pregunta.

La carcajada ha sido unánime.

No había mejor respuesta que la propia pregunta de la Reina.

Mientras vamos recogiendo nuestras bolsas unos compañeros discuten sobre las luchas en la Occitania de la Edad Media y el fin atroz de los albigenses.

–¿Y por qué ese castigo contra ellos? –inquiere la Reina.

–¿Eran una amenaza para la fe?

–¿Fueron precisas las Cruzadas?

Y se le hicieron a la Reina las aclaraciones respecto de aquéllos y del peligro que la secta suponía para la Iglesia Católica, especialmente en el sur de Francia y en Cataluña.

Se cruzan las opiniones acerca del hecho histórico, lo que siempre resulta interesante para todos, y muy en especial para Sofía, a quien le agrada escuchar y valorar todos los pareceres.

María Eugenia Rincón

Paseando por el bosque

Y nos fuimos a dar un paseo después de permanecer sentados durante dos horas sobre la yerba. Cogimos unas flores de brezo. Hicimos las inevitables fotografías del recuerdo. Nos adentramos en el bosque para tratar de distinguir la *genista florida* de la *retama negra,* tanto como el trepador azul del herrerillo capuchino.

Las sombras y la luz jugaban con nuestras cabezas y la charla se hacía más informal pero infinitamente grata.

Y la postura adecuada para que todos cupiesen en el grupo de la fotografía.

Y la labor de recoger todas las bolsas y no dejar más huella que la de nuestra alegría.

Y la señal de la ligera quemadura que descubrimos en el brazo de la Reina.

–¿Cómo y por qué? Parece dolorosa –le digo.

–Ha sido planchando.

Y alegría porque en España es esperanzador, gratificante, que la Reina sea una persona más entre las otras personas, y que sienta, ría o llore, aplauda o proteste, escuche o interpele, camine a través del bosque con sus zapatillas y su traje de algodón como cualquiera, divida en su plato su ración de tarta con una compañera porque «el chocolate es muy rico pero engorda».

Y:

–Sí, sí, es una señal de la plancha porque he planchado una blusa anteayer.

Y:

–Pues yo sé para las quemaduras una fórmula.

Y:

–Tome, Señora, un *kleenex*, que el licor de la trufa le ha manchado el dedo.

Y:

–¡Qué maravilla de tarde! No podíamos haber escogido un día mejor.

Y:

–¡Mira, mira, la mariposa blanca sobre la retama!

Y:

–¿Será un buitre lo que divisamos allá lejos, en lo más alto?

Y:

–¿Alguien lleva algo que corte para coger un poco de ginesta?

Y:

–Pues sí, yo llevo una navaja: no corta, pero algo hará...

Y:

–Mirad, mirad: ¡si es un trepador azul! ¡Qué hermoso!

Y:

–Los hijos cuando crecen vuelan también.

Y:

–¡Qué bonito el color de sus alas blancas con manchas negras y rojas!

Y:

–Siempre regresan los hijos. ¿No se acuerda de lo de las cadenas genéticas, Señora?

Y sonrisas de la Reina. Y dudas de si este pino de Valsaín será así mañana.

Y mañana ya está llamando a la puerta.

La tarde se va estrechando. Los toros de negro azabache, un poco más lejos, mientras alcanzamos de nuevo los coches para el retorno. Pero nadie tenía prisa por llegar a ellos.

Miramos hacia arriba antes de ausentarnos. Lejos divisamos el piornal, matorral de las alturas. Y de pronto digo a la Reina:

–Señora, ¿por qué ahora, al descender del monte, no nos paramos un instante a dar el último adiós a la montaña? ¿Vamos?

–Yo pensaba regresar por el túnel...

–...Sólo un momento, Señora...

Y sí. Fuimos a decir adiós a la montaña. Y bajamos hasta la ladera dejando atrás la tarde y el bosque.

Y todo fue quedando atrás de nuevo

No hubo despedidas. Sólo hasta luego.

La Reina partió en primer lugar. Nosotros, apoyados cada cual en el capó del coche, nos repetíamos:

–Ya oscurece.

Y vimos cómo el sol desaparecía.

Si otra vez regresamos a este monte, algo habrá cambiado. Pasado su ciclo los pinos, ya ancianos y caducos como los hombres, serán talados, limpiados, aclareados mediante tratamientos especiales. Su madera, de calidad inmejorable, irá a cumplir otras funciones en construcciones de categoría, quizá en palacios. Pero no estarán aquí.

¿Cuándo le llegará el fin a "nuestro pino", como hemos bautizado al amigo que nos ha dado sombra? ¿No abrazaban los arbustos las gentes de Centroeuropa esperando que los árboles les insuflaran vida y energía? Frazer nos describe con veracidad casi cruel el castigo que allí se daba al hombre que dañase la corteza de un árbol: «Cortaban el ombligo del culpable y lo clavaban en la parte del árbol que había sido mondada, obligándole después a dar vueltas al tronco de modo que quedasen sus intestinos enrollados al árbol», reemplazándose así la corteza muerta. «Era vida por vida, la vida de un hombre por la de un árbol.»[2]

En la noche, cuando ya sólo quede de nosotros la huella de nuestras voces, saldrán los turones a devorar a los pájaros, quién sabe si aquellos a los que hemos oído cantar. O los azores, tan retraídos y a la vez tan astutos. O los zorros, para alcanzar a sus presas y enterrarlas sagazmente en un agujero. Y tantos otros animales que ahora sabemos cercanos sin ser vistos.

Cuando todos ellos dominen la montaña, nosotros, ya en el asfalto, volveremos con la mente a este lugar que marca una fecha inolvidable: 20 de julio de 1988.

Cerca ya de Madrid, descendidas las curvas de Navacerrada, se deslizaban los automóviles en la agitada noche de Castilla y nos perdíamos en la avalancha que devoraba la carretera de La Coruña.

A esa hora la Reina me estaba telefoneando porque su coche fue más veloz que el nuestro:

–¡Qué bien ha resultado todo! ¡Qué hermoso día hemos pasado! ¡Gracias a todos!

---

1. Coderc, J., "Recuperar al niño escondido", entrevista de L. Reales en *La Vanguardia,* 10 de septiembre de 1988.

2. Frazer, "El culto a los árboles", *La rama dorada,* pág. 143.

-25-

Amiga de América, Sofía de España

CON LAS GENTES DE LOS ANDES

La mayor cosa
después de la creación del mundo,
sacando la Encarnación y la muerte del que lo crió,
es el descubrimiento de las Indias.

LÓPEZ DE GÓMARA (1511-1565)

E

S MUY RICO. –NOS COMENTABA SOFÍA

una tarde, a su regreso a Quellacasa, describiéndonos el sabor del maíz, uno de los alimentos tomados allí, y las excelencias vividas en la aldea colgada de un pico de los Andes, Quellacasa, donde viven su amiga Jesusa Flores y sus gentes.

–Me gustó todo; es una comida muy sana –repite, convencida.

Las mujeres de la aldea se preguntaban asombradas aquel día, al mirar a Sofía:

–Pero, ¿es de verdad una reina? ¿La Reina de España?

–¿Y ha venido hasta aquí para vernos?

Sus ojos, muy abiertos, no daban crédito a lo que veían: Sofía se sentaba con Jesusa en el suelo de la humildísima casa de paja y de barro, como son todas las de la aldea. Y se repetían unas a otras.

–¡Que sí! ¡Que es la Reina de España!

Aquellas mujeres quechuas, vestidas con sus ropas de fiesta, miraban a Sofía acercar su boca a la panocha de maíz y comer de ella, y hablar con todos, y sonreír:

–Pero, ¿de verdad es una reina?

Algunas seguían incrédulas ante la sencillez de Sofía, a quien habían cubierto los cabellos de confeti y serpentinas.

Un año antes de que la Reina de España visitase a Jesusa Flores, dirigente quechua de su pueblo, la había conocido Sofía en Ginebra. Fue con motivo de la Reunión Internacional por el Desarrollo Económico de la Mujer Rural. Sofía prometió a Jesusa entonces ir a verla a Quellacasa. Y cumplió su promesa.

Sin embargo, si bien una de las razones principales del viaje de Sofía a América era visitar a su amiga Jesusa, días antes estuvo en otros lugares de Bolivia. Voló allí sola desde España. Por donde pasaba, impresionaba su sencillez más y más a las gentes. En la Paz, la abrazaban los niños vestidos con su traje de fiesta, y la llevaban de la mano bajo arcos de flores y volteo de campanas. Sofía tenía prisa por reencontrarse con "sus" gentes de América; y no dejó de visitar las ruinas de la capital, Tiahuanaco, antiguo imperio guerrero precolombino. Allí, hojas al viento, el Camayara, médico ambulante, auguró a Sofía feliz estancia en Bolivia.

La Reina Sofía llegó luego hasta las Islas del Sol y de la Luna. Alcanzó los 3.900 metros de altura del Potosí. Y recibió la llave de la ciudad, le nombraron Huésped Ilustre de la Villa Imperial, y pudo admirar de cerca prensas de madera para fabricar plantas de plata que se guardan en el Museo

desde hace centurias. Porque sabía nuestra Soberana que la plata fue riqueza la mayor de Potosí y de la que España se nutrió en los siglos XVI y XVII.

En aquella ciudad quedó el recuerdo de Sofía escrito en un libro sin
fecha. Y allí también, precisamente en Cerro Chico, donde Simón Bolívar izara
un día de 1825 la bandera de la libertad de América Latina, fue desde donde
Sofía contempló la belleza de Potosí. Ella, la primera soberana que pisaba aquellas cumbres desde que se fundase la ciudad. Y ni el "Soroche", en los 3.460
metros de altitud, ni el cansancio, pudieron disuadir a la Reina de su empeño. Ella, tan audaz, siempre, tan amante de imprevistas aventuras, tan deseo-
sa de revivir antiguas civilizaciones, máxime estando éstas vinculadas a las raíces de su patria, España.

Ya desde Sucre nuestra Soberana alcanzó la región de aguerridos gue-
rreros, Tarabuco, en donde habitan también indios quechuas y aymaras,
y de Tarabuco viajó muchos kilómetros en un todo terreno para luego,
montada en un caballo de tiro, sorteando dificultades, abrirse camino entre
riscos, piedras y polvo, y llegar, por fin, a la casa de su amiga Jesusa. En
ella, la Reina de España compartió techo, cariño y sustento: papas coci-

María Eugenia Rincón

das, huevos, chicha de quinua –cereal de la altiplanicie que combate el "mal de altura"–, fueron platos que le gustaron mucho, especialmente el choclo, maíz tierno.

Evocando aquellos momentos, Sofía nos describía –en la primera tarde que la vimos en el seminario, después de su regreso– la emocionante experiencia vivida en la aldea de Jesusa Flores, en la que no hay ni agua ni luz eléctrica. Y se sorprendía de ver a aquellas gentes felices en medio de su pobreza, de su limitación, de su lejanía.

No necesitaban nada más para ser felices.

La Reina de la sonrisa, Sofía

Miles de kilómetros más allá, en Colombia, con 17 años de distancia en el tiempo, Sofía también cautivó a los colombianos, quienes no dudaron en llamarla "La Reina de la Sonrisa". Esto ocurrió ayer, como quien dice, en octubre de 1976, en el primer viaje que los Reyes de España realizaron a Colombia el día 12 de octubre para celebrar la Fiesta del Reencuentro.

Sofía era entonces una Sofía joven –recién estrenada estaba la Monarquía– y tenía mayor capacidad de asombro en la retina y en el alma. Una reina joven a la que despertaban cada mañana los colombianos con orquídeas de formas y colores bellísimos, y que tienen fama de florecer solamente en aquel lugar. La Reina de España, una Sofía vulnerable a cuanto de bello acontecía a su alrededor, se maravillaba de aquellas orquídeas y las lucía en su vestido cada día con una sonrisa.

Veinte años después, Sofía sigue sonriendo. Ahora, sin embargo, sonríe desde fuera. Los años no han transcurrido en balde.

La Reina de España, doctora *honoris causa* en Colombia

Hemos escogido al azar (¿al azar...?, el subconsciente es muchas veces más hábil que nuestro pensamiento) estos dos momentos para servirnos de inmediato paradigma en la comparación de dos Sofías: ésta, la de la aldea perdida de los Andes, hablando aquí un lenguaje breve y llano que llega a los andinos fácilmente, y la de Bogotá, expresándose de muy distinta manera cuando los colombianos la invistieron doctora *honoris causa* de la Universidad de Bogotá.[1] En este acto memorable, el rector había pronunciado palabras de elogio:

La Reina recibe su primer doctorado 'honoris causa', otorgado por el Universidad de Bogotá, de manos del rector (1976).

«La Consiliatura de Colegio Mayor, en uso de las facultades que le otor-
gan las constituciones y considerando que este colegio nació bajo el patrocinio de los Reyes de España; que Su Majestad la Reina de España acompaña a su Real Esposo en su visita a Colombia; que Su Majestad la Reina Doña
Sofía es persona docta en humanidades, graduada en antropología, autora
de obras de investigación científica, experta en lenguas, concédese a Su
Majestad la Reina Doña Sofía el título de doctor *honoris causa* en Filosofía,
Letras e Historia.»

Y luego se escuchó la voz de la Reina, que expresó su gratitud:

*Me honra la dignidad que este Colegio Mayor de Nuestra Señora del Rosario me
confiere, y la acepto con gratitud y alegría.*

*»En primer lugar, porque tengo conciencia del significado y la importancia de esta
investidura, no sólo por la noble genealogía de vuestro colegio, que entronca con la*

más brillante tradición de los colegios mayores, sino también por la realidad viva y pujante de vuestras actuales facultades, en las que habéis mantenido ininterrumpidamente un altísimo nivel intelectual y científico que corresponde a la honda raigambre cultural de Colombia.

»Isabel, la Reina Católica, impulsó en España singularmente la obra de los colegios mayores, que más tarde fueron en América seminarios de ciencia, de técnica y de administración. El arzobispo burgalés, fray Cristóbal de Torres, al fundar esta casa por expreso deseo del Rey, trae consigo dos importantes tradiciones, la del colegio mayor de Fonseca de Salamanca y la de la Orden de Predicadores. El generoso filón alumbrado así, a mediados del siglo XVII, estará enriquecido más tarde, hasta nuestros días, por hombres ilustres en la historia de Colombia y de nuestra cultura. Quiero destacar ahora el de Celestino Mutis, como ejemplo insigne de la curiosidad científica de su tiempo, capaz de organizar la fabulosa e ingente obra de 'La Hora del Reino de Nueva Granada'. Desde hace años el esfuerzo editorial conjunto de Colombia y España está dando

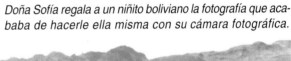

Doña Sofía regala a un niñito boliviano la fotografía que acababa de hacerle ella misma con su cámara fotográfica.

a conocer el fruto de aquel talento extraordinario. Hoy me complazco en ofrecer el primer ejemplar del nuevo tomo que acaba de editarse de esta obra.

»Podéis tener la seguridad de que nunca olvidaré este acto a la vez solemne y familiar, este reencuentro con los orígenes, esta valiosa distinción universitaria.

»Quisiera que en el saludo agradecido de la Reina de España sepáis escuchar también el eco fraterno de la voz de todo nuestro pueblo. Con él, el deseo y el propósito de no abandonar la mutua compañía, en la edificación de un mundo mejor, por el esfuerzo conjunto, de la inteligencia y el espíritu.»

El solemne acto tuvo lugar, en efecto, en el Colegio Mayor El Rosario, hecho a semejanza de los que la Reina Isabel I había impulsado en España. Colegio similar tanto en estilo, estructura y solera como en espíritu. No se invistió a Sofía doctora *honoris causa* en la misma universidad, y sí en Colegio Mayor El Rosario, porque éste permanece vinculado estrechamente a la Corona española, y fue enriqueciéndose, como dijo la Reina, por hombres ilustres en la historia de Colombia. En su foro, trescientos vein-

María Eugenia Rincón

titrés años después de que lo hubiese fundado el arzobispo Cristóbal de Torres por deseo del Rey de España en 1653, la Reina de España dejó oír su voz: «*La verdad nos hará libres, y la libertad, sabios.*»[2]

La humanidad de Sofía

Desde que Sofía dijo estas palabras hasta que ha visitado la aldea de Quellacasa han transcurrido, como apuntábamos, diecisiete años. Quizá Sofía ya no recuerde aquel lejano momento de 1976. O sí. Porque los recuerdos primeros permanecen en nosotros con fidelidad inusitada.

Estas mujeres quechuas miles de kilómetros más allá del mar, los colombianos ofreciendo a la gentileza de Sofía sus mejores orquídeas cada mañana, podrían y pueden preguntarse: «Pero, ¿es de verdad una reina?» Como se lo preguntaron hace pocos meses un grupo de gitanos a los que Sofía animaba a seguir con su trabajo, sin desmayo. Como se lo pregunta el joven ex drogadicto que se esfuerza por aprender un oficio e integrarse en la sociedad alentado por la Reina. Como se lo preguntaron en un rincón de Mijas los niños bosnios que no podían entender el porqué de la guerra, y a los que Sofía fue a abrazar para intentar borrar con su caricia el llanto de los pequeños, el recuerdo de tantas penalidades vividas.

–Sí, es una comida muy sana. Me gustó mucho.

Sofía no se olvidó de que su amiga Jesusa iba a casarse pronto: ¿Cuál fue su regalo para la amiga quechua? Manteles bordados por manos artesanas españolas y llevados por la Reina de España a miles de kilómetros a América.

---

1. "América nos dio la mejor misión", Juan Carlos, Rey, 13-10-1976. *Mundo Hispánico,* n.º 344, extraordinario, noviembre de 1976.

La Reina recibe el doctorado 'honoris causa' del 'chancellor' Lord Roy Jenkins en el Sheldonian Theatre.

-26-
Oxford espera a Sofía de España

*Nadie es capaz de hacer
una obra intelectual importante
si no está a la altura de su tiempo.*

REINA SOFÍA

*Por eso rogué y me fue dada
la Inteligencia. Supliqué y el espíritu de
la Sabiduría vino a mí, y lo he preferido
a los cetros y a los tronos.*

LIBRO DE LA SABIDURÍA

Con entendimiento se suple todo.

SOR JUANA INÉS DE LA CRUZ

«*LA UNIVERSIDAD ADQUIERE ESPECIAL IM-*
portancia en la pedagogía que instruye y orienta hacia la ayuda a los demás, y por lo
tanto, a los ciudadanos más necesitados.

»No creo que la universidad sea una aparición abstracta, fría e inexorable en el desa-
rrollo de la voluntad social creativa del hombre, sino una institución que se impregna
de la vitalidad, los problemas, el temblor y la cadencia de las sociedades que, en su entor-
no, y dirigidas u orientadas por ella, crecen y se multiplican.

»Todos sus hijos son sus hijos. Todos sus problemas son sus problemas. Todos sus sue-
ños son sus sueños. Las perspectivas de la universidad son ampliadas, dignificadas y
resueltas hacia el futuro en el terreno fértil del estudio y el trabajo que aquí se enmarca».

Y Sofía ha llegado a Oxford, por fin

Esto había afirmado Sofía de España tres años antes de este día en la universidad vallisoletana de nuestro país.

Y ha llegado a Oxford, por fin. Hacía tiempo que se la esperaba. Desde que
una mañana Juan Carlos I, Rey de España, en esta misma Universidad de
Oxford, anunció la creación de la cátedra *Queen Sofía of
Spain* desde donde se impartirían Lengua Española y Literatura Moderna y Contemporánea a los estudiantes universitarios ingleses. Hecho éste trascendental, porque iba
a completarse así la labor cultural que España impulsa
en esta universidad británica a través de la Cátedra Alfonso XIII que, regentada por el profesor Ian Michael, existía ya en Oxford desde años atrás.

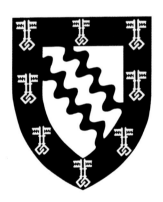

Esta tarde, 20 de junio de 1989, a las 20:15 horas,
Sofía –española incluso en su traje largo de volantes de
gasa roja con óvalos blancos– es recibida por el rector del
Exeter College y cruza la puerta de entrada al recinto. En
lo alto de la antigua fachada, el escudo medieval del *College:* ondeado en el centro por dos bandas blancas sobre
fondo negro, y a su alrededor, ocho llaves dobles –16 en
su totalidad– destacando en su color dorado.

Escudo del Exeter College.

El Exeter[1] (nombre que recibe de la diócesis de Exeter, ya que fue fundado por el obispo de aquella localidad, Walter de Stapeldon, hacia 1314,
en tiempos del rey inglés Enrique II[2]) es desde hoy el *College* de Sofía de
España, quien escucha la bienvenida en las voces del coro exoniense que
la espera. No podría recibirse a la Reina más gentilmente, conociendo su
pasión por la música.

La Reina Sofía
y la Infanta
Cristina,
a su llegada
al Exeter College,
donde la primera
inauguró
la cátedra 'Queen
Sofia of Spain'.
A su lado,
el embajador
de España,
Puig de la
Bellacasa.

Sofía, acompañada de la Infanta Cristina, entra en la Capilla por la puerta del jardín *Margary Quadrangle*. (Anteriormente la capilla fue un edificio de estilo gótico del siglo XIV y se reconstruyó en el XIX por el arquitecto George Gilbert Scott en su más fino estilo de la época victoriana.)

O quam gloriosum, primera salutación a la Reina en las notas del Motete de Vitoria. Escuchamos después *Ave verum corpus*, de William Byrd, y seguidamente un Solo de Oboe: *Fantasy No. 6 in D minor*, de Tellemann.

Retornan las voces con *Salvatori Mundi*, de Thomas Vallis. Y nos regalan, para finalizar, un Aleluya, también de otro músico inglés del siglo XVI, Thomas Weelks: *I heard a voice*.

Al terminar el Concierto la Reina acude con el rector al Room Morris para inaugurar la cátedra *Queen Sofia of Spain*. Luego conversa animadamente con profesores y estudiantes. Allí están el catedrático Ian Michael, titular de

María Eugenia Rincón

la Cátedra Alfonso XIII, y el profesor Stephen Roberts, quien ocupa la recién estrenada Cátedra de Literatura Española por espacio de dos años, ya que ésta será rotativa y podrá ser regentada por profesores ingleses o españoles.

Ali-Khan, Richard Burton o el presidente de Pakistán, así como el arzobispo de Canterbury de principios de este siglo, son algunos de los nombres ilustres que precedieron a Sofía en este mismo lugar –si bien solamente como alumnos del Exeter– y que nos vienen a la mente mientras observamos cómo la Reina de España departe con los invitados de los dos países que asisten a la recepción del *Fellows Garden*, recepción que es el tercero de los actos programados para este día, significativo tanto para España como para el Reino Unido.

Son las siete y media de la tarde y luce un sol esplendoroso.

«*Floreat Exon*», dijo Sofía

En honor a nuestra Reina el *College* ofrece una cena: es el acto con el que se cierra esta jornada entrañable. Las ocho de la noche, hora de la cita.

En el *Hall*-Comedor medieval los velones iluminan las mesas alargadas que convergen en la mesa presidencial. Los lugares ya están ocupados por profesores y alumnos del Exeter, y por los invitados; todos ellos de pie, en espera de que Sofía, Reina, llegue hasta el recinto. No se hace esperar: la programación de todos los actos se ha cumplido al minuto.

El ambiente es cálido y la conversación va haciéndose más grata a medida que transcurren las horas y se degustan los platos: *Sole Reine Sophie* o *Salade de fruits aux couleurs de l'Espagne* son la evidencia del homenaje a nuestra Reina y a nuestro país. Pero cuando saboreamos *Mousse à l'avocat*, ¿celebramos el hecho de que mañana Sofía de España va a ser investida *Honorary Degree*, precisamente en leyes?

Porque no tienen estos momentos solamente –con ser mucho– un sentido de convivencia fraterna entre las personas reunidas en torno a las mesas, sino, por añadidura, el grato deseo de que coincidan en ellas productos símbolos de los dos países: ¿no es la *Suprême de Pintade Exon* –pollo de la comarca de Oxfordshire, que nos sirven adornado con verduras y hortalizas recogidas en la huerta de Exeter– coincidente con la *Salade de fruits aux couleurs de l'Espagne*, colores de nuestra bandera que nos presentan para el postre?

Es ya la hora de ofrecer el obsequio del *College* a nuestra Soberana: un retrato de Sofía, de gran tamaño, en el que se la representa reflejándose en un espejo, en actitud pensativa.

Las palabras de la Reina permanecieron en el afecto de cuantos la escuchamos agradeciendo el detalle y el honor:

«Rector, Your Grace, Benefactors, Fellows and Scholars of Exeter College.

»The Governing Body of this College did me the great honour in 1986 of electing me to an Honorary Felowship to coincide with the creation of a Research Fellowship in Modern and Contemporary Spanish Literature under my patronage. Although Exeter is now in its 675th year of unbroken academic service in educating the young and preparing them for careers in Church and State, the College has been mindful of the rapidly changing needs of society and has introduced the teaching and study of more modern subjects as the University itself has developed. Thus it was one of the pioneers, in the Oxford context, of bringing in teachers of modern languages, especially of Spanish, French, German and Modern Greek, in the early part of this century. Its promotion of science, medicine and engineering has also been remarkable.

»The warmth with which the College has always welcomed the holders of King Alfonso's Chair is a matter of great satisfaction, and it is pleasant to learn that the first holder, the late Don Salvador de Madariaga, is still remembered for the lively debates he originated in the Senior Common Room. If the Fellows of that time were surprised by the range of his intellectual interests, he later revealed that he was amazed by theirs. In his memoirs he commented that:

"... they were self-possessed, sure of themselves, their eyes lit by flashes of wit, humour, everything but surprise. They walked slowly, spoke slowly and thought slowly; but they knew everything."

»The second holder of the Chair, William Entwistle, was a famous polymath in Languages, Philology, History and Literature, and his published work became well known and appreciated in Spain.

»The third holder is, happily, present with us this evening, and I am delighted to congratulate Professor Russell on his success in being awarded the first Elio Antonio de Nebrija Prize by the University of Salamanca for his long and very distinguished services to Hispanism in the English speaking world.

»I am also very pleased that Lady Crowther-Hunt is here with us this evening. It was her husband, the late Rector, who gave his enthusiastic support for the appeal to a new Fellowship in Modern and Contemporary Spanish Literature. I would also like to thank the present Rector of the College for his continuous support to this project, the succesful completion of which we are celebrating tonight.

»My special thanks go also to Professor Michael, the present holder of King Alfonso's Chair for his invaluable iniciative and dedication have been decisive for the creation of this Fellowship. I would like to congratulate the first appointee to the Fellows-

Sofía en el campus del Exeter College. Con ella el profesor Stephen Roberts; titular de la Cátedra Queen Sophia of Spain; Eduardo Garrigues, consejero cultural de la Embajada en Londres; la profesora María Eugenia Rincón; e Ian Michael, profesor de la Cátedra Alfonso XIII de Oxford.

hip, Mr. Stephen Roberts, who has done, among others, interesting studies on the famous Spanish writer and philosopher, Don Miguel de Unamuno.

»However, the creation of this Fellowship would have not been possible without the Benefactors' generosity, many of whom are with us tonight and to them I address my sincere gratitude.

»Querría agradecer especialmente las generosas contribuciones de algunas empresas españolas con intereses en el Reino Unido y cuyos representantes están con nosotros. También querría mencionar la generosa respuesta de los ministerios de Asuntos Exteriores, Educación y Ciencia, y Cultura, cuya contribución sirvió para completar la dotación necesaria para esta Cátedra.

»It has been a special privilege for me to see the various buildings of this ancient College, and the delights of the Fellows Garden, to meet the teachers and undergraduates working in Spanish Studies and to hear a concert given by members of the College surrounded by the pre-Raphaelite glories of the Chapel. It is my earnest hope that the Fellowship that bears my name, and the study of Spanish in this College will not only be maintained, but go from strength to strength in future times.»

Los aplausos entusiastas y, finalmente, la hora de los *Toasts* propuestos por el rector: por la Reina de Inglaterra, por el Rey de España, por la Reina de España. Y, por fin, el tradicional –¡*Floreat Exon!*– (¡Florezca el Exeter!).

Y la voz de Sofía se expandió.

Las once campanadas de la noche sonaban en Oxford cuando la Reina de España se despedía de sus compañeros y de su cátedra.

Oxford, en el corazón y en la mente

Llegamos al *Sheldonian Theatre* a través de las históricas calles de la universitaria ciudad de Oxford repletas de gentes, estudiantes en su mayoría, que irradian júbilo porque la universidad celebra su fiesta anual más importante: la *Encaenia*.

En este día se honra a personalidades de proyección mundial que por sus méritos se han hecho merecedoras de la mayor distinción. Son los *Honorary Degrees*. Pero hoy, 21 de junio de 1989, la *Encaenia* tiene para nosotros, los españoles, una significación especial: Sofía, Reina de España, va a ser denominada *Honorary Degree in Law by Diploma*.

Entramos en el *Sheldonian*, un edificio construido a mitad del siglo XVII por expreso deseo y apoyo de Gilbert Sheldon, obispo de Londres y de Canterbury, del que toma su nombre el local.

El edificio,[3] inspirado en un teatro romano, es obra del arquitecto Cristopher Wren. De forma circular y terminado en cúpula, está rodeado en su exterior por una verja adornada con columnas, que se rematan con bustos romanos esculpidos en piedra por William Byrd.

*Escudo
de la Universidad de Oxford.*

Ya en el interior, ocupamos nuestros asientos en el hemiciclo en espera de que lleguen en procesión –muy típica de estos acontecimientos tanto en Oxford como en Cambridge– las autoridades académicas y los homenajeados.

Se inicia, mientras tanto, el recital de órgano que nos ofrece el profesor de Música del Corpus Christi College de Oxford, Robin Bowman: *Prelude and Fugue in E flat major,* Bach; *Choral No. 2 in B minor,* Franck; *Sonata No. 4 in B flat major,* Mendelssohn; *Salve Regina,* A. de Cabezón; *Tiento de Séptimo Tono,* Correa de Arauxo.

Miramos el programa de la *Encaenia.* En primera página, el escudo de la Universidad de Oxford. Sobre el fondo claro, el azul intenso llamado precisamente azul-Oxford. En él, y de entre otros símbolos alusivos a la Universidad y a la Corona, destaca en el centro una Biblia abierta y, sobre sus dos páginas, una sentencia: *«Deus dominus illuminatio mea».*

Mientras las notas del órgano se escuchan en el hemiciclo, detenemos nuestra atención en la bóveda cuyo hermoso fresco fue pintado por Robert Streater: representa a la Verdad descendiendo hacia las Artes y las Ciencias.

La comitiva académica haciendo su entrada en Sheldonian Theatre.

El estilo barroco del artista conjuga ingeniosamente con el estilo del arquitecto Wren en su concepción de la cúpula del edificio, idéntico al del cielo bajo en el que se abren los teatros romanos. –¿No estaban éstos protegidos del sol y la lluvia por una amplia lona que se extendía en un bien ideado juego de numerosas cuerdas? En la bóveda del *Sheldonian* figuran éstas–. Simbólicamente el artista nos presenta el triunfo de las Artes y las Ciencias sobre la Envidia, la Rapiña, la Ignorancia.[4]

Pero siglos antes de que Sheldon concibiese el *Sheldonian Theatre*, Oxford fue –reflejadas sus murallas en el primer sello municipal, el más antiguo de Inglaterra– plaza defensiva tanto por las murallas cuanto por los dos ríos que la circundan: el Támesis y su afluente, el Cherwell. Ciudad comercial y universitaria en el siglo XI, esta significación supuso la rivalidad entre ambos sectores.

Si el comercio se hizo cada vez más importante, bien a través de las aguas navegables de Oxford, bien por las comunicaciones de su carretera que unían Southampton con Northampton, la Universidad fue adquiriendo mayor fuerza: el propio Rey Enrique II concedió a Oxford "Carta de Privilegio" cuando fue creada la Universidad en el siglo XII. Y, a principios del siglo XIV, ésta ya constituía la cuarta parte de la población urbana, lo cual consolidó su supremacía.

Centro de aprendizaje monástico, a Oxford llegaron los dominicos primero; los franciscanos después; más tarde los carmelitas y por último los agustinos:

María Eugenia Rincón

todos ellos durante la primera mitad del siglo XIII. ¿Nos puede extrañar, pues, que se creasen muy pronto en Oxford las Facultades de Teología y de Sagradas Escrituras?

Subrayemos, sin embargo, que Oxford tiene un origen distinto al de las otras universidades inglesas, puesto que no nace por el mecenazgo de un rey o un papa, sino por el esfuerzo de profesores y estudiantes.

Con las facultades de Teología, han pervivido –dándole a la Universidad renombre internacional– las facultades de Derecho Civil, de Derecho Canónico, y la de Artes, que son las que en la mañana de hoy se hacen visibles por las calles de Oxford en las personas de sus decanos, junto a los de las facultades de Música y de Letras.

Illustrissima regina regni antiquissimi

Como indicábamos, los acontecimientos académicos son muy similares en Oxford y en Cambridge. También aquí, camino del Rectorado, se constituye una procesión integrada por las autoridades académicas a las que se unen las personalidades que van a recibir los máximos honores.

Grupo de hispanistas de la Universidad de Oxford en torno a la Reina Sofía.

La comitiva desfila por las históricas calles hasta el Divinity School. En este *college* permanecen los doctorandos, segregados ya de la comitiva, hasta que penetren en el hemiciclo del *Sheldonian Theatre* poco después. En primer lugar aparece la Reina de España junto al *Public Orator*. Les siguen el doctor. Manny y el profesor. Duby, Daime Elisabeth Frink y el profesor Malkie, el profesor Doll y el doctor Sajarov.

El *Public Orator* acompaña a Sofía de España hasta el sillón de honor, situado a la derecha del trono del *Chancellor*, lord Roy Jenkins. La Reina viste la toga roja con boina de fieltro negro –propia de la Universidad de Oxford– como los restantes doctorandos y catedráticos.

God save the Queen y el Himno Nacional de España suenan solemnes desde el órgano. De pie los invitados, hasta que, ya concluidos, el *Public Orator* recitará en latín su elogio de la Reina de España. Destacará de entre sus méritos la entrega a la música y las artes y la potenciación que hace en España de ellas, muy especialmente en los Conciertos del Palacio Real, con el uso de los *stradivarius* que custodia celosamente el Patrimonio Nacional en el Palacio de Oriente. Subrayará el amor de Sofía a la cultura alentando los estudios de español en Oxford y destacará especialmente los estudios de Humanidades de la Reina en la Universidad Autónoma de Madrid.

El *Public Orator* anuncia:

«Su Majestad la Reina Sofía de España», y lee a continuación el diploma:

«Cancellarius magistri scholares Vniuersitatis Oxoniensis omnibus ad quos praesentes litterae peruenerint salutem in domino semptiternam.

»CVM diu ex more nobis fuerit illustrissimos Reges et Reginas honorare eosque praesertim qui propter doctrinam moresque spectatos inclaruerint:

»CVM que Domina Augustissima Sophia, Hispaniae Regina, coniunx Augustissimi Iohannis Caroli, Hispaniae Regis, quem nuper ui ac uirtute diplomatis ad gradum doctoris maximo gaudio admisimus, cum Regia nostra domo per adfinitatem coniuncta sit:

»CVM que academicorum consuetudinum morumque perita sit, quae Athenis nata in uniuersitate Atheniensi tirocinium egerit, libellos deinde de rebus archaeologicis ediderit, studia postea in uniuersitate noua Matritensi exercuerit:

»CVM que in Hispania Musarum fines enixe protulerit, quae ciues in Domum suam Regiam uocatos musicorum concentu saepe delectauerit, quibus musicis fides a Stradivario illo maximo fabricatas in Museo Regio repositas commodauerit; pictores etiam et sculptores huius aetatis maxime adiuuerit, domo nomine suo insigni ad artes eorum fouendas Matriti instituta:

»*CVM que apud nos Oxonienses studia Hispanica ualde corroborauerit, quae Collegi Exoniensis Socia honoris causa electa Exoniensibus tantopere nuper subuenerit ut socium recens electum iam habeant qui litteras Hispanorum iuuenes doceat, studia eadem hic proferat:*

»*Nos ergo, comitatem huius eximiam iam experti, labores tot tantosque pro Musis ab ea susceptos admirati, in frequenti Congregationis Domo praedictam Reginam Doctorem in Iure Ciuili renuntiamus eamque ui ac uirtute huius diplomatis omnibus iuribus et priuilegiis adficimus quae ad hunc gradum spectant.*

»*In cuius rei testimonium sigillum Vniuersitatis quo hac in parte utimur adponendum curauimus.*

»*Datum in Domo nostra Congregationis die XXIº mensis Iunii A.D. MCMLXX-XIX.*»

Y se oye, finalmente, la voz del Chancellor:

«*Illustrissima Regina regni antiquissimi, quod communitatem populorum Europae suis opibus nuper auxit, studiosissima ac felicissima liberalium artium assectatrix, ego auctoritate mea et totius Vniuersitatis nec non ui ac uirtute huius diplomatis admitto te ad gradum Doctoris in Iure Ciuili.*»

Ya quedaba integrada Sofía en la Universidad de Oxford cuando finalizó el *Chancellor* sus palabras.

Los aplausos inundan el *Sheldonian*: la Reina de España recoge su Diploma. Tras ella lo hacen los demás *Honorary Degrees,* si bien únicamente a la Reina se la nombra *Honorary Degree by Diploma.*

La brillante *Encaenia*, tradicional fiesta universitaria, queda clausurada con las palabras rituales pronunciadas por el *Chancellor.*

«*Dissolvimus hanc congregationem.*»

---

1. Conocido en un principio con el nombre de Stapelton Hall.

2. BROOKE, C. AND HIGHFIELD, R., *Oxford and Cambridge,* Cambridge University Press, 1988, pág. 71.

3. COLVIN, H. M., *The Sheldonian Theatre and the Divinity School,* Oxford, University Press, 1981.

4. BROOKE, C. AND HIGHFIELD, R., *op. cit.,* pág. 198.

TEXTO DEL DISCURSO DEL *ORATOR*

«*O faustus ille atque felix, o candidissimo calculo notandus dies, lux inter belli tenebras perbreuis, quo Georgium gentis Hellenicae Regem Cancellarius noster salutauit et Regis uirtutes Orator eloquentiae Atticae copiis praedicauit, qui ingruentes hostium minas animo inuicto e patria propulsare luctatus esset. Quot quantis adclamantium uocibus laquearia resultant! Adest adest in tanta hominum celebratione uir unus ante omnes spectabilis, Princeps ipse Pau-*

lus, frater Regis. O nos beatos, quibus plures post annos adsit haec Pauli Principis nata, cuius regium decus et uenustas nouam caerimoniis nostris lucem remittunt.

»Haec, sicut Rex maritus, domui regali nostrae sanguinis uinculis adnectitur, utpote matris a Victoria Regina oriundae filia, paterna de stirpe cum Principe celsissimo, ipso Cancellario nostro, quod gaudio sane quam magno nos adficit, copula uel artiore conexa. Haec quoque tenellulos annos transegit exsul, una cum familia in Creten in Aegyptum profecta periculosae particeps fugae. Athenis suis octo annorum puellula restituta sollemni puerorum Graecorum institutione educata est, nisi quod sedula paedagogae Scoticae tutela prouisum est ut sermonis Anglici perfectam atque absolutam captaret scientiam. Mox ingenium ad artes humaniores, ad studia antiquitatis propensum exhibet: quippe quae numeros e filis admotione clauicularum percussis dulcissimos elicere consuescat et uasa fictilia auitis in praediis iamdudum sepulta eruat, eruta describat, descripta publicet. Adde quod Aesculapi condiscit artes, si quae ad infantium ualetudinem pertinent, nec non Neptuni prouinciam adgressa tantam phaseli sollerter moderandi famam colligit ut in classem Olympiada petentium paene referatur.

»Omni laude digna est Martialis illa sententia:

»Principis est uirtus maxima nosse suos.

»Eandem haec sibi uirtutem arrogauit Principissa. Extemplo noua nupta noui regni magna fit pars: quae Academiae Complutensis inter alumnas adscribitur, artes liberales praesertim musicen patrocinio suo amplectitur, adsiduis regni peragrationibus operatur, pauperibus amicitiam praebens, infirmis solacium. Nonne uero, quae tam prudenter ac strenue se gerit, uirtutes praestat usu comprobatas uetusto? Nam, sicut annalium pietate traditur, mediaeualium uix ulla reginarum non prudens ac strenua cluebat. At hanc mediusfidius tales uirtutes nulla consuetudinis uel offici religione sed ipsa naturae atque ingeni uoluntate obsecutam praestare firmauerim.

»Matrem patriae praedicaui: mater familias praedicanda. Est enim trium liberorum mater et plus quam mater: est eadem mater nutrix studiorum magistra. Quid possit profecto moribus ingenium piis institutum,

quid mens rite, quid indoles

nutrita faustis sub penetralibus,

nouit Horatius, nouit haec ipsa, nouit Hispanorum natio. Tanta regiae domus felicitate stat res Hispana stabitque felix.

»Praesento uobis Hispani populi amorem et delicias, Hispani regni gemmam praefulgidam, PRINCIPISSAM AVGVSTISSIMAM SOPHIAM

HISPANIAE REGINAM»

La Reina contemplando una exposición de libros españoles en la Biblioteca Bodleian de Oxford.

Su Majestad la Reina conversando con los participantes en el Encuentro. A su derecha, James Hena, presidente del Consejo General de los indios pueblo.

-27-
El abrazo
de Sofía y América

ENCUENTRO
CON LOS INDIOS DE
ARIZONA Y NUEVO MÉXICO

Cada parte de esta tierra
es sagrada para mi pueblo.
Cada aguja de pino,
cada playa arenosa.
Cada niebla en los bosques oscuros,
es sagrada en la memoria de mi gente.

GRAN JEFE SEATTLE

As we are drawing close to a new era,
we must enhance the decisive contribution
of the native American philosophy
to the western world
in their respect for the environment and
their understanding of nature

REY JUAN CARLOS I DE ESPAÑA

Q UE NUESTRO ENCUENTRO CON SU
Majestad y nuestra visita a España produzca resultados positivos para la buena
armonía entre los dos pueblos –ruega el sacerdote indio pápago en la ceremonia de la bendición a la Reina de España.

Sofía, de pie, inclinada la cabeza ante el sacerdote, escucha sus palabras.
Austin Núñez, miembro de la tribu indígena americana del sudoeste de los
Estados Unidos, *Tohono O'Odham,* pronuncia la oración en su idioma, el *O'Odham.* Viste una túnica de dos colores, rojo y azul, la misma que utiliza en las
tribus indias para bendecir a las gentes.

El color rojo de la túnica abarca la parte izquierda del cuerpo de Austin
Núñez y simboliza la sangre. El color azul, que cubre la parte derecha, simboliza el agua. De la fusión de ambos elementos surge la vida.

Mientras bendice a la Reina, el sacerdote indio sostiene en su mano derecha una pluma de águila. En su mano izquierda, un abanico trabajado con
cuentas y con plumas de guacamayo –ave pensadora de América, de pluma-
je rojo, amarillo y azul, y larga cola–. La pluma y el abanico han sido bende-
cidos con oraciones, salvia, cánticos, madera de cedro y santos sacramentos
peyotes.

Él roza con la pluma de águila la cabeza de la Reina de España, su frente
y sus hombros, mientras le pide al Creador múltiples dones para Sofía: felicidad, el cumplimiento de todos sus buenos deseos, un fuerte y vigoroso
espíritu, y una estrecha vinculación con el Creador, además de buena salud
para seguir cuidando de su esposo, el Rey, de su familia y de su pueblo, España.

Finalmente, hace votos para que el reencuentro de la Reina con los
indios de Arizona produzca muy buenos resultados, positivos para ambos
pueblos.

Las plumas que el sacerdote sostiene en las manos son, como los elementos que hemos señalado, las que usa para bendecir a los suyos, pero en aquellas plegarias habituales, además de invocar la bendición al Creador para sus
tribus, le ruega especialmente que los niños indios puedan aprender siempre
su idioma, el *O'Odham,* y que lo puedan transmitir como herencia a sus hijos
y a los hijos de los hijos de los hijos de sus hijos.

–¿Qué simbolizan las plumas con las que usted bendice a la Reina de España? –le he preguntado a Austin Núñez.

–La pluma de águila simboliza la fortaleza, el valor, la generosidad, la prudencia. La pluma de guacamayo es símbolo de la habilidad que esta ave tiene
para escuchar atentamente, y así poder hablar como un ser humano.

Un representante del pueblo navajo haciendo entrega de un obsequio a la Reina, en presencia del rector Villapalos.

Pocos días después, sin embargo, en una carta que me escribiría desde Tucson el sacerdote pápago[1], me dará más detalles sobre el significado del rito. Pero esta mañana hay que saber escuchar y hay que saber transmitir: Están en España los indios libres del Gran Cañón del Río Colorado, a los que un día los conquistadores españoles dispersaron forzosamente de allí y se «adueñaron de sus tierras», las cuales sólo ellos dominaban y por las que corrían montados en búfalos, libres como el viento. Tierras que, en parte, sueñan recuperar, como dijeron ante Sofía, porque necesitan seguir subsistiendo.

Ellos son conscientes, y así nos lo manifiestan, de que Dios les ha dado la tierra, el viento, las nubes, el cielo, el sol, las flores, y los valles, y las montañas, y los ríos y los mares: son sus tesoros. Por esos los aman, como aman a sus animales. Y no sólo al bisonte y al perro, tan de ellos, sino también al caballo, llevado a aquellos lugares por los conquistadores españoles, como llevarían asimismo la oveja o el cerdo.

«Si todas las bestias desaparecieran, el hombre moriría de una gran depresión de espíritu»[2], había escrito ciento cuarenta años el Gran Jefe Seattle. Y:

My horse's body is like an eagle-feathered arrow.

O también:

«The Holy Wind blows through his mane is made of rainbows»[3], cantaba en su poema "The war god's horse song", otro indio americano años más tarde. Hay muchas manifestaciones escritas de este amor por los animales que sentían y sienten los indios de Arizona.

La importancia del Encuentro

Cuando ha llegado Sofía, en esta mañana del Encuentro, con el deseo de confraternizar con los jefes de las tribus, era consciente de que ya el emperador Carlos I de España, cuatrocientos cuarenta años antes, certificó a los indios, a través de Vázquez Coronado, que «al Rei havia pesado del mal tratamiento que les havia hecho, i que no seria asi adelante, i que los que lo contrario hiciesen, serian castigados. I que no se harian mas Esclavos, ni los sacarian de sus Tierras, i que perdiesen el temor i que sirviesen a Dios que está en el Cielo...»[4]

¿Cuál es, pues, el sentido de este Encuentro?

No tan sólo la aproximación de América al Viejo Continente: es además, y sobre todo, un deseo mutuo de analizar, en estos días de convivencia de indios y españoles, la evolución de las culturas indígenas desde que nuestros antecesores descubrieron aquellos territorios.

No olvidemos que nuestra cultura abarcó muchas parcelas, especialmente religiosas, de las tribus indias. Imágenes de Jesucristo y de la Virgen incrustadas en el sol o en la luna –símbolos de culto de los indios– se encuentran con frecuencia.

Evidentemente, se ha disipado la duda que pudiera permanecer en la mente de estas gentes del sudoeste. La distancia de 1450 a 1992 se ha hecho apenas perceptible en este encuentro histórico en el Real Colegio Universitario María Cristina de El Escorial. Encuentro enmarcado en los cursos de verano de la Universidad Complutense. Aquí, Sofía de España, acompañada por el rector, profesor Villapalos, ha convivido con los indios durante cinco horas. Primero, escuchando las disertaciones de los jefes de las tribus. Recibiendo la bendición de su sacerdote, después. Finalmente, reunidos en el salón de Cristal del Real Colegio, charlando con todos ellos, interesándose por sus vidas, por sus costumbres, por sus familias, por sus trabajos –tejidos artesanales realizados en rudimentarios telares, utensilios de loza, objetos de paja–, algunos de los cuales le ofrecen a la Reina de España mientras degustan con ella, sentados a su derredor, refrescos, zumos de frutas, pastas.

Lejos, muy lejos de esta mañana, aquella fecha del día 25 de junio de 1876, cuando el caudillo Caballo Espíritu, antepasado de algunos de estos indios que hoy departen con Sofía, fue derrotado por las tropas del general Seeter, y humillado al perder su libertad y verse obligado a vivir con sus tribus en las reservas.

Porque hoy estas mujeres, a los pies de Sofía o en sillas a su lado, no contienen sus entusiasmo al explicarle a la Reina uno y mil detalles de su vida y la de los suyos allá, en los pueblos y reservas. «Culturas que antaño formaron parte del Reino de Nueva España», culturas las «de las naciones indias del sudoeste de los Estados Unidos», que ofrecen un interés especial para nosotros, pues España «inició la exploración de ese territorio a mediados del siglo XVI, colonizando después la cuenca superior del Río Grande, y ocupando posiciones militares en lo que hoy es el sur de Arizona, en la ruta que más tarde tomaría la presencia misionera en California», nos recordaría nuestro cónsul en Los Ángeles, Eduardo Garrigues, director del Encuentro, en su salutación de bienvenida.[5] Culturas que la Corona de España respetó y amó siempre, como certeramente lo reconoció el Rey Juan Carlos con motivo del *National Congress of American Indians* de 1991, reiterando su respeto y apoyo al presidente de este congreso, con el deseo ferviente de restituir a los indios su riqueza cultural:

«*I believe that it is important to preserve this beautiful common heritage, and walk together into the future in a trail of peace and understanding.*»[6]

Y como la propia Reina Sofía había subrayado meses antes:

«*No se puede olvidar que España fue el primer país europeo que consiguió la unidad, y que inmediatamente se proyectó hacia el exterior con toda su fuerza y dinamismo físico y cultural. ¿No fue, en efecto, la conjunción Iglesia-Corona la que representó un papel importantísimo en la conquista, con todos los matices favorables que ello implica?*»[7]

La Reina con los indios de diversas tribus en El Escorial. Con ellos, el rector Villapalos; Eduardo Garrigues, director del curso; y el doctor Adrián Bustamante, de Nuevo México.

El Pacto de Amistad

Ya se ha cumplido el momento cumbre del Pacto de Amistad de los españoles con los indios del este de California cuando Austin Núñez cierra con sus palabras la bendición de la Reina de España.

Porque, reunidos en el pequeño salón, hemos sido testigos de cómo América y España se unían definitivamente en un abrazo: Sofía lo ha hecho posible. Indios zuñis, hoppis, pueblos, maricopas, pápagos (*Tohono O'Odham*), navajos, yaquis, pumas, tribus todas ellas descubiertas en 1450 por los españoles en el Gran Cañón del Colorado.

Les ha costado esfuerzo a estos hombres y mujeres emprender por vez primera el vuelo hacia España. Reticentes estaban sus ánimos. Pero la humanidad de Sofía les ha cautivado y les ha convencido.

Mientras miramos a Sofía en amistoso abrazo con las jóvenes indias de Arizona, tan identificada con ella y con sus problemas o sus alegrías, anotamos mentalmente la fecha en que este Encuentro se produce: la mañana del 22 de julio de 1992. La Reina Isabel decretó el 20 de junio del año 1500 la liberación de los indios. Hoy la Reina Sofía conversa con ellos como una amiga.

Es cierto que el decreto de Isabel la Católica llegaba tarde, pero se firmó: así el primer pacto estaba asegurado. Más tarde se iría logrando la evangelización de los indios, se iría cumpliendo la cruzada de paz, forzosamente lenta: merced a ello, cuatrocientos cuarenta y dos años más tarde, otra Reina de España, Sofía, podría aseverar con satisfacción:

«La labor evangelizadora en las tierras descubiertas fue uno de los objetivos más importantes del Descubrimiento, al ser la monarquía católica la gran impulsora de esta gesta histórica.»[8]

La bula *Inter Caetera*

El papa Alejandro VI concedió bulas a los reyes de Castilla por las que les confirmaba la donación de las tierras descubiertas en América. Las bulas fueron cinco. Las del 3 y 4 de 1493 se denominaron *Inter Caetera*. Nos remitimos a la del 3 de mayo:

«Por la autoridad de Dios Omnipotente concedida a San Pedro y del Vicariato de Jesucristo que ejercemos en la tierra, con todos los dominios de los mismos, con ciudades, fortalezas, lugares y villas, y los derechos y jurisdicciones y todas sus pertenencias, a vos y a vuestros herederos los reyes de Castilla y León, perpetuamente, por la autoridad apostólica, a tenor de la presente, donamos, concedemos y asignamos, y a vos y a vuestros herederos mencionados, investimos de ellas; y de señores con plena, libre omnímoda potestad, autoridad y jurisdicción, os hacemos, constituimos y diputamos; decretando, no obstante, que por semejante donación, constitución, asignación e investidura a ningún príncipe pueda entenderse que se le quita o deba quitar el derecho adquirido.»[9]

Los indios fueron libres. La ayuda del papa Alejandro VI fue un apoyo imprescindible. Con él, América y la Legislación de Indias, castigando abusos y apoyando siempre al más débil.

Cuatrocientos noventa y dos años han transcurrido desde que la Reina Isabel I firmó el Decreto de Liberación de los Indios Americanos en tierras descubiertas por los españoles. Isabel de Castilla escribía:

«Por quanto el Rey, mi señor, e Yo, por la instrucción que mandamos dar a don frey Nicolás de Ovando, comendador mayor de Alcántara, a tiempo que fue por nuestro gobernador a las islas e tierra firme del mar Océano, ovimos mandado que los indios vecinos e moradores de la isla Española fuesen libres e no subjetos a servidumbre, según más largamente en la dicha instrucción se contiene.»[10]

Quizá la prensa se haga eco hoy de otras noticias importantes que hayan ocurrido a lo largo del día, y, quizá de este encuentro sencillo, íntimo, del abrazo de Sofía y América, se reflejen largas o breves crónicas.

En todo caso, esta mañana se ha escrito un hecho de los más trascendentes, no ya de este año 1992, sino de siempre: hoy hemos presenciado el abrazo de Sofía y América.

1. Carta del Dr. Austin Núñez, fechada en Tucson, Arizona, el 28 de septiembre de 1992.

2. *Decada VI*, Libro VII, cap. VII, pág. 155.

3. DANE AND MARY ROBERTO COOLIDGE, *The Navajo Indian*, "The War God's Horse Song", 1930.

4. *Decada VI,* Libro VII, cap. VII.

5. GARRIGUES, EDUARDO, "Presencia española entre las naciones indias del Sudoeste de Estados Unidos", Universidad Complutense, Cursos de Verano de El Escorial, 22 de julio 1992.

6. JUAN CARLOS I, REY DE ESPAÑA, Carta de Su Majestad el Rey de España al presidente del Congreso Nacional de los Indios Americanos, del 4 de diciembre 1991.

7. REINA SOFÍA, entrevista de Julián Lago en *Tribuna*, abril 1992.

8. *Ibíd.*

9. GARCÍA AÑOVEROS, JESÚS MARÍA, "La polémica y el contenido de la donación pontificia de las Indias a los Reyes de Castilla", Conferencia Episcopal Española, simposio "La primera evangelización de América. Proceso y balance histórico", Madrid, 1993.

10. GARCÍA-GALLO, ALFONSO, *Manual de historia del Derecho español II*, 2ª ed., Madrid (edición del autor), 1964, pág. 1503.

Évora, 1 de febrero de 1996. La Reina de España es investida doctora 'honoris causa'. A los doctorados de Colombia (1976), Valladolid (1986), Cambridge (1988) y Oxford (1989), se añade este de Évora, que tiene una significación especial. Nos recuerda que la Iberia –sueño y anhelo de Maragall, el poeta visionario– no tiene por qué seguir siendo mera entelequia, y menos en la Unión Europea, a la que hemos accedido de pleno derecho lusitanos e hispanos.

La Reina, en su discurso de agradecimiento, aludió a la historia de Portugal, encontrándola «llena de paralelismos con la de España, pues no en vano nuestras dos naciones fueron crisol del quehacer de pueblos, civilizaciones y culturas diferentes, que enriquecieron con su presencia el legado histórico y cultural de la Península Ibérica.»

-28-
Futuro abierto

En cada platja fa son cant l'onada
mes terra endins se sent un sol ressò,
que de l'un cap a l'altre a amor convida
i es va tornant un cant de germanor;
Ibèria! Ibèria! et ve dels mars la vida,
Ibèria! Ibèria! dóna als mars l'amor.

JOAN MARAGALL

N OS HAN PREGUNTADO EN OCASIONES
algunos invitados que acudían por primera vez:

–Nadie sabe nada de este Seminario. ¿Y se viene haciendo desde hace quince años? ¿Y la Reina de España siempre acude? Es magnífico...

¡Qué difícil y qué sencillo explicarlo! Podríamos responder:

–Esto es historia de España, historia viva.

Pero sonreímos únicamente. Y decimos:

–Ya lo verán ustedes...

Nosotros, que hemos sido testigos de esta dimensión tan desconocida de la Reina, hemos sentido la necesidad de darla a conocer para que la gente sepa de la entrega de la Reina a este mundo inagotable de saber.

Una tarde de Seminario

Alrededor de la mesa de trabajo el reencuentro con Doña Sofía se cumple una tarde más. ¡Qué privilegio haber compartido tantos años de nuestra vida en esta mesa presidida siempre por la Reina de España!

–Bienvenida, Señora. Gracias por vuestra presencia y vuestro aliento en la tarde de hoy y siempre.

¿Cuántas veces habré repetido esta sencilla y siempre nueva salutación al comenzar las sesiones del Seminario?

Sí. Las horas vividas al lado de la Reina son historia.

Hoy la he recibido como en cientos de veces a lo largo de quince años. Precisamente en este mismo día, la Reina Sofía ha estado en Segovia y, durante horas, desde muy temprano, ha cumplido con una serie de actos junto al Rey. Y ha regresado a Madrid con el tiempo justo para acudir al Seminario, incluso sin cambiarse de traje La carpeta en su mano. Vacías las cuartillas al llegar. Repletas de apuntes cuando la despido: Son apuntes que ha tomado ágilmente para que la palabra del conferenciante no se diluya. La Reina sabe extraer la esencia de las cosas.

Ante la mesa redonda presidida por Doña Sofía, los invitados de la tarde ocuparán sus lugares. Generalmente nos reunimos en la mesa doce personas; en ocasiones, catorce.

A la salida de una sesión del Seminario, la Reina con Serrano Súñer y el embajador Antonio Garrigues y Díaz Cañabate, además del rector Villapalos, el presidente del Instituto de España, Miguel Artola, y la autora de este libro, entre otros.

Hablarán uno o dos expositores –académicos, rectores, embajadores, catedráticos españoles o extranjeros– sobre el tema elegido para el debate. Haremos un descanso. Departirán todos ellos con la Reina. Tomaremos el té en un vaso de cartón, cucharilla de plástico y servilleta de papel.

Abriremos el coloquio y sonará la campana para anunciar el término de la pausa. La Reina volverá a tomar apuntes con la ilusión que tenía veinticinco años atrás en la universidad. ¡Con qué fruición se interesa por los eventos de los mundos que se ve obligada a "visitar" permanentemente: el mundo de la política, el de la ciencia –con su vertiginosa evolución– el de las artes, el de la economía, el de las religiones...!

Sonará de nuevo la pequeña campana. Terminará la sesión. Los invitados departirán con la Reina mientras se despiden de ella. Sin prisa, le ofrecerán el último libro dedicado.

La Reina Sofía, con Leopoldo Calvo Sotelo, el marqués de Tamarón, los embajadores de Francia y Japón, y el profesor Abellán, entre otros participantes.

María Eugenia Rincón

En una sesión del Seminario, la Reina, con la presidenta del Instituto de España, los embajadores de Alemania y Argentina, la profesora Mendizábal y los profesores Berzosa, Vallespín y Tamames, entre otros presentes.

–¿Sabes? –me comenta– He tenido que instalar una estantería grande en mi estudio para los libros que me dedican los profesores en las tardes del Seminario. ¡Tengo tantos ya...! ¡Qué ilusión me hace!

Recogeré sus libros. La Reina, sus apuntes. Entraremos las dos en un despacho contiguo. Matizaremos el tema a tratar en la siguiente sesión. Revisaremos la lista de los participantes que llevo en mi cartera. Comentaremos la importancia de la sesión que hemos vivido. Y veré la satisfacción reflejada en los ojos de la Reina de España.

–Qué bien ha resultado todo. ¡Cuánto hemos aprendido!

–Quizá en el coloquio, Señora, algún profesor ha sido excesivamente crítico.

Doña Sofía, con José Luis Leal, presidente de la Asociación Española de la Banca, la directora general de Fundaciones, Soledad Díaz Picazo, los embajadores del Reino Unido y Argentina, y los profesores Epifanio Tierno y Darío Valcárcel.

La Reina escucha la intervención del sacerdote Santiago Martín, en presencia del dirigente evangélico Juan Gili, el presidente de la Iglesia Adventista, Juan Lozano, el rabino Garzón, los profesores Ureña y Miret Magdalena, y el Marqués de Marañón, entre otros.

–No, no. Hay que dejar que digan lo que piensan de forma espontánea. Además, siempre es importante que haya algunos de ellos que difieran de los otros. Así se hace más vivo el coloquio y se aprende mucho más.

Y luego:

–Señora, aquí están las grabaciones de la última sesión.

–Ah sí, pero me faltan las de la penúltima sesión. No las olvides, que me gusta escucharlas de nuevo a solas.

–Sí, Señora, sí. Ya están a punto. Sólo me falta completar unos detalles.

–Muchas gracias, María Eugenia, hasta el próximo día.

Y sonríe la Reina. Con una sonrisa que fascina. A punto de cumplir sesenta años y tan joven, tan joven. Con la ilusión de siempre, de hace un cuarto de siglo. Con la curiosidad y emoción ante el Tercer Milenio...

–¡Cómo me gustaría vivir cien años más –dice– para poder ver los progresos de la tecnología en todos sus campos y la evolución del mundo! ¡Cómo me gustaría vivir por lo menos cincuenta años más, ¡sería fantástico!

La clase de hoy finaliza, pero para la Reina continúa siempre. Porque el futuro sigue abierto. Sofía concluye su sesión del Seminario, pero los pasos de la Reina y, por supuesto, nuestra voluntad de acompañarla no han llegado a su fin.

Veinticinco años "navegando" juntas

–¿Y qué nombre le pondremos al Seminario? –me dijo un día la Reina.

–Ya lo tengo pensado, Señora. Para que no sea precisamente Humanidades, podría ser Pensamiento Contemporáneo.

–Sí. Está bien. Pero queda incompleto, ¿no crees? –contesta Doña Sofía–. Creo que le falta algo para que sea más completo, algo que lo abarque todo...

Y se queda pensativa.

De repente:

–¿Por qué no Pensamiento y Ciencia Contemporáneos? –sugiere la Soberana.

–Perfecto, Señora.

La decisión no puede ser más acertada. Y me cabe el orgullo de pensar que fue la Reina de España quien escogió el nombre del Seminario junto a mí.

Así nació nuestro Seminario. Años más tarde se creó la Fundación que lleva el mismo nombre. Pudimos establecer convenios con algunas universidades. La Complutense de Madrid nos prestó el mayor apoyo, ya en tiempos del rector Villalpalos. En el actual rector, Rafael Puyol, hemos hallado un respaldo total.

¿Y si hiciésemos un recuento de tantas y tantas horas al lado de la Reina de España? ¿Cuántos miles sumaríamos? El número nos sorprendería a nosotros mismos: ¿dos mil?, ¿tres mil? Con un margen ligero de error alcanzaríamos las cuatro mil: ¡Cuatro mil horas "navegando" juntas!

Los primeros ocho años teníamos sesión todos los jueves del curso. Trabajábamos entonces en temas de filosofía y de historia de las religiones. Pero

Doña Sofía, acompañada del rector de la Universidad de Barcelona, profesor Bricall, el presidente de la Real Academia de Medicina y su secretario general, el rector de la Autónoma de Madrid, Cayetano Martínez, y los profesores Michavila, Jacobo Muñoz, Artola y María Eugenia Rincón.

a partir del año 1991, ya en plena Guerra del Golfo, la Reina Sofía sintió necesidad de estar al día en los acontecimientos mundiales que se estaban sucediendo en cadena, de forma inesperada: la Guerra del Golfo, la caída del Muro, la evolución de la política rusa, el conflicto de los Balcanes, el problema del Congo, los dramas de África, incluido el de Argelia. Nuestros estudios entonces los enfocamos a analizar aquellos problemas y las cuestiones que los rodeaban: la cultura, la religión, la situación geopolítica.

En ocasiones, en el descanso de la tarde, Sofía nos comenta impresiones del pasado. Evocamos la época en que fue proclamada Reina de España y de cómo el primer día de clase acudió temerosa.

–¡Cuántos años navegando juntas, Señora: ya son veinticinco! –le recuerdo.

–¡Madre mía! Parece que fue ayer. ¡Ha volado tan rápidamente el tiempo! Aquella mañana, después de ser proclamada Reina, acudí a clase con temor. No sabía cómo se me iba a recibir y, sin embargo, todo quedó tan natural y tan bien...

–Es que entonces Vuestra Majestad era muy joven, ¡y tan tímida!

–Pues sigo siendo igual de tímida aunque la gente no lo note. Puede parecer lo contrario porque lo disimulo, pero sigo igual... ¡Y estoy a punto de cumplir los sesenta!

–¡Nadie lo diría!

–Pero por dentro nos sentimos jóvenes tanto el Rey como yo –prosigue Doña Sofía– Tenemos la misma vitalidad, la misma ilusión. Y no me canso de viajar, de recibir, de atender. ¡Me apasiona mi trabajo!

Sí. La Reina es joven, y siempre lo será. La maravillosa inquietud que se trasluce en sus ojos es juventud.

Con la Reina Sofía, el vicerrector de la Complutense, profesor Carlos Seoane, y la autora de este libro, entre otros participantes en una sesión.

Doña Sofía
y la autora,
profesora María
Eugenia Rincón,
en los pasillos del
Paraninfo
de la Universidad
Complutense.

Porque en la vida, la Reina se siente aprendiz de todo. Sigue sentándose al lado de otros aprendices de la vida y manifestando su permanente interés por saber.

Salvo las siete horas de obligado descanso, las demás horas del día no le pertenecen a la Reina. Por eso venir al Seminario es para ella un descanso y un gozo.

–¡Con qué gusto va Su Majestad la Reina a vuestros seminarios! –me comentaba un día el general Sabino Fernández Campo (durante muchos años secretario general y luego Jefe de la Casa de su Majestad el Rey), mientras despachaba conmigo:

–Sí, y es algo muy importante para la Reina. Porque además de darle un conocimiento permanente de los acontecimientos mundiales la Reina va adquiriendo constantemente una serie de conocimientos de amplio alcance cultural que la ponen al día en todo. Y a la vez, va conociendo con mayor profundidad a los intelectuales y a las personalidades del país y del extranjero, lo que de otra forma no sería posible. ¡Es la vuestra una gran labor, sí, te lo digo muy en serio, María Eugenia!

¡Cuántas cosas aprendió la Reina! ¡Y cuántas aprendí yo de *esta mujer* llamada Sofía!

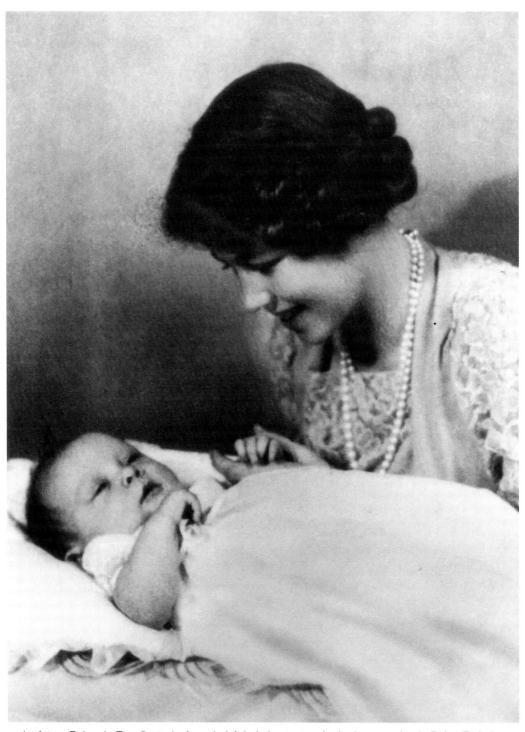

La futura Reina de España, todavía un bebé, bajo la atenta mirada de su madre, la Reina Federica.

X

Y abrió sus ojos azules

Un tesoro para siempre.
TUCÍDIDES

Ⓔ N UN SOLO ACONTECIMIENTO VITAL, se cumple la escisión de la madre y el nexo del hijo con el mundo. «Porque nacer es nacer al mundo; venir al mundo.»[1]

En Atenas, el otoño es suave, propio del país mediterráneo. Las gentes esperan en las calles, en los balcones de las casas. ¿Por qué? De los Príncipes de Grecia, Pablo y Federica, va a nacer un heredero. El monte Lycabetos ya está dispuesto con los cañones en lo alto. En breve anunciará con salva más o menos –¿veinte?, ¿veintiuna?– si es niño o niña.

¡Cuánto tiempo llevaba el pueblo heleno esperando! Hasta la tumba de Constantino I, en los bosques de Tatoi, y de su esposa Sofía, abuelos paternos que no podrán nunca conocer a su descendiente, llegarán los estampidos de los cañones.

Los griegos cuentan veinte salvas y no dudan en gritar el nombre de la neófita: «¡Sofía!» ¿Por qué? Unánimemente el pueblo ha escogido ese nombre de antemano: ha custodiado las tradiciones que no se pueden borrar.

En el salón del primer piso del palacete de Psijikó, zona residencial del norte de Atenas, llega al mundo la niña: Sofía de Schleswig-Holstein Sonderburg Glukburg. La espera se ha hecho larga y dolorosa.

Existe una felicidad imposible de definir y que va ligada al sufrimiento. Es la felicidad que Federica goza. Y, si «la Belleza es la vida cuando la vida alza el velo y muestra su rostro esencial y sagrado»[2], ¿cabría entender mejor la fusión de Belleza-vida en los ojos que se abren a la luz, los de Sofía de Grecia?

Júbilo dentro y fuera del salón en donde la familia, unida, se abraza; donde el pueblo, unido, se abraza también. Se escucha el llanto primero. Otra voz inaudible podrá decirle a la niña: «Aquí, en tu casa, aquí te hallas en tu patria y en tu hogar.»[3]

Y quizá porque crear es la redención del sufrimiento, Sofía, al abrir los ojos, ha quedado inexorablemente unida al mundo, y suyas podría hacer las palabras:

> *«Y he caído a la tierra,*
> *la que nos recibe a todos por igual,*
> *y he llorado al dar el primer grito*
> *como todos hacen.»*[4]

Pero la vida para Sofía no es problema sino misterio. Y llegará a saber un día que el hombre es tránsito y ocaso. Que se afirma en el devenir. Al ir creciendo y madurando, Sofía desvelará por sí misma esta verdad y la profundizará en los pensamientos de sus filósofos preferidos, en cuyo análisis se detendrá siempre con interés. Descubrirá que el ser humano es imagen de Dios. Que la historia la escriben los hombres. Y que el auténtico santuario está en el interior de nuestra conciencia.

Sofía se ha esforzado a través de los años en consolidar el círculo de su hogar, formando así un núcleo hermético del que es vigilante por «*la fuerza de nuestro cariño*», que consigue «*una familia muy estable.*»

No es baldío pensar que aquel día 2 de noviembre de 1938 las gentes griegas, gentes de Sofía, al dar su nombre al viento, acertaron con la intuición de los seres sencillos: Sofía, sabiduría.

En la noche, oráculos y predicciones a favor de la niña, sobre todo a largo plazo.

¿Su mundo?

Uno que no conoce ni la saciedad, ni el disgusto, ni el cansancio.

¿Su anhelo?

«*Realizar mi tarea y ser útil a los demás.*»

¿Su destino?

Reina de España.

---

1. Zubiri., *Sobre el hombre*, pág. 554.

2. Jalil Gibran, *El Profeta*, "De la belleza", pág. 77.

3. Nietzsche, *Así habló Zaratustra*, "El retorno a casa", pág. 258.

4. Salomón, *Libro de la Sabiduría*, II, 7, 3.

5. Palabras de la Reina Sofía en las que expresa cuál quisiera fuese el recuerdo que quedase de ella en el tiempo. Entrevista de Julián Lago en *Tiempo*, 16-22 de junio de 1986, n° 24, pág. 17.

María Eugenia Rincón

Los Reyes con su pueblo, en su visita a Las Hurdes (abril de 1998)

BIBLIOGRAFÍA

BOFF, LEONARDO, *Teología del cautiverio y de la liberación*, Madrid, Ediciones Paulinas, 3ª ed., 1978.

BROOKE, C. - HIGHFIELD, R., *Oxford and Cambridge*, Cambridge, Cambridge University Press, 1988.

FRAZER, JAMES G., *La rama dorada. Magia y religión*, México, Fondo de Cultura Económica, 1944.

GARCÍA AÑOVEROS, JESÚS M., "La polémica y el contenido de la donación pontificia de las Indias a los Reyes de Castilla", en *La primera evangelización de América. Proceso y balance histórico*, Madrid, Conferencia Episcopal, 1993.

GARCÍA-GALLO, ALFONSO, *Manual de historia del Derecho español II*, 2ª ed., Madrid (edición del autor), 1964.

GEIWITZ, JAMES, *Teorías no freudianas de la personalidad*, Madrid, Marova, 2ª ed., 1977.

GIBRAN, JALIL, *El profeta*, Madrid, Edaf, 1985.

GRIMAL, P., *Diccionario de mitología griega y romana*, Buenos Aires, Paidos, 2ª ed., 1986.

GUPPY SHUSHA, "Sofía. Spain's Exemplary Queen", *Town and Country*, New York, 1988.

HERRERA, JOSÉ LUIS, *Doña Sofía*, Madrid, Fíes, 1984.

JASPERS, KARL, *Origen y meta de la historia*, Madrid, Revista de Occidente, 2ª ed.

KIRIAKOPOULOS, G. C., *Ten Days to Destiny (The Battle for Crete, 1941)*, Franklin Watts, New York, 1985.

LORENZ, KONRAD, *El anillo del Rey Salomón (Estudios de psicología animal)*, Barcelona, Labor, 1962.

MARCO AURELIO, *Soliloquios*, Barcelona, Muntaner y Simón, 1944 (traducción de Miguel Dols).

MELLO, ANTHONY DE, *El canto del pájaro*, Santander, Sal Terrae, 11ª ed., 1987.

MUNDO HISPÁNICO, nº 344, extraordinario de noviembre 1976.

NIETZSCHE, FRIEDRICH, *Así habló Zaratustra*, Madrid, Alianza Editorial, 13ª ed., 1987 (traducción de Sánchez Pascual).

PAPINI, GIOVANNI, *Història de Crist*, Madrid, Pax, 1966 (traducción de Osvaldo Cardona).

REALES SITIOS, Madrid, Patrimonio Nacional, nº 2, año 1964; nº 3, año 1965; nº 11, año 1967; nº 85, año 1985.

REINA FEDERICA, *Memorias*, Madrid, G. del Toro, 1971.

VON SCHOL, W., *Schwarz wald und Boden See*, Frankfurt, Umschau Verlag, 1952.

ZUBIRI, X., *Sobre el hombre*, Madrid, Alianza Editorial, 1986.